참 된
목회학

참된 목회학

발행 2019년 3월 25일

종교개혁 500주년 기념사업회
지은이 마르틴 부처
옮긴이 최윤배
발행인 이종윤
출판위원장 김은수
킹덤북스 대표 윤상문
디자인 표소영, 박진경
발행처 킹덤북스
등록 제2009-29호(2009년 10월 19일)
주소 경기도 용인시 기흥구 동백동 622-2
문의 전화 031-275-0196 팩스 031-275-0296

ISBN 978-89-94157-97-9 (03230)

Redire ad
Dominum

종교개혁
500주
년 기 념
사 업 회

종교개혁
신학명저
총 서
I

참된
목회학

Von der waren Seelsorge und dem rechten Hirtendienst, 1538

마르틴 부처(Martin Bucer) 지음

최윤배 옮김

Martin
Bucer
1491-1551

킹덤북스
Kingdom Books

'종교개혁신학 명저번역총서'의 출간에 즈음하여

16세기 마틴 루터가 종교개혁의 횃불을 힘차게 들어 올린 지 벌써 500주년이 되어 가고 있다. 루터 한 사람이 로마 가톨릭교회를 개혁한 것이 아니라, 루터 이전에도 그리고 그 이후에도 유럽 여러 나라에서 루터의 개혁운동을 중심으로 기독교 교리, 예배, 그리고 교회적 실천과 삶의 개혁은 수세기 동안 치열하게 지속되어 왔다. 이러한 종교개혁의 신학과 신앙의 유산은 삼위 하나님의 크신 은혜와 역사하심으로 말미암아 이제 한국 교회에서 풍성하게 그 꽃을 피우고 열매를 맺고 있으나, 뿌리가 없는 꽃과 열매는 있을 수 없다. 이에 '종교개혁500주년기념사업회'는 16, 17세기 종교개혁신학의 고전/명저들을 찾아 이를 그 원어 원전에서 직접 번역하여 출판함으로써 새로운 한국 교회의 개혁과 갱신의 토대와 오고 오는 세대들을 위한 신앙의 유산으로 삼고자 한다.

한국의 대표적 신학회(기독교학회, 복음주의신학회, 루터학회, 칼빈학회, 웨슬리학회, 개혁신학회, 장로교신학회 등)인 7개 신학회가 함께 모여 조직한 '종교개혁500수년기념사입회'는 2011년 3월 5일 반기총회를 갖고 본 사업회의 주제를 "종교개혁과 한국 교회의 갱신"으로 정하였고, 동년 8월 27일 발대식을 통해 다음의 7대 주요 사업계획을 확정 발표하였다.

1. 종교개혁신학 명저번역 프로젝트

2. 종교개혁신학 학술연구 프로젝트

3. 종교개혁신학 소책자 출판/보급 프로젝트

4. 종교개혁신학 학술대회의 정기적인 개최(2012년부터 17년까지 종교개혁신학의 다양한 주제들에 대한 봄/가을 정기학술대회)

5. 종교개혁신학 아카데미(강연회) 프로젝트

6. 종교개혁신학 관련 연구 Network 및 신학자료 Data-base구축 프로젝트

7. 종교개혁신학, 신앙 확산을 위한 월례기도회 및 신학발표회 등을 진행하고 있다.

종교개혁신학의 불멸의 고전에 해당하는 본 명저번역총서들은 먼저 그 원어 원전에서 직접 번역할 수 있는 번역자를 엄격하게 선정함과 동시에, 이중 삼중의 검독 절차를 거쳐 그 번역 출간의 완성도를 높이기 위해 최선을 다하였다. 또한 이러한 '종교개혁신학 명저번역총서'는 그 독자가 비교적 한정되어 있고, 많은 이들의 관심의 대상이 아니므로 이를 출간할 출판사를 찾기가 쉽지 않았다. 그러나 한국 교회를 사랑하시는 하나님의 놀라우신 은혜로 말미암아 오늘 이 명저번역총서가 비로소 햇빛을 보게 되었다. 이에 먼저 삼위 하나님께 모든 영광과 감사를 돌려드림과 동시에, 본서의 번역자/검독자 제위께 독자와 함께 깊은 감사를 드린다. 나아가 어려운 상황 속에서 본 명저번역총서의 출판에 필요한 재정지원을 하신 본회 재정분과위원들과 이 귀한 일을 위해 수고하신 모든 분들에게 한국 교회의 이름으로 깊은 감사를 드리는 바이다.

2016. 10. 31.

종교개혁500주년기념사업회 대표회장 이종윤 목사

발간사

종교개혁신학 명저번역총서 발간에 붙여

현대는 자유주의와 상대주의적 가치관으로 말미암아 모든 기존의 권위와 가치에 대해 일단 회의적으로 보거나 부정하는 것이 일반적이다. 이러한 상황은 그리스도의 몸된 교회도 예외는 아니다. 성경의 가르침에 대해 비평적이거나 전통적인 정통교리를 부정하거나 회의적 시각으로 재해석하는 풍조가 만연하게 되었다. 16세기 종교개혁 이후 지난 500년의 역사를 돌아 볼 때, 개신교는 중세 교회의 비성경적인 형식주의적이거나 미신적 요소들을 많이 버렸으나, 성경의 자유로운 해석으로 말미암은 신학적 혼란과 교회의 분열과 교파의 난립으로 그 어려움이 더욱 가중되고 있다.

이런 혼란의 시기에 종교개혁 500주년을 맞아서 개신교의 신학적 뿌리인 종교개혁자들의 고전적인 명저들을 엄선하고 이를 번역 출간하여 한국 교회의 신학을 재정립하도록 돕는 일은 너무나 중요하고, 매우 고무적인 일이다. 칼빈도 성경과 함께 어거스틴이나 베르나르 같은 전통적 기독교의 교부들이나 신학자들의 신학적 견해를 중시하며 자주 인용하였던 것은 잘 알려진 바이다. 거의 모든 종교개혁자들이 성경, 전통, 이성의 삼대 요소들을 개신교 신학의 토대로 삼았다. 그러므로 오늘날 우리가 당면하고 있는 신학적 혼란과 신앙의 온전한 삶과 실천의 부재의 시기에 앞서간 종교개혁자들의 신학과 신앙의 실천을 따라서 신학을 바로 세우고, 지속적으로 성경의 가르침에 따라 교회를 개혁하고 갱신하는 것은 시대적 요청이라 할 수 있을 것이다.

'종교개혁500주년기념사업회'의 종교개혁신학 명저번역 출간사업은 뜻있는 여러 분들의 재정적 후원과 우수한 여러 학자들의 적극적 참여로 추진되어 왔다. 교회를 위한 신앙의 유산인 종교개혁자들의 귀중한 저서들이 차례로 번역되어 연구되고, 그들의 신학과 신앙의 실천을 올바로 이어갈 때, 우리 한국 교회와 신학이 더욱 올바른 방향으로 정립될 것으로 믿는다. 바라건대, 이 번역서들이 한국 교회의 진지한 평신도들과 목회자들과 신학생들에게 널리 읽혀지고 연구되어짐으로써, 신학과 신앙의 재정립과 목회사역의 올바른 길잡이가 되어 한국 교회의 개혁과 갱신, 그리고 신학의 재정립과 부흥에 크게 기여하게 되기를 기도한다.

2016. 10. 31.
종교개혁신학 명저번역위원장 강창희 박사

『참된 목회학』의 역자 서문

우리나라 학자들이 종교개혁자 마르틴 부처(Martin Bucer/Butzer, 1491-1551)[1]에 관해 쓴 단편적인 글들은 있으나[2] 전문적인 글들은 아직도 흔하지 않다. 부처에 관한 국내 학자들의 전문적인 자료로서 역자의 박사학위논문[3]과 황대우 박사의 학위논문[4]이 있지만, 네덜란드어로 되어 있어서 일반인들의 접근이 어렵다. 부처에 대한 번역으로

---

1 "Bucer"라는 단어가 국내에는 '부처', '부쳐', '부써' 등으로 번역되고 있으나, 'Bucer'는 부처의 독일어 본명인 'Butzer'에서 파생되었기 때문에 어근상으로 '부처'로 번역하는 것이 가장 좋으므로, 역자는 'Martin Bucer'를 '마르틴 부처'로 표기하기로 한다.

2 이은선, 『종교개혁자들 이야기』 (시흥: 도서출판 지민, 2013), 223-54.

3 Yoon-Bae Choi, De verhouding tussen Pneumatologie en Christologie bij Martin Bucer en Johannes Calvijn (Leiden: Uitgerij J. J. Groen en Zoon, 1996).

4 Dae-Woo Hwang, "Het mystieke Lichaam van Christus: de Ecclesiologie van Martin Bucer en Johannes Calvijn," (Proefschrift, Diss., 2002, De Theologische Universiteit van de Christelijke Gereformeerde Kerken in Nederland, Apeldoorn)

는 필자의 역서[5]와 황대우 박사의 편저[6]와 본 작품의 신현복 역서[7]가 있다. 마르틴 부처의 신학 전반에 관한 책은 역자의 『잊혀진 종교개혁자 마르틴 부처』가 아마 국내 최초일 것이다.[8]

최근 부처에 대한 학위연구 논문이나[9] 온-오프라인 상에서 에세이를 통해[10] 부처에 대한 관심이 증가하고 있는 것은 종교개혁 500주년기념을 몇 년 앞둔 시점에서 매우 고무적이 일이다. "종교개혁 500주년기념사업회"가 향후 2017년에 종교개혁 500주년을 기리기 위해 2011년 3월 5일 한국기독교회관에서 창립총회를 열고, 8월 27일 한국 교회100주년기념관에서 발대식을 가졌다. 본 사업회는 한글로 아직 번역 출판되지 않은 종교개혁자들의 명저들을 엄선하여 번역 · 출간하는 것을 종교개혁 500주년기념사업들 중에 하나로 채택하였다. 그리하여 종교개혁자들의 많은 명저들 중에 마르틴 부처 (Martin Bucer/Butzer, 1491-1551)의 『참된 목회학』(*Von der waren*

---

5   이은선 · 최윤배 공역, 『기독교고전총서 17: 멜란히톤과 부처』 (서울: 두란노아카데미, 2011). 여기에 부처의 『그리스도 왕국론』(De Regno Christi)이 번역되어 있다.

6   황대우 편저, 『삶, 나 아닌 남을 위하여: 마르틴 부쩌의 기독교 윤리』 (서울: SFC, 2007). 여기에 부처의 최초의 작품 "Das ym selbs niemant …"(1523)가 번역되어 있다.

7   마르틴 부처, *Von der waren Seelsorge*, Trans, Peter Beale, *Concerning the True Care of Souls*, 신현복 역, 『영혼을 돌보는 참된 목회자』 (서울: 아침영성지도연구원, 2013).

8   최윤배, 『잊혀진 종교개혁자 마르틴 부처』 (서울: 대한기독교서회, 2012).

9   이용욱, "16세기 종교개혁 속에 전개된 마르틴 부처의 교회일치 운동에 관한 연구" (호남신학대학교 대학원 미간행 Th.M. 학위논문, 2011.7).

10 김인주, "목양칼럼: 목양의 원칙을 찾아서", 「한국기독공보」 제2933호 (2014.2.1. 목), A23.

Seelsorge, 1538)도 선정되어, 역자에게 번역 임무가 주어졌다.

여기에서 먼저 독자들이『참된 목회학』을 쉽고도 정확하게 이해하고, 부처의 신학사상에 대한 지속적인 관심과 심도 있는 연구를 위해 부처의 간략한 생애와『참된 목회학』과 관련된 역사적 배경, 저술 목적, 주요 내용 등을 개략적으로 소개하고자 한다.

① **마르틴 부처의 생애**[11] : 깔뱅(John Calvin, 1509-1564)은 한국 교회와 신학계에서 비교적 잘 알려져 있기에 역자는 마르틴 부처를 소개할 때마다 부처는 깔뱅보다 거의 18년 선배로서 깔뱅에게 인격적으로, 신앙적으로, 신학적으로 지대한 영향을 끼친 "깔뱅의 영적 아버지"로 소개하거나, 개혁교회의 4중직분(목사, 교사, 장로, 집사)의 창시자로서 소개하거나, 교회의 고유한 "치리(권징)" 개념을 바젤의 종교개혁자 외콜람파디우스로부터 가져와 깔뱅에게 전해 주어 개혁교회의 치리와 권징 제도를 통해 교회의 윤리를 향상시키는 데 공헌한 사람으로 소개하기도 하고, 개신교 또는 개혁교회의 최초의 목회학인『참된 목회학』(Von der wahren Seelsorge, 1538)을 출간한 종교개혁자라고 소개해왔다. 역자의 연구결과, 부처는 종교개혁자들 중에서 깔뱅과 신학사상이 서로 가장 가까운 관계에 있는 종교개혁자 가운데 한 사람이라고 결론지을 수 있다.

마르틴 부처에게 토마스 아퀴나스, 에라스무스, 루터, 쯔빙글리, 재

11　더 자세한 부처의 생애는 다음을 참고. 최윤배,『잊혀진 종교개혁자 마르틴 부처』, 44-81.

세례파와 열광주의 운동, 쾌락·자유주의파를 비롯한 당대의 여러 신학사상들이 부정적으로 또는 긍정적으로 영향을 끼쳐 중요한 의미를 지니고 있지만, 특히 부처는 "말씀의 신학자, 성령의 신학자, 교회의 신학자"로서 자신의 독특한 신앙과 신학적 입장을 항상 견지했다.

부처는 1491년 11월 11일 당시에는 남부독일 지역이었지만, 지금은 프랑스의 스트라스부르(Strasbourg; Straβ burg) 지방에 속하는 알자스 지방의 쉴레트쉬타트 (Schlettstadt)에서 태어났다. 그는 이곳에 있는 고전 라틴어 학교를 다니면서, '현대 경건 운동'(Devotio Moderna)과 '인문주의'의 영향을 받았고, 15세 때 쉴레트쉬타트에 있는 도미니칸 수도원에 들어갔다. 여기서 그는 토마스 아퀴나스를 철저히 연구했다.

1515년 말경에 그는 하이델베르크에 있는 수도원으로 옮겨갔는데, 거기서 이미 어릴 때부터 관심을 갖고 배웠던 '인문주의'에 다시 관심을 기울였다. 1518년 4월 하이델베르크에서 루터가 신학논쟁을 하고 있을 때, 부처는 이것에 큰 감동을 받아 마침내 종교개혁자가 되었다. 부처는 1521년에 자신이 처음 수도원에 들어갔을 때 맹세했던 수도원 서약을 교황이 해제해 줄 것을 요청했다. 바로 그해 4월 교황은 부처가 행한 수도원 서약을 해제해 주었다.

부처는 1522년 여름에 수녀였던 엘리사벳 질베라이젠(Silbereisen)과 결혼한 뒤, 그해 겨울 내내 독일의 바이센부르크 (Weissenburg)에서 종교개혁적 복음을 설교했다. 부처가 1523년 5월 중순 스트라스부르에 왔을 때, 이 도시에서는 이미 종교개혁의 불길이 번지고 있었다. 그해에 그는 그의 최초의 작품『사람은 자기 자신을 위해서 살 것이 아니라, 다른 사람들을 위해서 살아야 한다. 우리는 어떻게 거기에 도달할 수 있을까』(1523)[12]를 출판했다. 부처는 대부분의 기독교 분파 사이의 주요한 국제적 대화 모임에 참석하는 것은 물론 울름(Ulm), 쾰른(Köln)의 헤르만 폰 비트(Hermann von Wied) 주교의 관구, 특히 헤센(Hessen) 지방 등에 초청되어 종교개혁의 프로그램들을 제공했다. 그는 1524년 성 아우렐리아 교구 목사로 임명된 이후 특별히 교회에 대한 사랑을 가지고 1549년까지 약 25년간 스트라스부르에서 사역했다.

「아우크스부르크 임시안」(Augsburger Interim, 1549)으로 인해 정치적인 상황이 로마 가톨릭교회 진영이 종교개혁 진영보다 훨씬 유리하게 되어 종교개혁 진영으로 완전히 전환되었던 스트라스부르에서 다시 로마 가톨릭교회의 미사가 회복되어, 더이상 종교개혁 운동이 불가능하게 되자, 부처는 종교개혁적 복음 때문에 로마 가톨릭교회가 통치하는 새로운 정치상황과의 타협을 철저하게 거부하였다. 이로 말미암아 로마 가톨릭교회로부터 생명의 위협을 받게 되었을 때, 그는 영국의 간절한 초청으로 그곳으로 망명하게 되었다.

그는 1549년 4월 6일에 스트라스부르를 출발하여 4월 25일에 영국 런던에 도착하였다. 그는 영국에서 어린 왕 에드워드 6세를 가르침과 동시에 왕립대학 명예교수로서 캠브리지 대학에서 가르치면서 영국의 종교개혁 운동을 도왔다. 결국 그는 조국으로 돌아오지 못하고 마침내 영국에서 1551년 2월 28일에 하나님의 품에 안겼다.[13] 그의

---

12 황대우 편저, 『삶, 나 아닌 남을 위하여: 마르틴 부써의 기독교 윤리』를 참조.

13 부처가 1551년 3월 1일에 하나님의 품에 안겼다는 주장도 있다. Martin Bucer, *Von der waren Seelsorge*, H. J. Selderhuis (vert.), *Over de ware zielzorg*

임종 얼마 전에 에드워드 6세에게 바친, 영국 전체의 정치, 경제, 종교 개혁을 위한 청사진이 담긴 책 『그리스도 왕국론』(*De Regno Christi*, 1550)[14]은 유명하다.

어린 왕 에드워드 6세가 병약하여 일찍 죽자 그의 뒤를 이은 로마 가톨릭교회의 철저한 신봉자로서 악명 높았던 "피에 젖은 메리 여왕"은 부처의 무덤을 파내어 훼손할 정도로 영국에서 막 꽃을 피우고 있는 종교개혁사상의 뿌리를 뽑는 데 몰두하였다. 그 후에 즉위한 엘리사베드 여왕은 종교개혁 사상을 옹호하여 메리 여왕이 훼손하여 이장(移葬)시킨 부처의 무덤을 다시 본래의 위치에 안장하고, 그의 명예를 회복시키는 비문도 세웠다.

② **번역 원문**: 역자는 본서를 쉬투페리히(Robert Stupperich)가 편집한 부처의 독일어 원본으로부터 직접 번역하였다.[15] 번역 과정에

(Kampen: Uitgeverij de Groot Goudriaan, 1991), 10.

14 참고, 이은선 · 최윤배 공역, 『기독교고전총서 17: 멜란히톤과 부처』.

15 『참된 목회학』(Von der waren Seelsorge, 1538)의 완전한 독일어 책 제목은 다음과 같이 번역될 수 있다. 『참된 목회와 바른 목회사역, 이것이 그리스도의 교회 안에 제정되고, 수행되어야만 한다』(Von der waren Seelsorge und dem rechten Hirtendienst, wie derselbige in der Kirchen Christi bestellet und verrichtet werden solle), Martin Bucer, "Von der waren Seelsorge und dem rechten Hirtendienst, wie derselbige in der Kirchen Christi bestellet und verrichtet werden solle," Robert Stupperich(Hrg.), Martin Bucers Deutsche Schriften Band 7 (Gütersloh: Gütersloher Verlagshaus Gerd Mohn, 1964), 90-241.

서 한글 번역판,[16] 영어 번역판,[17] 그리고 네덜란드어 번역판[18]을 참고하였다. 스트라스부르에서 인쇄업자 벤델 리헬(Wendel Rihel)에 의해 아마도 1538년 4월경에[19] 출판된 독일어 초판(Bibliographia Bucerana Nr. 59)은 122쪽이었는데, 쪽수가 매겨진 것이 116쪽, 매겨지지 않는 것이 6쪽이었다. 1574년과 1592년에도 (Bibliographia Bucerana Nr. 59b-c) 독일어로 재출판되었으며,[20] 라틴어 번역본은 (Bibliographia Bucerana Nr. 59a) 1577년에 출판되었다.[21] 놀랍게도 부처의『참된 목회학』은 1543년에 체코어로 번역(Bibliographia

---

16 마르틴 부처, *Von der waren Seelsorge*, trans. Peter Beale, *Concerning the True Care of Souls*, 신현복 역,『영혼을 돌보는 참된 목회자』(서울: 아침영성지도연구원, 2013).

17 Martin Bucer, *Von der waren Seelsorge*, trans. Peter Beale, *Concerning the True Care of Souls* (Edinburgh: The Banner of Truth Trust, 2009).

18 Martin Bucer, *Von der waren Seelsorge*, H. J. Selderhuis (vert.), *Over de ware zielzorg* (Kampen: Uitgeverij de Groot Goudriaan, 1991).

19 Robert Stupperich(Hrg.), *Martin Bucers Deutsche Schriften Band 7*, 84: "Vermutlich hat die Schrift im April 1538 fertig vorgelegen. Der Drucker ist Endel Rihel." David F. Wright, "Historical Introduction," in: Peter Beale (trans.), *Concerning the True Care of Souls*, xiv: "The work issues from the press of the Strasbourg printer, Welndel Rihel, probably in April 1538, as seems indicated by a letter from to Ambrosius Blaurer, soon to move from Württemberg to Augsburg, of April 4, 1538, in which he explained why he flet compelled to write the work."

20 Robert Stupperich(Hrg.), *Martin Bucers Deutsche Schriften Band 7*, 84.

21 Stupperich, *Martin Bucers Deutsche Schriften Band 7*, 85, 참고 Tomus Anglicanus, 1577, fol. 260-356(De vera animarum cura veroque officio pastoris ecclesiastici, quemadmodum id in ecclesia Christi constitui administrarique debet – authore Martino Bucero).

Bucerana Nr. 59g) 출판되었다.[22]

③ **저술 방법** : 마르틴 부처는 자신의 주장을 전개하기 위해 먼저 성경본문에 대한 주석 작업을 통해 성서적 근거를 마련하고, 한 걸음 더 나아가 조직신학적 통찰을 제시할 뿐 아니라, 역사적, 실존적 경험을 통해 실천적 상황에 적용시킨다. 그리하여 그의 책에서 모든 곳에서 이론과 실천의 조화, 경건과 학문의 조화가 발견된다. "부처의『참된 목회학』은 어떤 피상적인 비탄의 절규가 아님이 분명하다. 우리는 이 책에서 다음의 사실을 발견한다. 철저하게 진행된 성경연구의 결과물들과 이 결과물들로부터 흘러나온 교의학적 통찰들은 직접적으로 사용가능한 실천을 위해 종교개혁자 부처가 스트라스부르의 안과 밖에서 종교개혁을 위해 수행해야만 했던 싸움 속에서 겪었던 경험들 속에서 재생산된 것이다."[23]

④ **저술 목적** : 부처가 암브로시우스 블라우러(Ambrosius Blaurer)에게 보낸 편지에 그가 어떤 이유로 이 책을 집필하도록 강요받았는지 그 느낌을 기록하고 있다.[24]

---

22 Robert Stupperich(Hrg.), *Martin Bucers Deutsche Schriften* Band 7, 88-89, 참고, 체코어역본의 제목: Knjha o Oprawdowé Péčy o Dusse a o prawé službě Pastýř, yak by w Cjerkwi Krystowě Zřjezena a wykonáwána býti měla. Wydána skrze Martina Bucéra … W SStrospurce skrze Wendelina Rzihele 1538. Nynj w Nowě z německého Jazyku w český přeložena B. 1543.

23 Bucer, *Over de ware zielzorg*, 10.

24 David F. Wright, "Historical Introduction," in: Peter Beale (trans.), *Concerning*

성도의 교제에 대한 돌봄(cura communionis sanctorum)은 매일매일 더욱더 꺼져가며, 목사들 자신조차도 여태껏 목회적 돌봄(cura pastoralis)이 무엇인가에 관하여 깊은 성찰없이 더욱 드물게 인식하고 있는 것 같다. 나는 이 비참한 재난의 상황을 제어해야만 한다고 생각했다. 그리고 나는 내가 당신에게 보내고 있는 그것, 다시 말하면, 목회적 돌봄(ea, i.e. cura pastoralis)에 관한 어떤 것을 출판했다.[25]

이 책은 그 강력한 호소력과 명료성으로 인해 나날이 큰 영향력을 가지게 되었다. 부처가 이 책을 계속적으로 아주 높게 평가했다는 사실은 그가 그의 마지막 뜻과 유언을 1548년에 기록했던 그의 여섯 저서들 또는 주요 저서들 가운데 이 작품을 언급하고 있음을 보아도 잘 알 수 있다. 『참된 목회학』은 교회 사역에 대한 가르침과 치리에 대한 가르침, 그리고 그가 그 자신과 그의 가족을 지켜달라고 이제까지 하나님께 기도했던, 그리스도와 그리스도의 지체들 사이의 교제에 대한 가르침을 구현시켰다.[26]

---

the True Care of Souls, xiv.

25 T. Schieß, Briefwechsel der Brüder Ambrosius Blaurer und Thomas Blaurer, 1509-1567, 3 vols. (Badische Historische Commission; Freiburg-im Breisgau: Fehsenfield, 1908-1912), I, 873 no. 806 (correcting BDS 7, 69. n.1). 6주 후에 부처는 블라우러(Blaurer)에게 이 책에 대한 그의 솔직한 견해를 물었다. T. Schieß, I, 877 no. 811 (1538년 5월 16일).

26 J. M. Baum, Capito und Butzer Strassburgs Reformatoren (Elberfield: R. L. Friedrich, 1860), 569-74, 특히 570. 스트라스부르에 역병이 있던 1541년의 초기에 이미 부처는 그의 가장 중요한 작품들의 목록을 제시했다. 다음의 작품을 보라! Martin

그럼에도 불구하고, 스트라스부르의 당대 모든 사람들은 이 책을 결코 환영하지 않았다. 부처에 대한 가장 최근 전기 작가는 그 도시의 지도에 의해서 그리고 지금 유명한 신학자가 보아도 다른 어떤 작품도 스트라스부르 안에서 통치하는 그룹들에 의해 그렇게도 강력하게 무시되었던 적은 거의 없었다고 지적한다.[27] 부처의 이 책이 냉대 받은 이유는 특별히 민감한 관점, 즉 교회치리에 대한 통제라는 관점에서 행정관들에 대한 도전이 실려 있기 때문이다. 부처와 그의 동료들은 몇 해 동안 이 문을 두드렸지만 제한된 성공만을 거두었다. 왜냐하면 그 당시에 어떤 종교개혁자보다도 명석했던 부처는 치리가 말씀과 성례전과 함께 그리스도의 교회의 구성적인 표지들(notae ecclesiae)에 속했다는 확신을 확고하게 가졌기 때문이다.[28]

⑤ **수신 대상자들과 논쟁 대상자들** : 본서의 주된 내용은 주로 목양과 치리에 집중되어 있을지라도, 본서의 필요성을 알아야 할 수신대상자들은 크게 세 가지로 구분할 수 있다. 무엇보다도 목회자들을 비롯한 교회 직분자들과, 일반 그리스도인들과 정부의 행정 관료들이다. 부처가 목회하던 상황은 국가교회 상황이었기 때문에 행정 관료들이 교회를 위해 수행해야 할 기능은 매우 크고도 중요했다.

Bucer Strasbourg et l'Europe: Exposition à l'occasion du 500e anniversaire du réformateur starsbourgeois Martin Bucer 1491-1991 (Strasbourg:Eglise Saint-Thomas, 1991), 175 no. 239.

27　Martin Greschat, *Martin Bucer*, 160.

28　Wright, "Historical Introduction," xv-xvi.

본서에 나타난 바, 부처가 상대한 대표적 논쟁자들은 대체로 세 가지 진영이었다. 그 가운데 최고의 논쟁 대상자들은 당연히 16세기 로마 가톨릭교회였다. 그리고 시 당국과 국가의 정당한 권위를 무시하여 질서를 어지럽히거나 유아 세례를 거부하는 재세례파들이 있었고, 마지막으로 하나님의 율법과 정당한 국가법이나 교회법이나 치리를 거부하고, 교회와 그리스도인의 삶의 성화를 원천적으로 무효화시킨 소위 자유방종주의에 해당되는 쾌락주의자들이 있었다 : "우리가 『참된 목회학』을 읽을 때, 눈에 띄게 나타나는 세 그룹들이 있는데, 그들이 바로 로마 가톨릭교회 진영, 재세례파 진영과 쾌락주의자들의 진영이다."[29]

⑥ **주요 내용** : 이 책의 주요 내용은 목차에 잘 나타나 있고, 특히 이 책의 마지막 장(章)인 제13장에 책 전체 내용이 일목요연하게 요약되어 있다. 치리에 관한 내용이 많은 분량을 차지하고 있을지라도, 본서는 교회와 하나님의 나라의 본질, 직분의 본질과 기능을 비롯하여 특히 목양의 다섯 가지 주된 사역이 일목요연하게 잘 기술되어 있다. 그의 최종적인 목표와 관심은 그리스도와 그의 나라였다. "왕이신 동시에 목자이신 그리스도께서 교회 안에서 그리고 세상 안에서 다스리신다. 중요한 것은 그리스도의 유일한 통지권이다. 그는 대리자를 통해서 다스리는 것이 아니라, 자기 자신이 그의 성령을 통해서 교회 안에

---

29 Bucer, *Over de ware zielzorg*, 11.

서 활동하신다."[30]

"그러므로 부처는 이 작품을 통해서 행정 관료들과 교회 직분자들과 교회지체들이 그리스도께서 그들에게 요구하시는 것을 수행함으로써, 그들이 교회의 왕을 섬기고, 그리스도의 나라를 견고하게 하고, 확장시킬 것을 촉구하고 있다."[31]

목양의 다섯 가지 주요 사역은 에스겔서 34장에 나타난 다섯 가지 종류의 양(羊)에 대한 주석에 근거하여 제6장에 다음과 같이 요약되어 있다.

영혼 돌봄의 다섯 가지 주된 사역들

이것으로부터 목회직과 영혼의 참 돌봄에서 요구되는 다섯 가지 주된 사역들이 있다는 사실이 분명하다. 첫째, 육신적인 부절제(不節制)나 거짓 예배를 통해 주(主)로부터 여전히 멀어져 있는 자들을 우리의 주에게로 인도하고, 그의 교제(Gemein) 안으로 들어오게 하는 것; 둘째, 한때 그리스도에게로 왔고, 그의 교회 안으로 들어왔던 자이지만, 육신적 활동이나 잘못된 교리의 문제들을 통해 다시 길을 잃었던 자들을 회복시키는 것; 셋째, 그리스도의 교회 안에 남아있으면서도 심하게 타락하여, 죄를 지었던 자들을 참되게 개혁하는 것을 도와주는 것; 넷째, 그리스도의 교제 안에 있으면서 특별히

---

30 Bucer, *Over de ware zielzorg*, 12.

31 Bucer, *Over de ware zielzorg*, 13.

심하게 잘못된 일을 행하지 않지만, 기독교적 삶에서 어느 정도 약하고 병든 자들을 참 기독교적 강함과 건강 안에서 다시 세워주는 것; 다섯째, 그들의 기독교적 삶 속에서 심각하게 죄를 짓지도 않고, 약하지도 않고, 병들지 않은 자들을 모든 불법과 실패로부터 보호하고, 그들이 계속적으로 모든 선한 일을 행할 수 있도록 독려하는 것이다.[37(L1)b] 영혼 돌봄과 목회직에 대한 다섯 가지 주된 사역들을 에스겔서 34장 (16절)의 양에 대한 비유에서, 주께서 다음과 같이 말씀하실 때, 주께서 아름답게 요약하셨다.[32]

끝으로, 이 번역서로 인해 감사드릴 분들이 참으로 많다. 마르틴 부처의『참된 목회학』의 번역출판을 가능케 하신 성 삼위일체 하나님께 모든 영광을 돌려드리며, "종교개혁500주년기념사업회"의 모든 관계자 분들께 감사를 드린다. 또한 본 역서를 꼼꼼하게 읽고, 유익한 충고와 더불어 검수자로서 수고해 주신 황대우 교수님, 전문가의 식견으로 표지디자인의 기획과 더불어 최종적인 편집교정의 책임을 맡아주신 김은수 교수님과 본 역서의 출판을 흔쾌히 결정하신 킹덤북스(Kingdom Books) 대표 윤상문 목사님께 감사드린다.

역자는 2013년 2학기에 연구학기를 허락받아 호주에서 이 번역 작업을 8월 1일에 시작하여, 9월 13일에 마쳤다. 연구학기를 허락하신 장로회신학대학교의 김명용 총장님과 교수로 초빙하여 두 과목의 강의를 허락하신 시드니신학대학교(Sydney College of Divinity)의 김호

---

32 Robert Stupperich(Hrg.), *Martin Bucers Deutsche Schriften Band 7*, 141.

남 학장님과 우리 부부의 호주체류 석 달 반 동안의 최고의 숙식과 편의를 기꺼이 제공하신 이진 선생님과 최유원 선생님께도 감사를 드린다. 또한 영어 번역본을 구입하여 보내주신 에딘버러대학교 박사과정에 있는 애제자 박준수 목사님과 교정 작업에 헌신적으로 수고해주신 배경애 조교님께도 감사를 드린다.

주후 2016년 7월 10일
광나루선지동산 장로회신학대학교
마포삼열기념관 5022호 연구실에서
향목(香木) 최윤배

『참된 목회학』의 저자 서문

M a r t i n   B u c e r

마르틴 부처의 『참된 목회학』

(*Von der waren Seelsorge und dem rechten Hirtendienst, 1538*)

[A1a] [90][1]

참된 목회와 바른 목회사역이 그리스도의 교회 안에 제정되고
수행되어야만 한다(Von der waren Seelsorge und dem rechten
Hirtendienst, wie derselbige in der Kirchen Christi bestellet und
verrichtet werden solle durch).　　　– 마르틴 부처(Martin Bucer)[2]

1　[A1a]는 1538년판의 원본의 쪽수를 가리키고, [90]은 R. Stupperich의 마르틴 부처
　　독어전집 제7권(Martin Bucers Deutsche Scriften Band 7)의 쪽수를 가리킨다.

2　『참된 목회학』의 완전한 책 제목은 다음과 같이 번역될 수 있다. 『참된 목회와 바른 목
　　회사역, 이것이 그리스도의 교회 안에 제정되고 수행되어야만 한다 : 마르틴 부처에 의
　　해서』(Von der waren Seelsorge und dem rechten Hirtendienst, wie derselbige
　　in der Kirchen Christi bestellet und verrichtet werden solle durch Martin
　　Bucer). Robert Stupperich(Hrg.), "Von der waren Seelsorge und dem rechten

여기서 당신은 진정한 [목회적] 수단들을 발견하고, 이 수단들을 통해 종교 분파(分派)와 분열(分裂)이라는 너무나 비참하고도 타락한 상태로부터 벗어나, 교회의 참된 연합(일치)과 교회의 좋은 기독교적 질서에로 돌아갈 수 있다.

이것을 아는 것은 그리스도의 회중들에게 뿐만 아니라, 목회자들과 정부 관료들에게도 매우 유익하다.

나는 다음 페이지에 이 책의 가장 중요한 장(articul; 章)들을 주지시키고자 한다.

주후 1538년(anno M.D.XXXVIII) 슈트라스부르크(Straβ burg)에서 벤델 리헬(Wendel Rihel)에 의해서 출판됨.

[A1b] [90] 이 책의 중요한 부분의 차례[3]

서문
제1장, 교회란 무엇인가?(Was die Kirche sei)
제2장, 그리스도의 교회 안에서 그의 통치에 관하여(Vom regiment Christi in seiner Kirchen)

Hirtendienst, wie derselbige in der Kirchen Christi bestellet und verrichtet werden solle durch Martin Bucer." Martin Bucers Deutsche Scriften Band 7 (Gütersloh: Gütersloher Verlagshaus Gerd Mohn, 1964), 90-241.

3   원문에서의 목차 제목과 내용에서의 목차 제목이 다르지만, 통일시키지 않고, 원문대로 번역했다. 원문에는 장(章)에 대한 표현이 없으나 독자를 위해 제1장-제13장을 역자가 붙였다.

제3장, 주께서 그의 교회 안에서 그가 임명하신 목회자들을 통해 목회사역과 우리의 구원사역을 어떻게 수행하시는가?(Wie der Herre sein Hirtenampt und das werck unsers heyls in seiner Kirchen durch seine ordenliche diener verrichtet)

제4장, 주께서 그의 교회 안에서 얼마나 많은 목회자들을 갖고 계시며, 사용하시는가? 교리(가르침) 사역과 영적 권징(치리) 사역에 관하여, 육체적 궁핍 사역에 관하여 (Wie mancherley Diener der Herre in seiner Kirchen hatt und gebrauchet Vom dienst der lere und geystlichen zucht, Vom dienst der leiblichen notturfft)

제5장, 얼마나 많은 사람들에 의해서 어떤 방식으로 장로들이 선출되고, 임명되어야만 하는가에 관하여(Von welcherley leüten und wie die Eltisten gewehlet und eingesetzet werden sollen), 교회의 목회자들의 선출과 임명에 관하여(Vom wale und einsetzung der Kirchendiener)

제6장, 목회상담자들과 교회목회자들이 전체적으로 뿐만 아니라, 개별적으로 그리스도의 양(羊) 무리에게 수행해야 할 중요한 사역과 활동은 무엇이어야만 하는가?(Was die fürnemen werck und geschefft der seelsorger und Kirchendiener an der Herd Christi in gemeyn und gegen einem yeden besonders sein sollen)

제7장, 잃어버린 양들을 어떻게 찾을 것인가?(Wie die verloren schaf zu sůchen sind)

제8장, 쫓기는 양들을 어떻게 다시 데려올 것인가?(Wie die verscheichten schaf widerzubringen)

제9장, 상하고 상처입은 양들을 어떻게 싸매주고 치유할 것인가?(Wie die verletzten und verwundten schap zu verbinden und zu heylen sind), 어느 정도 심각하게 죄를 지은 사람들에게 부과하는 참회와 수찬정지에 관하여(Von der uffgelegten buß und dem abhalten vom tisch des Herren deren, die ettwas grob gesündiget haben)

제10장, 약한 양들을 어떻게 강하게 할 것인가?(Wie die schwachen schaf zu stercken sind)

〔91〕 저자 서문

우리의 하늘 아버지 하나님과 우리의 유일한 구원자(구세주; heyland)이시며, 머리이신 예수 그리스도의 은혜와 평강이 우리 주 예수 그리스도의 모든 신자들에게 임하심으로써, 그들이 그리스도의 교회와 교제(친교, 교통; gemeynschafft)를 올바르게 알고, 사랑하게 되기를 원하나이다. 아멘.

우리가 하나의 기독교 교회, 즉 하나의 성도들의 교제를 믿는다는 사실을 우리 모두는 고백한다. 마찬가지로 그때 우리는 그러한 하나의 교회와 교제이어야만 하고, 우리는 그러한 하나의 교회와 교제를 가져야만 한다. 바로 여기에 우리가 고백하는 하나님, 곧 아버지, 아들, 성령에 대한 신앙이 우리에게 참되며, 살아 있다.

비록 교회의 형편이 어디에 도달했든지 간에, 이러한 교회와 교제가 무엇이며, 교회가 어떤 규칙과 질서를 가져야만 하는지에 대해 진정으로 알고 있는 사람들이 거의 없으면, 그 결과, 이런 부족함 속에 여전히 머물러 있는 어떤 사람에게는 너무나도 큰 고통이 수반될 것이다.

아직도 교황주의적인 독재와 오용을 실천하고, 옹호하는 사람들은 우리를 루터파라고 부르면서, 기독교적 교회와 교제로부터 분리시키고[92], 기독교적 교회의 정치와 질서를 깨뜨리며, 우리가 권징(처리)과 신자들의 순종을 파괴했다고 비난한다.

그러나 우리가 진리의 편에서 살펴본다면 사실은 다음과 같다. 그리스도의 교회와 그리스도 안에 있는 성도들의 모든 참된 교제[A2b]를 찢어버리고, 방해할 뿐만 아니라, 교회에 대한 모든 지식과 그리스도 안에 있는 신자들의 교제를 완전히 제거하고, 폐기시켰던 사람들은 바로 그들이다.

그러므로 사람들은 교황주의자들에 의해 다음과 같이 생각하게 되었다. 사람들이 세례를 받고, 일반적인 예배 의식(儀式)들에 참여하고, 소위 성직자들의 어떤 일들에 간섭하지 않는다면, 비록 사람들이 하나님 안에 있는 그들의 위로를 위해 그리스도를 의존하지 않고, 소위 성직자들의 의식들과 그들 자신의 선행들과 죽은 성자(聖者; heyligen)들의 공덕(功德)들을 의지하면서, 우리 주 그리스도를 아는 데 결코 진정으로 이르지 않고, 드러난 죄 속에서 살지라도, 그들은 교회와 그리스도의 회중에 속한다. 참으로 그들은 그들의 신뢰를 그리스도이신 수(主) 안에 둘 수 없을 것이다. 왜냐하면 그들은 그들의 모든 생활과 행위 속에서 그리스도와 그의 거룩한 말씀을 멸시하기 때문이다.

만약 우리가 어떤 의미에서 그리스도인들이 되고자 한다면, 우리는 그리스도 안에서 하나의 마음과 하나의 영혼을 가져야 하며, 그리스도 안에서 다함께 그의 몸과 그의 지체(회원; glider)들이 되어야 한다는 사실을 과연 누가 모든 교황주의자들의 가르침으로부터 깨달을 수 있겠는가? 그리고 과연 누가 주님과 그의 교회의 지체인 동시에 세상의 지체와 친척이 될 수 있겠는가? 주의 음성과 말씀 이외의[93] 어떤 것으로 그리스도의 양을 데려오고, 주의 잃어버린 양을 찾고, 쫓기는 양을 다시 데려오고, 상처받은 양을 치유하고, 병든 양을 강하게 하고, 건강한 양을 보전하고 올바르게 풀을 먹이는 데(겔 34:16) 열심을 내는 그리스도의 흠 잡을 데 없는 목회자는 과연 어디에 있는가? 주의 말씀을 듣지도 않고, 자신의 잘못을 고치려하지 않는 모든 사람들을[A3a] 그리스도의 교제로부터 출교하는 목회자는 과연 어디에 있는가? 참으로 복음에 대한 순종, 교회 치리(권징), 죄의 회개와 기독교적 질서에 대한 총체적인 문제에 대해 덜 알고 있는 자가 누구인가? 참으로 추기경들, 감독들과 모든 그들의 측근들이 가진 것보다 더 큰 규모로 심하게 나쁜 교황에게 삶과 행동을 통해 대항하는 자가 과연 누구인가? 그러나 이들은 우리에게 반대하여 소리치면서 우리가 교회로부터 배교하였으며, 치리와 교회의 질서를 파괴했다고 우리를 비난하는 자들이다.

우리가 감사하고 있는 사람들은 바로 이런 사람들인 바, 너무나도 극소수의 사람들만이 기독교 교회에 어떤 종류의 교제가 있으며, 기독교 교회가 어떤 법과 질서를 가지고 있어야 하며, 우리의 유일한 왕이신 주 그리스도께서 그의 왕국 안에서 우리를 어떻게 통치하시고, 우리를 어떻게 거룩하게 만드시는지에 대해 알고 있다. 심지어 거룩한 복음과 교회 치리에 대한 순종이, 교황적 오용이 알려지기를 원하고, 그것으로부터 벗어나기를 원하고, 자기 자신을 그리스도의 멍에에 복종시키기를 원하는 사람들 가운데서조차도 여전히 너무나도 잘 알려지지 않고, 무시당했다.

복음의 시작 때처럼, 사랑스런 사도들의 시대에까지, 그리고 그리스도의 진리가 보다 강력하게 전파될 때는 언제든지, 주께서 그의 거룩한 복음의 빛을 우리에게 다시 비추셨던 이래로, 사탄은 많은 종파들과 이단들을 불러일으켰다. 그리고 그러한 이단들은 (스스로를) 교회라고 주장하기 때문에, 이단들은 많은 순진한 마음들을 그리스도의 참교제로부터 찢어지게 하거나 적어도 그리스도의 교회에 완전하게 위탁했던[94/A3b] 사람들에게 수많은 방해물들을 놓는다. 이것은 육욕적인 군중들이 하는 것과 같은 것인데, 기독교적 자유의 미명하에 육욕적인 몰염치만을 추구하고, 특별히 기독교적 교정과 치리를 거절하는 동시에 교회의 모든 질서를 방해하기 위해 그리스도의 멍에를 계속적으로 집어던지고, 그들의 욕구와 능력 속에 있는 모든 일을 수행하는 데 부지런한 것이다. 교제와 치리와 교회의 질서를 증진시키는 것을 올바르게 이해하거나 원하면서도 자신들을 그리스도의 회중이 되기를 요구하지 않는 사람들에게서조차도 그렇게도 극소수로 귀결되는 것은 바로 루터적 교리(루터적 교리는 그리스도 안에서 어떻게 완전하게 신뢰하고, 또한 자기 자신을 그리스도의 말씀에 어떻게 완전하게 복종하는지를 가르친다) 때문이 아니라, 이같은 적그리스도의 도구 때문이다.

교회의 이토록 절망스런 흩어짐 속에서 우리의 신앙과 우리 자신의 임무의 분량에 따라 마음으로부터 그리스도의 나라를 위해 기도하는 하나님의 경건한 자녀들이 우리라는 사실이 모든 사람들에게 알려지기를 원한다. 그 결과 그들은 그리스도의 교회가 무엇인지, 교회가 가져야 할 규칙과 정치가 무엇인지, 누가 교회의 참된 목회자들인지, 목회자들이 그리스도의 양(羊)들의 참된 구원을 위해 영혼의 돌봄과 목회직무 속에서 그들의 사역을 어떻게 수행해야 하는지를 철저하게 이해할 수 있게 된다. 또한 그 결과 우리는 마침내 우리가 되어야만 되는 참되고 올바르게 질서가 잡힌 하나님의 교회와 그리스도의 몸이 되어야 한다. 그렇지 않으면, 우리는 그리스도이신 주와 그의 나라로부터 영원히 쫓겨날 것이다.

바로 이런 이유 때문에 우리는 이 모든 문제들과 관련된 이 작은 책을 기획한 바, 우리는 하나님의 말씀으로부터[A4a] 가져온 다양한 인용구들을 삽입하고, 주께서 우리에게 은혜를 주시는 한, 그 인용구들에 대해 설명했다. 이것들로부터 각 그리스도인은 그리스도의 교회의 교제에 어떤 종류가 있는지, 그리스도이신 주(主)만이 어떻게 통치하시는지, 그런 규칙 안에서 그리스도가 요구하시는 어떤 사역이 있는지, 그리스도의 교회 안으로 들어와 그 안에서 보호받고 성장하기를 원하는 모든 사람들과의 관계 안에서 이 사역이 어떻게 조직되고 수행되는지에 대해 철저하게 배울 수 있다.

기독교 독자들 스스로 말씀의 기초를 발견하여, 그것을 숙고하며 [95], 그것을 그의 마음속에 새길 수 있도록 우리는 성경 인용문들을 완전하게 기록하였다. 왜냐하면 교회 치리와 질서에 관한 어떤 것이 전해지자마자, 전통들과 인간의 굴레로 돌아가기를 원한다고 항상 소리치는 사람들이 적지 않게 존재하기 때문이다. 그러므로 우리는 분명하고도 확실한 교리(가르침; lere)와 우리 주 예수 그리스도의 의심할 나위 없이 명료한 명령과 다른 그 어떤 것도 제시하기를 원하지 않는다.

• 교회의 일치는 동일한 의식(儀式)들을 가지고 있는 데 있지 않고, 동일한 교리와 신앙 그리고 성례전의 올바른 집행에 있다.

이것으로부터 사람들은 루터주의자들로 불리는 우리가 과연 기독교적 회중으로부터 우리 자신을 분리시키는지, 또는 우리가 교회의 권위와 치리로부터 도망하는 것을 추구하고 있는지, 우리가 기도와 금식과 다른 모든 것과 함께 회개의 참된 실천을 피하고 있는지를 잘 파악할 수 있을 것이다. 진리 안에서 우리의 사랑하는 주 예수 그리스도를 부르는 사람들의 외적 습관과 정체성이 어떠하든지 간에, 우리는 그들을 그리스도이신 주 안에 있는 우리들의 지체(회원; glider)들로서 인정하고 사랑하기를 원한다. 우리가 동일한 의식(儀式)들과 교회 실천들에 참여하지 않는다는 사실과는 무관하게, 역시 그들로 하여금 우리를 동일한 방법으로 대우하도록 하자. 왜냐하면 기독교적 교회의 교제(gemeinschafft)는 의식(儀式)들과 외적 실천에 있는 것이 아니라, 참된 신앙[A4b], 순전한 복음에 대한 순종, 그리고 주께서 그들에게 제정해주셨던 거룩한 성례전에 대한 올바른 사용에 있다. 각 교회는 자신에게 최선의 것으로 발견하는 그대로 다른 모든 것을 정해야만 한다. 어떤 경우든지 이것은 고대의 거룩한 교부들이 인정했고, 유지했던 것이다.

• 우리는 우리를 교회의 권위 안에 있는 어떤 사람으로부터 분리시킨 것이 아니라, 적그리스도늘로부터 분리시켰다.

그러므로 우리는 어떤 교회 권위로부터 우리 자신을 떼어놓지 않는다. 그러나 교회의 선(善)을 위한 것 이외의 어떤 경우에도 교회 안에는 어떤 다른 권위도 어떤 권능도 없다. 그리스도의 목회자들(Diener Christi)이 누구든지 간에, 그들이 가진 타이틀이 무엇이든지 간에,

우리는 기꺼이 그들을 경청한다. 그러나 만약 우리가 그리스도의 양(羊)들이 되고자 한다면, 우리는 낯선 사람의 음성을 가진 자들로부터 도망쳐야 한다(요 10:5). 비록 그들이 하늘로부터 온 천사들일지라도(갈 1:8), 우리는 다른 복음을 가지고 오는 자들을 추방된(고발된; verbannet) 것으로 간주해야 한다. 우상 숭배자들, 교회를 탈취하는 자들, 삶의 전체가 가장 무시무시한 악습들로 감염되어 있으면서도 교회의 형제(자매)들과 지체들이 되기를 요구하는 자들의 경우, 우리는 그들과 조금도 관계하지 말고, 그들을 완전히 거부해야만 한다.

교황, 추기경들, 감독들처럼 이런 사람들이 자신들을 위해 교회 안에 있는 더 큰 권위를 요구할 때, 우리는 이것을 더욱 심각한 것으로 예의 주시해야 한다. 이것은[96] 우리가 성경 속에서 뿐만 아니라, 교회의 모든 고대 회의들에 의해서 우리가 행동하도록 교육받은 내용이다. 만약 우리가 이 거짓되고 불경건한 교회 지도자들로부터 우리 자신을 분리시키지 않고, 참되고 신실한 목회자들을 선택하지 않는다면, 우리는 하나님에 대한 우리의 경외심을 잃어버리고, 주의 계명을 범하고, 거짓 목회자들의 불경건으로 우리 자신을 더럽힐 것이다. 이같은 내용이 거룩한 순교자이며 감독인 키프리아누스(Cyprianus)에 의해 그의 네 번째 서신(Epist. iv)(역자 주, MSL 4, 235f) 속에서, 아주 엄숙하게 인식되어지고, 기록되어져 있다. 참으로 고대의 거룩한 교부들은 회의들의 강령들 속에서, 그리고 그들 자신들의 작품들 속에서 키프리아누스에게 동의하고 있다. 그러므로 그 누구라도 아무도 우리를 교회와 교회의 순종으로부터 벗어난 어떤 형태의 배교와 이단이라고 고발할 수 없다.

• 회개와 기독교적 권징(치리)과 실천들은 교황주의자들에 의해 사라졌고, 폐기되었다.

　기도, 금식과 그 밖의 것과 같이, 회개와 치리와 영적 실천들, 이 모든 것들이 본래의 가치와 경건한 사용으로 회복되는 데 있어서 그 어떤 것도 빠져서는 안 된다는 것을 우리는 동일한 방법으로 원하는 바이다. 그 결과 그 어떤 것도 여기서 더이상 우리를 방해하지 않는다. 왜냐하면 교황주의의 유혹자들에 의해 사람들은 참되고도 진심어린 기도, 금식, 회개의 실천들과 관계된 모든 것을 알지도 못할 뿐만 아니라, 심지어 이것들을 이상하고도 역겨운 것으로 간주하는 지경에 이르게 되었다. 그러므로 불쌍한 배교자 비첼(Vicel)과 그와 비슷한 사람들은 이 잘못된 가르침(교리)의 책임을 우리에게 돌릴 것이 아니라, 그들의 교황들, 감독들과 사제들에게 돌려야 한다. 왜냐하면 우리들은 모든 참된 회개와 육신의 경건한 죽임을 마땅히 치러야 할 사람들에게 그리스도 안에 있는 참되고도 살아 있는 신앙을 가르치기 때문이다. 그러므로 우리는 사람들이 중단 없이 이같은 신앙의 열매들을 맺도록 경고한다. 자신들이 가톨릭교도들이라고 변호하는 그들의 교황들, 감독들, 사제들은 그리스도 안에 있는 신앙과 신앙의 참 열매들에 대해 무시하며, 또 삶에 의해서 뿐만 아니라, 모든 신앙과 회개에 의해서도 가장 큰 모순을 범하고 있다. 슬프게도, 너무나 끔찍할 정도로 이런 모습이 만천하에 드러나고 있다.

• 이단들은 사실상 그들의 아버지인 사탄과 함께 심겨져 자라고 있는 잡초를 건전한 교리(가르침)와 비교함으로써 건전한 가르침을

중상 모독한다.

　이 작은 책은 이단의 지도자들(스승, 교사)이 우리가 열매들과 사역들이 없는 신앙을[A5b] 가르치며, 참된 교제와 그리스도의 몸의 구별하는 표지와 기독교적 치리를[97] 수용하지 않는다고 우리를 얼마나 거짓되게 고소하고 있는지를 모든 경건한 그리스도인들에게 보여줄 것이다. 그러나 신앙의 열매와 기독교적 치리가 우리에게 속한 많은 사람들 가운데서 오직 무기력할 정도로만 준수되었다는 사실 때문에, 우리의 교리와 그 교리를 선포하고 있는 우리의 신실성과 근면성이 어떤 경우에도 책망을 받아서는 안 된다. 우리는 복음서와 바울서신들과 모든 고대 거룩한 교부들의 작품 속에서 참으로 열심 있는 그리스도인들이 많지 않다는 사실을 읽는다(마 7:13; 마 20:16; 눅 12:32; 롬 11:5 등). 이것은 주님 자신이, 그리고 주의 거룩한 사도들과 가장 귀중한 순교자들이 설교했던 내용이다.

　그러나 하나님을 찬양하라! 진정으로 그리스도를 신뢰하고, 주께서 우리에게 유지하도록 허락하셨던 그리스도의 교리를 통해 자기 자신을 복음에 대한 진심 어린 순종으로 맡겼던 참으로 많은 신실한 그리스도인들이 사방에서 발견될 수 있는 것이다. 여전히 부족한 것과 관련하여, 이것은 진리를 폄하할 수 있는 바, 그것의 원인은 그리스도께서 우리에게 부여하셨던 그의 거룩하고도 복된 교리에 있는 것이 아니라, 사탄, 우리 육신의 부패한 본성, 교황주의적 약탈, 이단지도자들과 그들의 추종자(제자)들이 참된 교리에 대하여 쏟아내는 독기(毒氣) 가득 찬 비난과 그리스도의 교제로부터의 퇴각을 촉구하는 방법에 있다. 그리고 제자들의 삶과 일치한다고 주장하는 이단지도자들의 교리로부터 나올 수 있는 것은 오직 악뿐이라는 사실 역시 맞는 말이다. 슬프게도 우리는 너무나도 소름끼치도록 그들(이단지도자들)이 자신들을 추종하는 작은 무리의 제자들과 함께 무화과와 포도 대신에 우리에게 황무지와 가시와 엉겅퀴를 제공하고 있다는 사실을 매일 알게 된다(마 7:16). 왜냐하면 성령의 열매(geystes frücht)는 사랑과 희락과 화평과 오래 참음과 자비와[A6a] 양선과 충성과 온유와 절제이기 때문이다(갈 5:22). 이 불쌍한 기인(奇人)들 속에서 매일 끔찍할 정도로 분명하게 드러나고 있는 것처럼, 이 공동체에 속하는 사람들은 전심으로 주를 찾는 자들이 아니라, 오히려 그러한 것을 거부하고, 회피하며, 거짓으로 비난하고, 모든 비진리의 방법을 믿고, 전파하며, 스스로 쾌락에 빠지고, 시기심으로 가득하고, 앙심을 품고, 이기적이고, 자신이 보다 높은 영(靈)을 지닌 것으로 자랑하고, 난잡한 성적 타락에 빠지는 자들이다. 그러나 우리는 그러한 교리 속에서 자랑하는 사람들의 삶으로부터 어떤 사람의 가르침을 판단해서는 안 되고, 오직 무오(無誤)한 주의 말씀을 통해서만[98] 어떤 사람의 가르침을 판단하거나 판단해야만 한다.

이 작은 책에서 정확하게 문자를 따라서가 아니라, 비록 문자 역시 하나님의 말씀에 속한 것이지만, 주의 진리의 성령과 능력을 따라서 우리는 그의 은혜에 의해서 주의 영원한 말씀을 붙잡았다. 그리고 우리는 어떤 인간의 구성물로부터가 아니라, 하나님의 동일한 말씀으로부터만 그리스도 교회의 본질(natur), 특징(eygenschafft), 법(recht), 질서(ordnung), 행정(통치; regierung)을 제시했다. 그러므로 모든 경건한 기독교적 영혼들은 앞으로 기술하는 내용 속에서 우리가 주 예수의 나라와 그의 나라에 대한 참되고도 진정한 열매를 증가시키는 것 이외에 아무것도 추구하지 않는다는 사실을 알아야만 한다. 그리고 이 일을 수행함에 있어서, 그리스도 안에 있는 자가 무엇을 하든지 무엇을 의도하든지 간에, 가장 작은 정도라도 어떤 사람을 해치거나 공격하는 것은 우리의 의도가 아니었다(어떤 다른 것도 종속되어야만 하는 우리의 사랑하는 주 '그리스도 안에'를 우리는 강조한다.) 차라리 우리는 가장 친절한 방식으로 그리스도의 가슴을 너무나 크고도 넓게 열고, 제공하여[A6b], 우리를 그렇게도 비싼 값으로 사셨던 그리스도께서(고전 7:23) 오직 우리의 주와 구세주(구원자; Heyland)로만 남아 계시고, 오직 우리는 그의 나라와 몸으로만 남아 있고자 함이다.

우리가 그분 안에서만 좋은 모든 것을 소유하며, 우리는 그가 없이는 영원한 죽음만을 발견한다는 사실을 우리가 마침내 올바르게 이해하도록 주님께서 허락해주시기를 기원한다. 이런 방법으로 우리는 우리 자신을 전적으로 부인하고, 우리 자신을 그의 말씀과 성령에게 전적으로 복종시킬 것이다. 이런 방식으로 또한 우리는 그분 안에서 한 마음과 한 영혼이 되고, 그의 나라 안에 있는 그의 양육을 통해 옛 본성으로부터 여태껏 보다도 더욱더 자유롭게 되고, 그의 새 생명 안에서 여태껏 보다도 더욱더 강하게 될 것이다. 그러므로 그의 영원한 찬양과 그의 거룩한 나라의 증진을 위해 우리는 건강하게 살아 있는 거룩한 몸의 성숙한 지체들로서 그에게 속할 것이다. 아멘.

스트라스부르에 있는 교회 안에서
거룩한 복음의 목회자(eyn diener des heyligen Evangeli),
마르틴 부처(Martinus Bucer)[1(B1)a].

contents

제 1 장

그리스도인들의 교제에 관하여:
교회란 무엇인가?

그리스도의 교회는 한 몸과 각각 서로의 지체들이 되기 위해 그의 성령과 말씀을 통해 세상으로부터 모여, 그리스도이신 주 안에서 연합된(하나가 된) 사람들의 모임과 공동체이다. 한 몸과 서로 서로의 지체들이 되기 위해[99] 각 지체는 몸 전체와 몸의 모든 지체들의 일반적(공동적) 개선을 위한 각자의 직무와 사역을 가진다. 우리는 이것을 아래에 주어진 성경 본문들로부터 배울 수 있다.

• 그리스도인들은 자기 자신을 부인하고, 한 하나님, 한 그리스도, 한 성령, 하나의 세례와 소망을 가지며, 가장 높은 사랑 안에서 서로 서로에게 연합된 한 몸이다.

i. 엡 4[:1-6]

"그러므로 주 안에서 갇힌 내가[바울] 너희를 권하노니 너희가 부르심을 받은 일에 합당하게 행하여 모든 겸손과 온유로 하고 오래 참음으로 사랑 가운데서 서로 용납하고 평안의 매는 줄로 성령이 하나 되게 하신 것을 힘써 지키라 몸이 하나요 성령도 한 분이시니 이와 같이 너희가 부르심의 한 소망 안에서 부르심을 받았느니라 주도 한 분이시요 믿음도 하나요 세례도 하나요 하나님도 한 분이시니 곧 만유

의 아버지시라 만유 위에 계시고 만유를 통일하시고 만유 가운데 계
시도다."

• 비록 그리스도인들은 많을지라도, 그럼에도 불구하고, 그들 모
두는 한 몸이며, 한 성령에 의해 살아간다.

ii. 고전 12[:12-13]
"몸은 하나인데 많은 지체가 있고 몸의 지체가 많으나 한 몸임과 같
이 그리스도도 그러하니라 우리가 유대인이나 헬라인이나 종이나 자
유인이나 다 한 성령으로 세례를 받아 한 몸이 되었고 또 다 한 성령을
마시게 하셨느니라."

• 그리스도인들은 한 몸이며, 각 지체는 한 몸 안에 있는 지체들처
럼 몸의 공동적 개선을 위한 각자의 특별한 직무와 사역을 가진다.

iii. 롬 12[:4-6]
"우리가 한 몸에 많은 지체를 가졌으나 모든 지체가 같은 기능을 가
진 것이 아니니 이와 같이 우리 많은 사람이 그리스도 안에서 한 몸이
되어 서로 지체가 되었느니라. 우리에게 주신 은혜대로 받은 은사가
각각 다르니 혹 예언이면 믿음의 분수대로…."

• 하나님은 각 그리스도인에게 각자의 직무와 사역을 지정하신다.
직무와 사역에는 많은 종류들이 있다. 그리고 가끔 교회에서 가장
작은 것처럼 보이고, 가장 최악의 의무를 가진 것처럼 보이는 사람

들이 그리스도의 몸의 가장 본질적인 지체들이다. 가장 약한 지체들은 가장 주의깊게 대우받아야 하며, 그리고 모든 지체들은 기쁨과 슬픔을 함께 나누면서 서로 서로를 도와야 한다.

iv. 고전 12[:18-27]

"그러나 이제 하나님이 그 원하시는 대로 지체를 각각 몸에 두셨으니 만일 다 한 지체뿐이면 몸은 어디냐 이제 지체는 많으나 몸은 하나라 눈이 손더러 내가 너를 쓸 데가 없다 하거나 또한 머리가 발더러 내가 너를 쓸 데가 없다 하지 못하리라 그뿐 아니라 더 약하게 보이는 몸의 지체가 도리어 요긴하고 우리가 몸의 덜 귀히 여기는 그것들을 더욱 귀한 것들로 입혀 주며 우리의 아름답지 못한 지체는 더욱 아름다운 것을 얻느니라 그런즉 우리의 아름다운 지체는 그럴 필요가 없느니라 오직 하나님이 몸을 고르게 하여 부족한 지체에게 귀중함을 더하사 몸 가운데서 분쟁이 없고 오직 여러 지체가 서로 같이 돌보게 하셨느니라 만일 한 지체가 고통을 받으면 모든 지체가 함께 고통을 받고 한 지체가 영광을 얻으면 모든 지체가 함께 즐거워하느니라 너희는 그리스도의 몸이요 지체의 각 부분이라."

• 〔100〕 그리스도인들은 그들의 머리이신 그리스도에게까지 자라나며, 질서있는 부르심의 끈들에 의해 서로 서로와 연합된다. 한 사람은 가장 높은 사랑 안에서 그리스도의 몸, 즉 전체 공동체의 전반적인 구축을 위해 다른 사람을 섬긴다.

v. 엡 4[:15-16]

"오직 사랑 안에서 참된 것을 하여 범사에 그에게까지 자랄지라 그는 머리니 곧 그리스도라 그에게서 온 몸이 각 마디를 통하여 도움을 받음으로 연결되고 결합되어 각 지체의 분량대로 역사하여 그 몸을 자라게 하며 사랑 안에서 스스로 세우느니라.[2(B2)b]"

• 그리스도인들은 영적 문제들뿐만 아니라, 세상적인 문제들 속에서도 교제를 가진다.

vi. 행 4[:32, 34a, 35b]

"믿는 무리가 한 마음과 한 뜻이 되어 모든 물건을 서로 통용하고 자기 재물을 조금이라도 자기 것이라 하는 이가 하나도 없더라 … 그 중에 가난한 사람이 없으니 이는 밭과 집 있는 자는 팔아 그 판 것의 값을 가져다가 … 그들이 각 사람의 필요를 따라 나누어 줌이라."

• 그리스도인들은 가난한 사람들을 도와주는 것과 경건의 향상을 위해 자기 자신과 자신이 가지고 있는 것을 바친다.

vii. 고후 8[:1-5]

"형제들아 하나님께서 마게도냐 교회들에게 주신 은혜를 우리가 너희에게 알리노니 환난의 많은 시련 가운데서 그들의 넘치는 기쁨과 극심한 가난이 그들의 풍성한 연보를 넘치도록 하게 하였느니라 내가 증언하노니 그들이 힘대로 할 뿐 아니라 힘에 지나도록 자원하여 이 은혜와 성도 섬기는 일에 참여함에 대하여 우리에게 간절히 구하니 우리가 바라던 것뿐 아니라 그들이 먼저 자신을 주께 드리고 또 하나님의 뜻을 따라 우리에게 주었도다."

• 그리스도인들의 나눔은 곤궁 속에 있는 사람들이 도움을 받고, 다른 사람들에게 부담이 되지 않는 방식 안에서 일어난다.

viii. 고후 8[:13-15]

"이는 다른 사람들을 평안하게 하고 너희는 곤고하게 하려는 것이 아니요 균등하게 하려 함이니 이제 너희의 넉넉한 것으로 그들의 부족한 것을 보충함은 후에 그들의 넉넉한 것으로 너희의 부족한 것을 보충하여 균등하게 하려 함이라 기록된 것 같이 많이 거둔 자도 남지 아니하였고 적게 거둔 자도 모자라지 아니하였느니라."

• 일하려 하지 않고, 다른 사람들에게 부담을 지우는 그리스도인들 가운데 있는 사람은 회중(Gemeinde)에 의해서 부양되어서는 안 될 뿐만 아니라, 무질서하게 삶을 영위하는 사람처럼 추방되어야 한다.

ix. 살후 3[:11-13]

"우리가 들은즉 너희 가운데 게으르게 행하여 도무지 일하지 아니하고 일을 만들기만 하는 자들이 있다 하니 이런 자들에게 우리가 명하고 주 예수 그리스도 안에서 권하기를 조용히 일하여 자기 양식을 먹으라 하노라 형제들아 너희는 선을 행하다가 낙심하지 말라."

이상의 성경본문들로부터 우리가 주목해야 할 내용은 세 가지다. 첫째, 어떻게 그리스도인들이 상호 간에 그렇게도 전체적이고도 완전한 일치(연합; einigkeit)를 가지고 있는가이다. 왜냐하면 그들은 한 몸이고, 그들은 한 소망에로 부름 받은 것처럼 한 성령과 한 부르심에 참여하고, 한 구원을 기다리며, 한 주를 고백하고, 한 신앙을 가지며, 모두가 한 세례를 통과했고[101] 그리고 참으로 그리스도 안에서 죽었다가 하나님의 자녀들로서 다시 태어났기 때문이다. 그 결과 그들 역시 하늘에 계시는 유일한 한 아버지를 가지고, 참으로 경건한(그러므로 가장 완전하고, 가장 친절하고, 가장 신실한) 형제애(자매애)와 교제와 일치(연합)에 다함께 참여해야 한다. 이 모든 것이 첫째와[3(B3)] 둘째 성경본문들에 의해서 아름답게 표현되었다. 그렇다면 어떤 친교(geselschaft)와 회중(gemeind)이 다름 아닌 그리스도의 몸 자체 이상(以上)으로, 자기 자신의 유익을 전혀 추구하지 않고, 그리스도의 영에 의해서만 살아가는 사람들과 오직 주 그리스도만을 추구하는 각 사람 이상으로 마음과 정신과 말들과 기타 모든 것 안에서 하나 될 수 있을까? 그것은 어떤 사람도 오직 그리스도 이외에 그 어떤 것도 중요하게 생각하지 않을 때이다.

둘째, 우리가 이 성경본문들로부터 배워야만 하는 두 번째 사항은 첫 번째 언급한 사항으로부터 따라 온다. 그 내용은 다음과 같다. 그리스도인들이 서로 서로 간에 가지고 있는 교제(gemeinschaft)는 가장 가깝고도 가장 하나된 교제일 뿐만 아니라, 가장 진실하고도 가장 열렬한 교제여야 한다. 누구든지 모든 일들에서 서로 서로에게 충고하고, 도와주면서 가장 높은 정도로 능숙한 솜씨와 열심을 보여주며, 가장 완전하고도 가장 참된 의미에서 다른 사람들의 필요들을 자기 자신의 것으로 간주하고, 다른 사람들의 필요들을 자신의 마음으로 받아들인다. 그리스도인들의 숫자가 아무리 많을지라도, 그들은 여전히 한 몸이고, 그리스도의 몸이다. 이것은 그리스도 안에 있는 모든 사람은 다른 사람의 느낌(감정; 평안; mûs)과 최선의 마음에서 우러나오고 가장 활동적인 특징으로 구성되어야 하는 진정한 기독교적 느낌에 의해 항상 영향을 받고 있다는 것을 의미한다. 그리스도의 영이 각 신자 안에 거하시며, 활동하시고, 몸 전체와 모든 지체들을 위해 전반적인 구축(gemeiner uffbawung)을 위해 일하신다.

각 지체는 그리스도의 지체이고, 성령의 도구이기 때문에, 모든 각 지체는 그리스도의 몸 안에서 특별히 구원하는(유익한) 일과 활동에로 지명되었고, 그 역할을 수행하기 위한 적성과 능력을 부여받았다. 여기에서 게으른 사람은 아무도 없고, 누구든지 다른 사람들의 구원(유익; heil)을 위해 항상 활동하고[4(B4)a], 또한 자기 자신의 구원을 위해 다른 사람들을 필요로 한다. 그들은 그들에게 부여된 은혜에 따라 다양한 은사들을 가지고 있다. 동일한 일이 인간의 몸 안에서처럼 그리스도인들과 함께 일어난다. 필요가 더욱 크면 클수록, 그 필요가 세상적인 것이든지(zeitlichem) 영적인(geistlichem) 것이든지 간에, 그리스도인들 모두는 자신들의 봉사와 활동에 더욱더 스스로 헌신한다. 이것이 바로 신적 질서와 부르심의 연결들을 통해 각 지체가 다른 지체들에게 연결된[102] 자신의 소명을 가지고 있기 때문이다. 더구나 수많은 그리스도인들이 증가하고, 이미 그리스도인들이 된 자들은 성숙함으로 자라가고 모든 방면에서 참되고도 경건한 삶이 증진되기 위해, 모든 그리스도인들의 사역은 항상 그리스도 교회의 전반적인 개선에 지향되어 있다. 처음 두 개의 성경본문들 속에서 이 모든 내용이 분명하고도 풍부하게 제시된 것처럼, 셋째, 넷째, 다섯째 성경본문들 속에서도 마찬가지다. 모든 그리스도인들은 이 내용을 잘 숙고하고, 그것을 진심으로 받아들여야 한다.

셋째, 우리는 또한 위의 성경본문들로부터 다음의 사실을 배워야 한다. 그리스도인들 가운데 그 어떤 누구라도 모든 참된 선한 일에 부족함이 없도록, 그리스도인들은 영적인 문제들뿐만 아니라, 세상적인 문제들 속에서도 가장 신실하게 서로 서로를 돌보아야 한다. 어떤 사람들은 베풀고, 선을 행하도록 부르시고, 어떤 다른 사람들에게는 다른 사람들의 선행들을 받아들이고, 유익을 얻으라고 부르시는 하나님의 명령은 여전히 존재한다. 이런 방식으로 누구든지 다양한 자신의 필요에 따라 형제(자매)적인 방법으로 돌봄을 받고, 동시에 어떤 사람이 그렇게 할 필요가 없을 경우[4(B4)4], 그 사람은 다른 사람들의 짐을 질 필요가 없으며, 또한 다른 사람의 일로부터 유익을 얻어서도 안 된다. 그리스도의 교회가 올바르게 설립되고, 그 살림살이(haushaltung)의 고유한 형태를 갖추는 곳에서, 유익한 일 하기를 원하지도 않고, 다른 사람들의 수고에 기생(寄生)하기를 추구하는 어떤 사람에게는 관용이 주어지지 않는다. 이 내용은 여섯 번째, 일곱 번째, 아홉 번째의 성경본문들로부터 발견된다.

그러므로 우리가 여기서 상술(詳述)했던 내용은 기독교적 교회와 그리스도의 교제는 무엇이며, 그것의 규모는 무엇이며, 그것의 본질과 특징들은 무엇인가이다. 다시 말하면, 교회는 가장 잘 연합된 모임이며, 교제(vereinigte versamlung und gemeinschafft)이다. 교회의 규모는 그리스도이신 주에 의해 인도함 받고, 지어지고, 준비된 신자들과 모든 선택된 자들 속에서 발견되며, 그 결과 그들은 육신적이거나 영적인 것에서도, 선한 어떤 것을 잃어버리거나 부족하지 않고, 항상 몸과 영혼의 완전한 구원에로 인도받고 고무(鼓舞)된다. 그리고 이 모든 것은 다양한 종류의 사역과 은사에 의해 준비되고 성취된다.

제 2 장

그리스도의 교회 안에서
그의 통치에 관하여

• 왜 교회 안에 통치가 있어야만 하는가?

지금 그리스도인들이 여기서 삶 속에서 살고 있는 동안에는, 자기 자신을 그리스도로 옷 입는 것으로부터 결코 완전히 벗어난 것이 아니다. 또한 자신들에 대해 완전히 결코 죽은 것이 아니기 때문에, 그리고 그리스도가 그들 안에서 살아 계시지만, 여전히[5(C1)a] 그리스도인들은 매일 여러 가지 형태로 잘못을 저지르고, 죄를 짓기 때문에, 교회와 그리스도의 회중 속에서 항구적(恒久的) 가르침(교리)과 치리(권징)와 지도, 즉 그리스도인들이 자신을 부인하는 것을 배우며, 그들의 머리인 주 그리스도께 자신을 포기하고 헌신하도록 지속적으로 더욱 더 촉구하고 인도하는 통치(regiment; 교회정치)가 필요하다. 그러면, 그리스도께서 언젠가 그의 참되고 살아 있는 완전한 지체들인 그리스도인들 안에 살아계시고, 그의 사역을 완전히 행하실 것이다.

• 그리스도께서 그의 교회를 직접 통치하신다.

우리 주 그리스도께서는 그의 교회 안에서 이 통치를 하시고, 자기 자신과 그의 영을 통해서 인도하신다. 이것이 바로 성경이 그리스도를 하늘의 왕이요, 교회를 하늘의 나라라고 부르는 이유이다.

성경에 따르면(역자 주), 그가 교사라면 그리스도인들은 그의 제자들과 학생들이고, 그가 목자라면 교회는 그의 양떼이고, 그가 머리라면 그리스도인들은 그의 지체들이고, 그가 신랑이라면 교회는 신부이다. 이 교회는 그리스도께서 흠과 점이 없이 빛나는 교회로서의 선물로 주실 때까지, 그리스도께서 정결하게 하고 깨끗하게 하시는 교회이다. 또한 성경에 따르면(역자 주), 그가 의사라면 그리스도인들은 병자들이며, 그가 치리의 재판관과 수여자라면 그리스도인들은 재판받고, 치리 받아야 할 자들이다. 이 내용은 다음에 오는 성경본문들로부터 살펴볼 수 있을 것이다.

• 그리스도께서 그의 교회를 직접 통치하신다. 그리스도께서 그의 백성을 경건하게 만들고, 모든 선한 일들에서 부요하게 하고, 모든 악들로부터 안전하게 하기 위해 그의 백성을 통치하신다.

i. 렘 23[:5-6]
"여호와의 말씀이니라 [5(C1)b] 보라 때가 이르리니 내가 다윗에게 한 의로운 가지를 일으킬 것이라 그가 왕이 되어 지혜롭게 다스리며 세상에서 정의와 공의를 행할 것이며 그의 날에 유다는 구원을 받겠고 이스라엘은 평안히 살 것이며 그의 이름은 여호와 우리의 공의라 일컬음을 받으리라."

• 그리스도께서 야곱의 집, 즉 그리스도인들 가운데서 영원히 통치하셔야 한다는 사실을 보라! 그의 나라는 끝이 없다.

ii. 눅 1[:31-33]

"보라 네가 잉태하여 아들을 낳으리니 그 이름을 예수라 하라 그가 큰 자가 되고 지극히 높으신 이의 아들이라 일컬어질 것이요 주 하나님께서 그 조상 다윗의 왕위를 그에게 주시리니 영원히 야곱의 집을 왕으로 다스리실 것이며 그 나라가 무궁하리라."

• 그리스도께서 영원히 생명을 주시기 위해 통치하시고, 그의 나라에 속한 모든 사람들 안에서 일하신다.

iii. 요 17[:1b-2]

"아버지여 때가 이르렀사오니 아들을 영화롭게 하사 아들로 아버지를 영화롭게 하게 하옵소서 아버지께서 아들에게 주신 모든 사람에게 영생을 주게 하시려고 만민을 다스리는 권세를 아들에게 주셨음이로소이다."

• [104]그리스도께서 교회의 유일한 신랑과 남편이시다.

iv. 엡 5[:28b-32]

"자기 아내를 사랑하는 자는 [6(C2)a] 자기를 사랑하는 것이라 누구든지 언제나 자기 육체를 미워하지 않고 오직 양육하여 보호하기를 그리스도께서 교회에게 함과 같이 하나니 우리는 그 몸의 지체임이라 그러므로 사람이 부모를 떠나 그의 아내와 합하여 그 둘이 한 육체가 될지니 이 비밀이 크도다 나는 그리스도와 교회에 대하여 말하노라."

• 그리스도는 교회의 유일한 스승과 교사이시다.

v. 마 23[:8]
"그러나 너희는 랍비라 칭함을 받지 말라 너희 선생은 하나요 너희는 다 형제니라."

• 주이신 그리스도께서 하나님의 양(羊)무리, 즉 모든 하나님의 선택된 자들의 유일한 목자이시다. 다음의 사실을 주시하라! 그리스도 주 자신이 그의 양 무리를 먹이시며, 그들을 파멸로부터 구원하시고, 그들을 그의 땅으로 인도하시고, 그들을 모든 산들 위에, 이스라엘의 모든 풀밭과 목장에서, 즉 그리스도인들의 모든 회중들 속에서 먹이신다.

vi. 겔 34[:11-14]
"주 여호와께서 이같이 말씀하셨느니라 나 곧 내가 내 양을 찾고 찾되 목자가 양 가운데에 있는 날에 양이 흩어졌으면 그 떼를 찾는 것 같이 내가 내 양을 찾아서 흐리고 캄캄한 날에 그 흩어진 모든 곳에서 그것들을 건져 낼지라 내가 그것들을 만민 가운데에서 끌어내며 여러 백성 가운데에서 모아 그 본토로 데리고 가서 이스라엘 산 위에와 시냇가에와 그 땅 모든 거주지에서 먹이되 좋은 꼴을 먹이고 그 우리를 이스라엘 높은 산에 두리니 그것들이 그 곳에 있는 좋은 우리에 누워 있으며 이스라엘 산에서 [6(C2)b] 살진 꼴을 먹으리라.”

• 그리스도이신 주께서 유일한 참 선한 목자이시고, 그의 사람들을 아시며, 그의 사람들은 그를 알고, 그의 음성을 듣고, 그를 따라간다는 사실을 주시하라!

vii. 요 10[:14-15]
“나는 선한 목자라 나는 내 양을 알고 양도 나를 아는 것이 아버지께서 나를 아시고 내가 아버지를 아는 것 같으니 나는 양을 위하여 목숨을 버리노라.”

• 주 그리스도가 교회의 유일한 머리이시다.

viii. 골 1[:18-20]
“그는 몸인 교회의 머리시라 그가 근본이시오 죽은 자들 가운데서 먼저 나신 이시니 이는 친히 만물의 으뜸이 되려 하심이요 아버지께서는 모든 충만으로 예수 안에 거하게 하시고 그의 십자가의 피로 화평을 이루사 만물 곧 땅에 있는 것들이나 하늘에 있는 것들이 그로 말미암아 자기와 화목하게 되기를 기뻐하심이라.”

• 주 그리스도는 항상 그의 교회 자신과 함께 계신다.

ix. 요 14[:23]
“(예수께서 대답하여 이르시되 사람이, 역자 주) 나를 사랑하면 내 말을 지키리니 내 아버지께서 그를 사랑할 것이요 우리가 그에게 가서 거처를 그와 함께 하리라.[7(C3)a]"

x. 마 18[:20]
"두 세 사람이 내 이름으로 모인 곳에는 나도 그들 중에 있느니라."

[105]
xi. 마 28[:20b]
"볼지어다 내가 세상 끝날까지 너희와 항상 함께 있으리라."

그러므로 지금 우리는 앞에서 언급한 성경본문들로부터 그리스도이신 우리 주만이 그의 교회와 회중 안에 모든 권능과 통치를 행사하신다는 사실을 알게 되었다. 그의 교회를 통치하시는 분은 그리스도 자신이시다.

그가 교회를 먹이시고, 교회를 돌보시고, 여전히 길 잃어 방황하고 있는 양들을 교회로 데리고 오신다. 그리스도께서 이미 그의 교회 안에 있는 자들을 지키시고, 인도하시고, 그들을 위해 준비하신다. 그 결과 그들은 매일 죄들과 그것들에 의해서 발생하는 모든 슬픔으로부터 더욱더 정결케 되며, 그들은 구원받아, 경건과 복됨(행복) 속에서 계속적으로 성장하도록 인도(引導)되고, 독려(督勵)된다.

그리고 주께서 야곱의 집, 즉 교회 안에서 영원히 이 통치를 지도하시고, 행사하신다. 그는 세상 끝날까지 그의 백성과 함께 계시고, 함께 거하신다. 비록 만져서 알 수 있는 의미에서나 이 세상의 방식으로는 아닐지라도, 그는 배후에 계시면서도 참으로, 그리고 현실적으로 함께하신다.

그는 그의 나라에서 왕으로, 그의 제자들과 함께하는 스승으로, 그의 양 무리와 함께하는 신실한 목자로, 그의 신부와 함께하는 신랑으로, 아픈 사람들과 함께하는 의사로, 그리고 치리가 필요한 사람에게 다스리시는 분으로 활동하신다.[7(C3)b]

• 주의 교회 안에서 주의 말씀과 기독교적 치리에 의해 주를 섬기지 않고, 자기 자신을 위해 그 통치를 요구하는 자는 누구든지 적그리스도(Widerchtist)이다.

그러므로 어떤 사람도 주께서 통치하시는 권위를 자기 자신을 위해 요구할 수 없다. 왜냐하면 주께서 그의 교회 안에서 결코 부재(不在)하시지 않고, 항상 자기 자신이 현존하시고, 자기 자신이 모든 것 안에 있는 모든 것(alles in allen)을 행하시고, 일하시기 때문이다.

이것은 다음 사실을 의미한다. 교황과 소위 감독들이 하는 것처럼, 그리스도의 교회에 대한 영적 권위를 자신들을 위해 요구하는 사람들은, 극단적인 충성을 다하여 그의 거룩한 양들을 위해 초장(草場)을 준비하지도 않고, 그들의 모든 죄들을 위해 그리스도에 대한 참된 신앙을 통하여 하나님의 모든 선택된 자들을 계속적으로 독려하지도 않고, 주이신 예수를 섬기지 않고, 복음과 기독교적 치리를 선포하지도 않고, 모든 의를 추구하지도 않는다. 다시 말하면, 그의 양들을 모으고 먹이면서 그리스도에게 참여하지 않는 자들은 오히려 그리스도의 양 무리를 흩어버리고, 황폐화시켜버린다.

이런 사람들은 그리스도를 대적하고 있으며, 그리스도의 나라, 즉 그리스도의 교회에 결코 참여할 수 없다. 그들은 주의 통치자들과 행정관들이기는 커녕 교회의 지체(회원)들조차 아니다. 그리스도이신 주께서 그들이 가르치고 명령하도록 세우시지 않았기 때문에, 그들은 그리스도의 교회에 대해 가르치고, 명령할 어떤 권한도[106] 가지고 있지 않다.

• 교황과 그의 사람들은 무엇이며, 교회 안에서 무엇을 하는가?

슬프게도 지금 다음과 같은 사실이 명백하다. 교황의 모든 가상(假想)의 감독들과 교회 관리자들과 함께 교황들은 기독교 교리와 치리를 통해 그의 양들을 올바르게 초장으로 인도하면서 그리스도이신 주을 분명하게 섬기지 않고, 그대신 주께서 이같은 방법으로 자신을 섬기도록 환기시키는 모든 사람들에게 강력하게 반대해 서 있다.

그들 자신도 인정하듯이, 그들의 모든 힘은 기독교 교리와 거룩한 성례전과 그리스도의 모든 규정들에 대한 공공연하게도[8(C4)a] 잘 알려진 오용들과 부인할 수 없는 왜곡들에 집중되어 있다.

• 모든 교황주의자들은 그들 가운데 수많은 오용들이 있다는 사실을 인정하면서도, 그것들을 고칠 어떤 일도 하기를 원치 않는다.

참으로 종교지도자들이 부패하여 비참한 상태에 있으며, 그들에 대한 모든 것이 오용으로 가득 차 있다는 사실을 인정하지 않고, 고백하지 않는 사람들은 그들 가운데 아무도 없다. 이런 사실에도 불구하고, 그들은 참된 기독교적 개혁과 개선을 위한 어떤 여지도 허락하지 않겠다는 결심이 너무나도 확고부동하다.

다만 그들은 그들 자신이 인정하는 그같은 오용들 안에서만 수행할 충고와 행동에 의해 설득되기를 허락한다. 사랑스런 그리스도께서 이미 드러난 더욱 나쁜 것들조차도 숨겨질 수 없도록 해주시기를 기원한다. 그러므로 큰 관심을 가져야 할 문제가 있다. 우리의 신실한 목자장이신 예수 그리스도께서 은혜스럽고도 놀라운 방법으로 종종 행동하셨듯이, 만약 예수 그리스도께서 그들의 공격을 물리치지 않으셨다면, 만약 그들이 그리스도의 양들을 먹일 책임을 지고, 자신들의 필요에 따라 양들과 염소들과 교제하고 동참하고 있으면서도, 거짓 목자들은 양들을 다른 동물들로부터 구원하고자 한다는 평계를 대면서 다른 거짓 목자들을 부르는 것은 보통 심각한 문제가 아니다.

그러므로 이 형편없는 사람들이 그리스도의 양들을 그렇게도 분명하게 흩어버리고, 망쳐버리는 그들의 행동으로부터 참된 그리스도에 대한 봉사에로 돌아서지 않는 한, 그들은 그리스도의 통치자들이나 그리스도의 양의 목자들로 고려되거나 묘사될 수 없고, 차라리 그들은 그리스도를 반대하는 사람들인 적그리스도들이 되거나, 적그리스도들로 불릴 것이다. 교회에 대한 그들의 모든 통치는 요한복음 10장 [1절]에서 주께서 문을 통해 양의 우리에 들어가지 않고, 다른 데로 넘어 들어가는 자들에 관해서 '말씀하시는 것'과 전혀 다르지 않다. 그리고 이같은 사람들은 교회재산을 관리하면서, 알려졌다시피, 교회재산을 너무나 끔찍할 정도로 오용하는 바, 십자가에 못 박힌 자의 유산과[107] 가난한 사람들의 몫을 자신의 것으로 간주한다. 그것이 바로 그들 자신의 교회법(Canones)이 부르는 신성모독(Sacrilegium)이다.

• 군주들(군왕들)과 정부(행정)관료들은 교회를 반대하는 교황과 그의 무리들의 폭력과 강탈에 대하여 힘으로 대적하는 의무를 가진다.

영적인 것과 물질적인 것 모두, 그리스도 교회의 소유들에 대한 이같이 악독한 강탈과 약탈은 가장 크고도 가장 위급한 심각성을 가지고 주께서 임명하셨고, 그의 목자들로서의 가장 큰 권위를 부여받은 모든 군주들과 정부 관료들에 의해 저지되어야 한다. 하나님의 영께서 바울을 통해 말씀하신 것처럼 모든 영혼들은 군주들과 정부 관료들 밑에 있다. 크리소스톰이 바울의 이 구절에 대한 주석을 하고 있는 것처럼, 사도들, 예언자들 그리고 복음전도자들도 동일하게 생각했다.

그러나 이것은 다름 아닌 바로 그리스도의 능력과 통치가 인식되고, 발견되는 방법으로 참 기독교적 실천과 중용에 따라 실행되어야 한다. 주의 가난하고도 궁핍한 종들을 위한 그리스도의 유산이 여전히 그들로부터 환원되면서, 종교지도자들의 신성모독이 다른 사람들에게로 퍼져나가서는 안 된다.

하나님의 백성에 대한 권위를 행사하는 이런 목자들은 어떤 다른 사람들이 그리스도의 양떼들에 대한 그 어떤 능력행사나 통치를 요구하지 않도록 살피는 데 최고의 관심을 기울여야 한다. 그러나 교회 안에는 어떤 다른 것이 아니라 오직 그리스도의 유일한 능력과 절대적인 통치만이 있어야 하고, 머물러야만 한다. 그리스도는 교회 안에서 [9(D1)a] 영혼 돌봄(seelsorg)과 목회직무(hirtenampt)로 선택된 모든 사람들에 의해서 신실하게 섬김 받아야 한다. 이것이 바로 우리가 "당신의 나라가 임하옵시며"(마 6:10a)라고 할 때, 기도해야 할 내용이다.

제 3 장

교회의 운영에 관하여:

우리 주 예수께서 그의 목회직무와
우리의 구원사역을 교회 안에서
그가 임명한 목회자들을 통해 어떻게 수행하시는가?

우리가 이미 말한 바와 같이 우리의 사랑하는 주 예수께서 그의 교회 안에 현존하시고, 교회를 자기 자신이 통치하시고, 인도하시고, 먹이신다. 그러나 주는 항상 그의 천상의 본질 안에(in seinem himlischen wesen), 다시 말하면, 신적이며, 눈에 띄지 않는 상태 속에 (in dem götlichen und unbefindtliche thůn) 머물면서 그의 통치와 그의 양들을 먹이는 것을 실천하시고, 수행하신다. 왜냐하면 그는 이 세상을 떠나셨기 때문이다. 그러므로 그가 그의 목회자들(diener)과 도구들(werckzeuge)을 통해 외적으로, 그리고 눈에 띄게 행하시는 그의 말씀의 사역과 함께[108], 그리고 그의 말씀의 사역을 통해 이 세상에 여전히 살고 있는 우리들에 대한 그의 통치와 보호와 목양을 행사하는 것이 그를 기쁘게 해드리는 것이다. 이것을 우리는 아래의 성경본문들로부터 발견한다.

• 다음의 내용을 주지하기 바란다. 사도들은 주를 위한 제자들을 삼고, 사람들에게 세례를 베풀어야만 한다. 다시 말하면, 거듭난 사람들은 그 후에 명령된 모든 것을 그들에게 가르쳐야만 한다. 이런 방식으로 사람들은 거룩하게 된다.

i. 마 28[:18-20]

"예수께서 나아와 말씀하여 이르시되 하늘과 땅의 모든 권세를 내게 주셨으니 그러므로 너희는 가서 모든 민족을 제자로 삼아 아버지와 아들과 성령의 이름으로 세례를 베풀고 내가 너희에게 분부한 모든 것을 가르쳐 지키게 하라 볼지어다 내가 세상 끝날까지 너희와 항상 [9(D1)b]함께 있으리라 하시니라."

• 다음의 내용을 주지하기 바란다. 그들이 회개와 죄의 용서를 설교하기 위해, 즉 사람들에게 구원을 가져오게 하기 위해 주께서 그의 목회자들(seine Diener)로 하여금 성경 속에서 배우게 하신다.

ii. 눅 24[:45-47]

"이에 그들의 마음을 열어 성경을 깨닫게 하시고 또 이르시되 이같이 그리스도가 고난을 받고 제삼일에 죽은 자 가운데서 살아날 것과 또 그의 이름으로 죄 사함을 받게 하는 회개가 예루살렘에서 시작하여 모든 족속에게 전파될 것이 기록되었으되."

• 다음의 내용을 주지하기 바란다. 주께서 그의 말씀을 가르칠 목회자들을 임명하셔서 그들이 사람들 가운데서 계속적인 열매를, 즉 그들이 구원을 받게 하셨다.

iii. 요 15[:16]

"너희가 나를 택한 것이 아니요 내가 너희를 택하여 세웠나니 이는 너희로 가서 열매를 맺게 하고 또 너희 열매가 항상 있게 하여 내 이름으로 아버지께 무엇을 구하든지 다 받게 하려 함이라."

• 어떻게 주께서 아버지에 의해서 보냄 받았으며, 같은 방법으로 그의 목회자들을 보내시고, 그들에게 그의 성령과 죄를 용서하고 죄를 그대로 두는 권위를 주시는지 다시 말하면, 구원을 받아들이든지 저주를 거부하는 권위를 주시는지를 주지하기 바란다.

iv. 요 20[:21-23]
"예수께서 또 이르시되 너희에게 평강이 있을지어다 아버지께서 나를 보내신 것 같이 나도 너희를 보내노라 이 말씀을 하시고 그들을 향하사 숨을 내쉬며 이르시되 성령을 받으라 너희가 누구의 죄든지 사하면 사하여질 것이요 누구의 죄든지 그대로 두면 그대로 있으리라 하시니라."

• 주께서 그의 목회자들을 통해 사람들에게 천국을 열고 닫기를 원하신다.

v. 마 16[:19]
"내가 천국 열쇠를 네게 주리니 네가 땅에서 무엇이든지 매면 하늘에서도 매일 것이요 네가 땅에서 무엇이든지 풀면 하늘에서도 풀리리라 하시고."

• 성령께서 사도들 안에서 말씀하신다는 사실을 주지하기 바란다.

vi. 마 10[:20]

"말하는 이는 너희가 아니라 너희 속에서 말씀하시는 이 곧 너희 아버지의 성령이시라."

• 비록 그 사역이 확실히 하나님께 속한 것일지라도, 사람들은 그리스도의 목회자들을 통해 신앙에 이른다는 사실을 주지하기 바란다.

vii. 고전 3[:5-7]

"그런즉 아볼로는 [109]무엇이며 바울은 무엇이냐 그들은 주께서 각각 주신 대로 너희로 하여금 믿게 한 사역자들이니라 나는 심었고 아볼로는 물을 주었으되 오직 하나님께서 자라나게 하셨나니 그런즉 심는 이나 물 주는 이는 아무것도 아니로되 오직 자라게 하시는 이는 하나님뿐이니라."

• 그러므로 사람들은 우리를 그리스도의 목회자들로 간주하고, 그들을 하나님의 신비한 일들을 맡은 자들로 간주해야 한다.[10 (D2)b]

viii. 고전 4[:1]

"사람이 마땅히 우리를 그리스도의 일꾼이요 하나님의 비밀을 맡은 자로 여길지어다."

• 주께서 목회자들에게 문자뿐만 아니라, 성령을 나누어 주셔서 주를 사람들의 마음속에 새기도록 목회자들을 사용하시며, 목회자들을 통해 영생의 은혜의 새로운 언약(Newe Testament), 곧 새 언약(Newe bund)을 확립하신다는 사실을 주지하기 바란다.

ix. 고후 3[:2-6]

"너희는 우리의 편지라 우리 마음에 썼고 뭇 사람이 알고 읽는 바라 너희는 우리로 말미암아 나타난 그리스도의 편지니 이는 먹으로 쓴 것이 아니요 오직 살아 계신 하나님의 영으로 쓴 것이며 또 돌판에 쓴 것이 아니요 오직 육의 마음판에 쓴 것이라 우리가 그리스도로 말미암아 하나님을 향하여 이같은 확신이 있으니 우리가 무슨 일이든지 우리에게서 난 것 같이 스스로 만족할 것이 아니니 우리의 만족은 오직 하나님으로부터 나느니라 그가 또한 우리를 새 언약의 일꾼 되기에 만족하게 하셨으니 율법 조문은 죽이는 것이요 영은 살리는 것이라."

• 바울의 설교(die predig)는 능력과 성령으로 함께했다는 사실을 주지하기 바란다.

x. 살전 1[:4 5]

"하나님의 사랑하심을 받은 형제들아 너희를 택하심을 아노라 이는 우리 복음이 너희에게 말로만 이른 것이 아니라 또한 능력과 성령과 큰 확신으로 된 것임이라 우리가 너희 가운데서 너희를 위하여 어떤 사람이 된 것은 너희가 아는 바와 같으니라."

• 바울의 설교는 하나님의 말씀이었지, 인간의 말이 아니었다.〔11 (D3)a〕

xi. 살후 2[:13]

"주께서 사랑하시는 형제들아 우리가 항상 너희에 관하여 마땅히 하나님께 감사할 것은 하나님이 처음부터 너희를 택하사 성령의 거룩하게 하심과 진리를 믿음으로 구원을 받게 하심이니."

• 주께서 사람들을 그리스도인들로 만드시고, 그들을 교회의 사역(Kirchen- dienst)을 통해 구원하신다.

지금 천상의 본질 속에 계시는 우리 주 예수께서는 하늘로부터 우리와 함께 하시고, 통치하시고, 양육하신다는 사실을 위에서 언급된 성경본문들로부터 아주 명료하게, 그리고 분명하게 볼 수 있다.

이런 통치와 양육, 다시 말하면, 우리의 구원의 사역을 주께서 그 목적을 위해 부르시고, 임명하시고, 사용하시는 그의 목회자들을 통해 우리 가운데서 행사하신다. 목회자들을 통해서 주께서 그들의 죄를 용서하시고, 그들을 제자들로 받아들이시고, 그들에게 거룩한 세례 속에 있는 경건한 삶에 이르는 새롭게 태어남을 부여하시어[110], 주께서 그들에게 명령하셨던 모든 것을 지키기 위해 그들의 전 생애 동안 그들에게 가르침으로써, 모든 민족들을 회개로 부르시고, 그들에게 죄 용서를 선포하신다.

• 교회 목회 활동은 주께서 인간의 마음과 내적 인간 안에서 일하시기 위해 주께 필요하다.

그리고 이 모든 것 안에서 교회의 목회자들은 그리스도의 목회자들로서 하나님의 비밀한 일들을 맡은 자들(ausspender)(고전 4:1)이다. 다시 말하면, 그리스도의 구원을 단순히 문자적으로 전하는 자가 아니라, 성령의 목회자들이다.

목회자들은 전(全) 세계에 퍼져 있는 모든 하나님의 선택된 자들과 함께 하나님께서 택하신 자들을 데려와서, 그들을 우리의 주 예수 그리스도의 보혈을 통해서 확립되었던 새로운 영원한 언약 안으로 모은다.

또한 목회자들은 주께서 선택하신 자들에게 거룩한 복음을 전파하고, 가르치며, 그들을 권면하고, 또한 거룩한 성례전을 집례함으로써 주를 섬길 때[11(D3)b], 우리가 이미 언급한 세 번째, 일곱 번째, 여덟 번째, 아홉 번째의 성경구절들에 의해서 진술된 것처럼 사람들이 그리스도이신 우리의 주에게로 와서 구원받게 된다.

• 교회 사역에서 능력과 활동(Krafft und werck)은 목회자들에게 속하지 않고, 그리스도이신 주님께 속한다.

그러나 이것을 목회자들은 그들 자신의 힘에 의해서가 아니라, 그리스도이신 주님에 의해서 성취한다. 저절로 목회자들이 그러한 일을 한다고 생각조차 하지 않고, 하나님께서 사역을 준비시키시고, 그 결과 주께서 그의 성령을 주셔서 성경을 이해하게 하신다. 또한 그의 성령은 그들을 통해서 말씀하신다. 그것은 주의 힘이며, 주의 성령이고,

주의 활동이다. 성공을 주시는 이가 바로 주님이시다. 첫 번째, 두 번째, 네 번째, 여섯 번째, 일곱 번째, 아홉 번째, 열 번째와 열한 번째 성경본문들이 이것에 대해 증언하고 있다.

• 교회의 사역을 중요하지 않고, 무효한 것으로 간주하는 사람들의 치명적인 오류

이것으로부터 우리는 교회의 이런 사역이 중요하지 않으며, 어떤 특별한 방법으로 우리의 구원에 기여하지 않는 단순한 외적 활동에 불과하며, 이것 없이도 그리스도인이 되고, 하나님의 은사들을 받아들이는 것이 분명히 가능하다고 가르치는 그런 사람들이 얼마나 치명적으로 해로운가를 알아야 할 것이다. 그들은 주께서 내적으로 그 자신을 가르치시면서 사람들을 정결케 하고, 거듭나게 하며, 그들을 먹이시고, 튼튼하게 하시며, 그들을 모든 선한 일들에로 인도하신다고 말한다. 다른 한편으로 진리는 다음과 같이 말씀하신다.

주께서 참으로 오직 이 모든 것을 행하시고, 효과를 일으키시는 바, 그 자신에 의해 내적으로 뿐만 아니라, 외적으로도(nit allein, sonder auch auswendig) 그렇게 하신다. 왜냐하면 만약 우리가 외적으로 듣고 받아들이는 그리스도의 말씀과 성례전과 사역이 아니라면, 그럴 경우, 이것들은 적그리스도와 사탄의 말과 성례전과 사역이 되기 때문이다. 여기서 타협할만한 그 어떤 근거도 존재하지 않는다[12(D4)a].

그러나 모든 참된 기독교적 그리스도의 목회자들과 함께, 바울과 모든 사도들의 이러한 이런 사역 속에서 분명하게 현재 목회자들을 통해서도 말씀이나 표징들이 있다는 사실이 인정되고, 보전되고, 수

용된다는 사실이 유지되기를 바란다. 그들은 그들 자신의 보관(普觀)으로 말하거나 행동하거나 일하는 사람들이 아니라, 하나님의 말씀과 신비한 일들과[111] 그리스도의 사역을 분배한다.

그들의 사역 속에서 사람들이 그들 자신들을 주시하지 않고, 그리스도이신 주를 주시하게 함으로써, 그들은 문자의 사역들, 즉 외적 활동의 사역자들로 인정되는 것이 아니라, 성령의 사역자들로 인정되기를 원한다. 자신들을 통해 그들은 사람들의 마음 안에 그리스도를 기록함으로써, 그들에게 신앙을 불러일으켜서 구원에 이르게 한다.

신실한 사도들은 우리가 앞에서 인용한 일곱 번째, 여덟 번째, 아홉 번째, 열한 번째의 성경구절들 속에서 이런 사실을 너무나도 부지런히 표현하고, 증언한다. 이 문제에서 모든 능력과 사역의 전체는 그리스도이신 우리의 사랑하는 주님께 속한다. 그러나 목회자들은 주께서 그의 선택된 사람들 안에서 그의 이러한 사역에 효과를 일으키시고, 성취하시는 그의 도구들이다.

이것이 바로 옛 시대에 하나님의 자녀들이 할례의 방법을 통해 거룩한 아버지들(족장들)의 사역을 통해 구원 안에서 가르쳐지고, 구원으로 수용되어야만 했던 이유이다.

대제사장 아론과 모든 하나님의 백성들조차도 하나님의 언약과 사역에로 들어가야만 했는데 바로 모세를 통해서이다. 주께서 사도들을 부르시자마자, 다른 사람들과 하나님의 자녀들을 주께로 인도해야 했다. 이는 바로 사도들의 임무였다. 하나님은 천사를 고넬료에게 보내시어 그의 은혜를 그에게 선포하게 하셨지만, 고넬료는 베드로에 의해(행10장) 비로소 올바르게[12 (D4)b] 가르침을 받고, 새 생명이 주어져야만 했다. 그리스도 자신은 바울을 하늘로부터 회개하게 하셨지만, 바울은 여전히 아나니아를 통해 더욱더 충분히 가르침을 받고, 세례를 통해 그의 죄로부터 씻음을 받고, 정결하게 되었다(행 9:1-19; 행 22:3-16). 그러므로 주께서 그의 목회자들을 통해 우리 안에서 우리의 회개와 구속과 우리에 대한 전(全) 구원 사역을 수행하시는 이런 질서를 주께서 단순하게 유지하기를 원하신다. 주께서 이런 목회자들의 첫 목회자들을 부르시고, 그리고 주께서 또 그의 교회의 사역을 통해 또 다른 목회자들을 부르시고, 임명하시고, 지명하신다.

이것이 교회의 말씀 사역과 성례전 사역을 피상적이고도 불필요한 것으로 보아 무시하고, 주님께서 사용하기를 원하시는 수단들을 사용하지 않고, 하늘에 계시는 그리스도로부터 모든 것을 주고받기를 원하는 총체적이고 치명적인 오류에 반대하여, 우리가 그들 자신들을 보호하기 위해 설명했던 성경본문들을 모든 경건한 그리스도인들이 사용해야만 하는 바로 그 이유이다. 그리고 그들은 이런 말들을 하면서 오류를 도입하는 모든 사람들을 반대해야만 한다.

"나는 주의 교회 안에서 그가 지명하셨던 목회자들을 임명하시는 주의 질서를 유지하기 원한다. 그 목회자들을 통해 나를 주의 나라로 모으시고, 나의 죄를 용서하시며, 나에게 새 생명을 주시고, 나를 가르치시며, 나를 영생으로 인도하시는 것이 주의 뜻이다.

나는 목회자들이 주의 명령대로 그들 자신의 말과 사역이 아니라, 그들이 듣고, 받아들이면서 그들에게 참인 나의 주 예수 그리스도의 말씀과 사역을 통해[112] 그들의 사역을 수행하여, 그들이 찬양과 그의 선택된 사람들의 구원을 위해 내 안에서도 사역하는 한, 나는 이런 사역 안에서 봉사하는 그들과 그들의 말과 사역을 주 자신의 것으로 경청할 작정이다."[13(E1)a]

제 4 장

우리 주 예수께서 교회 안에서 세우시고 사용하시는 다양한 목회자들

• 주께서 교회의 시작 시에만 사용하셨던 그리스도의 나라에 있는 기적을 행하는 목회자들(=die wunderdiener)

그러므로 우리의 사랑하는 주 예수께서 영적 문제들이나 세상적인 문제들에 대해서 그의 교회가 어떤 선한 것도 모자라지 않도록 각 사람을 그리스도의 통치로 부르시고, 그의 교회에 목회자들을 세워 그것을 책임지게 하심으로써 그의 교회 안에서 그의 통치를 수행하신다. 이것이 바로 주께서 교회의 시작 시에 그의 백성의 구원을 일으키기 위해 한 종류의 목회자들을 임명하실 뿐만 아니라, 사용하셨던 이유이다.

세상에게 주의 말씀과 나라를 일깨우기 위해, 숨어 있거나 미래에 있을 이같은 일들을 선포하는 은사들을 가졌던, 주께서 교회의 초기에만 사용하셨던 예언자들 같은 사람들이 있다. 마찬가지로 주께서 많은 언어들과 방언들 속에서 직접적으로 말하는 은사를 주셨던 사람도 있고, 기적들을 일으키고, 주의 이름을 부름으로써 치유하는 은사를 가졌던 사람들도 있다.

• 사도들은 어떤 존재인가?

주께서 오늘날도 여전히 사용하시는 다른 사역들이 있지만, 교회의 시작 때처럼 그렇게 일반적이고도 강력한 방법으로는 역사하시지는 않는다. 그러므로 이곳에서 저곳으로 그리스도의 나라를 가져오는 사도들은 주의 주요한 수행원들이고 대사들로서, 처음에 이들은 모든 곳에 교회를 세우면서, 그리스도의 나라를 멀리, 그리고 널리 퍼뜨렸다. 주께서 오늘날과 모든 시대에도 여전히 이런 종류의 사역을 준비하실 수 있을지라도, 우리는 그렇게 많은 사도들을 가지고 있지 않다. 또한 그들은 그들의 사도적인 사역 안에서 첫 사도들이 한 것처럼 그렇게 강력한 영과 그렇게 고양된[13(E1)b] 역할을 유지하지 못한다.

• 교회의 일상적(통상적) 목회자들(gemeine diener)은 목사들, 교사들, 그리고 가난한 자들을 돌보는 목회자들이다.

주께서 모든 시대에 그의 교회에게 주시는 일상적인 목회자들은 목사들, 교사들, 그리고 궁핍 속에 있는 자들을 돌보기 위해 교회 전체에 의해서 위임된 목회자들이다. 이런 내용들은 아래의 성경구절들에 의해 우리에게 가르쳐진다.

● 가르침(교리; lere)과 영적 치리 사역에 관하여

• 하나님께서 자신이 교회 안에 사도와, 다른 목회자들, 교사
(Lerer), 도와주는 자(Helfer), 그리고 다스리는 자(regierer)
를 세우신다.

  i. 고전 12[:28]
  "하나님이 교회 중에 몇을 세우셨으니 첫째는 사도요 둘째는 선지
자요 셋째는 교사요 그 다음은 능력을 행하는 자요 그 다음은 병 고치
는 은사와 서로 돕는 것과 다스리는 것과 각종 방언을 말하는 것이라."

• 그들의 사역을 통해 교회가 말씀과 치리 안에 세워지도록, 그리
스도께서 자신이 그의 회중(Gemeinde) 안에 목사들과 교사들
을 포함하여 모든 목회자들을 세우신다. [113]

  ii. 엡 [4(: 11-12)]
  "그가 어떤 사람은 사도로, 어떤 사람은 선지자로, 어떤 사람은 복음
전하는 자로, 어떤 사람은 목사와 교사로 삼으셨으니 이는 성도를 온전
하게 하여 봉사의 일을 하게 하며 그리스도의 몸을 세우려 하심이라."

• 감독적인 사역(Episcopalische dienst)을 수행하기 위해
성령께서 모든 회중들(gemeinden) 속에 장로들(Eltisten)을
세우신다는 사실을 주지하기 바란다. [14(E2)a]

iii. 딛 1[:5-6]

"내가 너를 그레데에 남겨둔 이유는 남은 일을 정리하고 내가 명한 대로 각 성에 장로들을 세우게 하려 함이니 책망할 것이 없고 한 아내의 남편이며 방탕하다는 비난을 받거나 불순종하는 일이 없는 믿는 자녀를 둔 자라야 할지라."

• 그리스도와 성령에 의해서 임명되어 모든 교회들의 모범이 된 예루살렘의 첫(초대) 교회 역시 사도들과 마찬가지로 그 교회의 장로들을 가졌다.

iv. 행 15[:2b]

"바울과 바나바와 및 그중의 몇 사람을 예루살렘에 있는 사도와 장로들에게 보내기로 작정하니라."

• 교회 안에서 일어나는 모든 문제와 관련하여 장로들의 충고들이 고려되었다.

v. 행 15[:22a]

"이에 사도와 장로와 온 교회가 그 중에서 사람들을 택하여."

• 사도들과 장로들과 형제들은 이방인 형제(자매)들에게 문안했다.

vi. 행 15[:23b]

"사도와 장로 된 형제들은 안디옥과 수리아와 길리기아에 있는 이방인 형제들에게 문안하노라."

• 교회는 교회를 위한 장로들이 필요하기 때문에, 그들은 말씀의 일상적인 사역을 통해 믿음 안에서 세워질 수 있다. 바울과 바나바 역시 교회들 안에 장로들을 세웠다. 그리고 의심할 여지없이 그들은 이 교회들에 대한 신뢰와 높은 존중심을 가졌다.

vii. 행 14[:21b-23]

"(바울과 바나바는) 루스드라와 이고니온과 안디옥으로 돌아가서 제자들의 마음을 굳게 하여 이 믿음에 머물러 있으라 권하고 또 우리가 하나님의 나라에 들어가려면 많은 환난을 겪어야 할 것이라 하고 각 교회에서 장로들을 택하여 금식 기도하며 그들이 믿는 주께 그들을 위탁하고."

• 성령께서 교회들 안에 장로들을 세우시고, 그들이 감독들이 되기를 원하신다. 다시 말하면, 그들이 모든 존중 속에서 영혼의 돌봄(목회; seelsorge)을 적용하고, 준비하도록 하기 위해서이다.

viii. 행 20[:17, 28]

"바울이 밀레도에서 사람을 에베소로 보내어 교회 장로들을 청하니 … 여러분은 자기를 위하여 또는 온 양떼를 위하여 삼가라 성령이 그들 가운데 여러분을 감독자로 삼고 하나님이 자기 피로 사신 교회를 보살피게 하셨느니라."

• 야고보는 다른 장로들 중에서 으뜸(수위)이었고, 수위(obrist) 감독이었다. 이것은 바울이 처음으로 야고보에게 갔고, 다른 장로들 역시 야고보에게 갔기 때문이다.

ix. 행 21[:18]

"그 이튿날 바울이 우리와 함께 야고보에게로 들어가니 장로들도 다 있더라."

● 육체적 곤궁에 대한 사역에 관하여

두 종류의 사역이 있다. 그리고 그 두 종류의 사역은 다른 사람들 사이에 참여함으로 이루어져야 한다. 그 두 종류의 사역은 곧, 말씀과 치리의 사역과 곤궁 속에 있는 세상적(시간적; 물질적) 돌봄을 위한 사역이다. 지역 교회가 성령과 지혜가 충만하고 칭찬받는 사람들을 골라서 선택하고, 사도들이 그 선택을 확증하고, 안수하여 직책으로 선택된 사람들을 임명하였다. 다시 말하면, 그들에게 그들의 직분에 성령의 도우심을 분여하였다.〔114〕

i. 행 6[:1-6]
"그 때에 제자가 더 많아졌는데 헬라파 유대인들이 자기의 과부들이 매일의 구제에 빠지므로 히브리파 사람을 원망하니 열두 사도가 모든 제자를 불러 이르되 우리가 하나님의 말씀을 제쳐 놓고 접대를 일삼는 것이 마땅하지 아니하니 형제들아 너희 가운데서 성령과 지혜가 충만하여 칭찬 받는 사람 일곱을 택하라 우리가 이 일을 그들에게 맡기고 우리는 오로지 기도하는 일과 말씀 사역에 힘쓰리라 하니 온 무리가 이 말을 기뻐하여 믿음과 성령이 충만한 사람 스데반과 또 빌립과 브로고로와 니가노르와 디몬과 바메나와 유대교에 입교했던 안디옥 사람 니골라를 택하여 사도들 앞에 세우니 사도들이 기도하고 그들에게 안수하니라."

• 세상적인 일들과 관계된 일에만 사역하는 사람들조차도, 다른 사람들의 눈으로 볼 때 전적으로 흠이 없고, 거룩해야만 한다.

ii. 딤전 3[:8-10]

"이와 같이 집사들도 정중하고 일구이언을 하지 아니하고 술에 인 박이지 아니하고 더러운 이를 탐하지 아니하고 깨끗한 양심에 믿음의 비밀을 가진 자라야 할지니 이에 이 사람들을 먼저 시험하여 보고 그 후에 책망할 것이 없으면 집사의 직분을 맡게 할 것이요."

이 성경본문들로부터, 우리는 모든 시대 속에서 교회에 대한 일반 적인 돌봄(gemeine versehung)은 기본적으로 이 두 가지 사역들로 구성되어 있다는 사실을 배우게 된다. 곧 영혼 돌봄의 사역과 곤궁 속 에 있는 사람들을 위한 사역이다.

• [15(E3)b] 집사들과, 수(首) 집사들과, 부(附)집사들은 어떤 존재인가?

집사직이 교회 안에서 실천되는 동안, 지체(몸)의 돌봄을 위한 이 런 사역에 임명된 사람들을 사도들과 사도들을 따르는 교회는 집사 들 곧, 목회자들(diener)이라고 불렀다. 그리고 교회가 증가되고, 확 장됨에 따라, 부집사들(Subdiacon), 곧 부목회자(Underdiener)도 임 명되었고, 그때 수 집사들(Archidiacon), 즉 주 목회자들(Ertz- oder Oberdiener)도 임명되었다.

• 집사들의 직무는 구제금(자선금, 연보, 구호금; almůsen)을 준비하는 것이다.

이 직무와 사역이 무엇이었으며, 지금도 여전히 무엇을 해야 하는 지는 다음과 같다. 이것은 집에서 뿐 아니라 돌아다니면서, 그리스도 인들이 주일과 다른 때에 그들의 모임들에서 가난한 사람들을 돌보기 위해 가져오고 제공한 것과, 또한 지위고하를 막론하고 특별한 사람 들이 하나님의 이 사역을 위해 교회에 기부하는 것에 대해 신실한 책 임을 맡는 것이다. 또 이것은 교회의 일반적인 규칙과 또한 장로들과 특별히 주임 목사, 곧 감독의 특별한 교훈들을 따라, 지역 사람들과 방 문자들 모두를 포함하여 회중 안에 있는 모든 곤궁한 자들에게 그것 을 분배하는 것이다.

이것은 교회 안에 있는 모든 곤궁[115]에 대한 최고 감독자로서의 감독과 그를 따르는 감독자들로서의 장로들이, 그리스도인들과 낯선 사람들과 마찬가지로 지역에서 일어나고 있는 곤궁을 의식하고, 교회의 재산들에 따라 그들에게 주어질 수 있는 도움을 감독하기 때문이다.

[16(E4)a] 그리고 교회의 이런 목회자들(Diener)은, 고대 거룩한 교부들과 교회법 또는 규준(Kirchengesetzen oder Canonibus)에서 문명하게 나타난 것처럼, 교회 예산의 수입과 지출을 항상 신실하게 고려해 왔다. 이것은 경건한 로마 교황이었던 그레고리우스의 서신들 속에 특별히 잘 나타난다.

그러나 이 직분과 사역은 오랫동안 교회 안에 있는 교황 독재(전제) 에 종속되어 왔기 때문에, 비록 그들이 그렇게도 많이 이 직무들의 사 용을 향유하고 있을지라도, 안타깝게도 완전히 부패에 빠져, 여러 해

동안 지금도 교회 안에서 이 직분이나 사역이 무엇을 해야 하는지를 아는 사람들은 집사들, 수집사들, 부집사들로 불리는 사람들 가운데 조차도 거의 없다.

그들은 그들이 해야만 하는 모든 일은 미사 때에 복음서나 서신들을 노래하거나 노래할 그것을 정리(배열)하는 것이다. 애석하게도 교회 예산들은 오래전부터 소위 우리의 성직자들에 의해 그것으로부터 완전히 탈취되었고, 너무나도 횡령되고, 오용된 결과, 기독교 전체는 최고도로 하나님 앞에서 두려움을 갖게 되었고, 세상 앞에서 수치를 당하게 되었다. 규준들이 압도적으로 증명하는 것과 같다. 왜냐하면 이 사람들 자신들은 이 모든 예산들을 사람들 가운데 곤궁한 자들의 보전과 하나님의 나라의 구축을 위해 적용하고, 사용되어야만 하는 십자가에 못 박힌 자의 유산이요, 교회의 몫이라고 부르기 때문이다.

• 소위 성직자들이 교회의 예산들을 가난한 자들로부터 빼앗아 갔을 때, 경건한 사람들은 다른 자선재단들을 통해 그것들을 대신하기를 원했을 때도, 성직자들은 이것들마저도 탕진했다.

아주 초기에 경건한 그리스도인들은 모든 종류의 구빈원(救貧院)들, 고아원들, 병원들[16(E4)b]을 세움으로써 소위 성직자들에 의해서 가난한 그리스도인들에게 행해진 이같은 신성모독과 해독을 어느 정도 개선하기를 원했다. 그러나 일단 소위 성직자들이 그 권위를 사용하자, 그들은 이 구빈원과 자선재단들을 자신들의 소유로 만들었고, 그들은 오래 전부터 대부분의 구빈원들과 자선재단들을 성직자들을 위한 장소들과 화려한 저택과 수도원들과 주택으로 바꾸었다. 여러분들이 이런 병원들이 성령께, 성모 마리아에게, 성 요한과 다른 성자들에게 헌납된 것을 볼 수 있다시피 말이다.

[116] 참으로 동일한 일이 지난 긴 세월 속에서 하나님의 더 오래된 집과 함께 일어났다. 다시 말하면, 가난한 사람들을 돌보기 위해 전적으로 의도되었던 재단들과 수도원들, 그리고 교회의 사역을 위해 교육을 받고 지원받았던 사람들이, 적그리스도의 교활함과 폭력을 통해, 그리스도의 교회의 사역을 위해서라기보다 차라리 적그리스도의 추종자들의 해악과 영광을 위해 헌신되었다.

• 현재 조직된 것과 같이 일반적으로 구제하는 것은 그것이 교회 안에서 있어야만 하는 것처럼, 모든 빈궁한 자들에 대한 알맞은 돌봄을 위한 시작이다.

지금 주께서 이 시대에 우리에게 그의 말씀에 대한 보다 완전한 이해를 허락하셔서, 가난한 자들을 위한 일반적인 돌봄을 위한 제도들이 교회들 안에서 다시 만들어졌다. 기독교적인 개혁에 대한 다른 모든 부분들과 마찬가지로 이 사역 속에서도 우리는 기독교적 사랑과 그리스도의 나라에 대한 참된 열정에 의해서 단순한 출발을 시작하였다.

그리고 우리는 교황주의자들의 손 안에서 신성 모독적으로 여전히 남아 있는 것들 속에서도 초대 교회의 그리스도인들의 실례를 볼 수 있다. 우리가 초대 교회의 모범을 우리 앞에 가지고 있는 것처럼(행 4:32ff), 어떤 사람도 부족으로 고통을 당하지 않고[17(F1)a], 주께서 그의 나라를 위해 그 자신의 소유들을 사용하시기를 원하는 그같은 방법으로 모든 사람들이 사람들의 곤궁(필요)에 대해 관심을 가져야만 하는 곳에 이러한 사역이 재도입되어야 한다. 주의 백성들의 육신적인 필요들을 위해 그의 교회 안에서 주께서 준비하기를 원하시는 사역과 직분(dienst und ampt)에 관계하여 여기서 말하는 것은 이것으로써 충분하다. 더 많은 것이 영혼 돌봄의 직분과 사역에 관계하여 말해져야 한다. 왜냐하면 영혼 돌봄의 직분이 올바르게 조직되고 실천되는 곳에, 우리는 지체(몸)의 돌봄의 이 다른 사역 속에 어떤 것이 너무나도 모자라는 것을 보기를 원하지 않기 때문이다.

• 목회직의 목적과 목표

아버지께서 우리 주 그리스도에게 주셨지만, 아직도 교회, 즉 주의 양(羊) 무리에 들어오지 않았던 하나님의 모든 선택된 자들이 언젠가 교회와 주의 양 무리 안으로 들어와서 우리 주께 연합되는 것은 바로 이 목회사역을 통해서이다. 그리고 이미 그의 교회와 교제 안으로 들어온 자들이 여기에서 보호받을 뿐만 아니라[117], 그들의 죄로부터 용서함 받고, 선한 모든 것으로 인도되고, 격려 받음으로써, 경건한 일에 항상 증진되고, 그리스도 안에 있는 완전한 사람으로 성장하고, 복음적 이해와 삶에서[17(F1)b] 그 어떤 사람도 부족함이 없도록 하기 위함이다. 우리가 앞으로 증명하기를 원하는 것처럼, 이것이 교회 안에 있는 목회직의 목적과 목표이다.

지금 이 모든 것은 오직 가르침과 권고, 경고와 치리, 위로와 용서 그리고 주와 그의 교회와 화해함을 통해 성취될 수 있고, 도달될 수 있다. 다른 말로 하면, 그것은 하나님의 전체 말씀을 선포함을 통해서 이루어진다. 그리고 이것은 목회직을 수행하는 사람들이 양떼들에게 보여줄 수 있는 삶의 좋은 모범을 함께 동반하면서 적절하고도 고상한 평판과 경외에 대한 필요한 감각을 요구한다. 우리는 계속해서 이 문제에 대한 성경본문들을 도입할 것이다.

• 목회사역이 올바르게 수행될 수 있으려면, 교회는 목회사역을 수행할 많은 사람들이 필요하다.

가르침, 권면(권고), 경고와 치리, 위로와 용서와 함께 너무나도 많은 것이 목회직과 연관되어 있기 때문에, 이를 위해 고상한 평판, 경외 감과 삶의 모범이 요구된다. 왜냐하면 선택된 자들 중에 그 누구라도 모두를 도와주는 그러한 방법으로 너무나도 다양한 이런 사역의 전체가 수행되어야 하기 때문이다. 목회직의 올바른 수행을 위해, 가장 진지한 열심과 마찬가지로 얼마나 고양(高揚)된 다양한 은사들과 기술들이 요구되는지를 모든 그리스도인들은 쉽사리 알 수 있다. 이것은 주를 위해 승리해야 하고, 주 안에서 보존되고 세움을 받아야 하는 사람들이 결코 한 종류가 아니며, 많고도 다양한 약점들을 가지고 있는 사람들 때문이며, 또 교회들 안에 있는 많은 사람들은 규모가 크기 때문이다. 그러므로 주께서 한두 사람에게 모든 은사들을 주시는 것이 아니라, 오히려 자신의 은사들과 사역들을 모든 사람들에게 나누어 주시며, 항상 한 사람이 다른 사람의 도움을 필요로 하고, 또다른 사람의 도움을 사용하기를 원하신다.

• 주께서 목회직무를 위해 필요한 은사들을 많은 사람들에게 분여하신다.

주께서 어떤 사람에게는 명료하게 그리고 이해할 수 있게 가르치는 가르침의 기술을 주시는 한편, 권면하는 일에서는 그렇게 많은 은혜를 그에게 주시지 않는다. 주께서 어떤 다른 사람에게는 가르침과 성경에 대한 주해에서 유능하게 하지 않게 하시면서도, 따뜻하게, 그리고 심각하게 권면하는 능력을 주신다. 비록 어떤 사람에게 가르침이나 권면에서는 그렇게 많이 성취할 수 없게 하시면서도, 그 사람에게 벌을 주는 것과 훈련시키는 것에는 특별히 효과적인 열정을 허락하신다. 회중 전체를 돌보고, 사탄이 깨뜨리기를 원하는 부분에 대비하고 준비하는 올곧고 정직하게 세련된 영(靈)을 주께로부터 부여받은 어떤 사람은 가르침이나 권면이나 다른 것에서 큰 능력들을 가지고 있지 않다. 주께서 상처받고 부상 입은 사람들에게 양심적으로, 그리고 유용하게 그들의 사역을 하도록 임명하신 사람들이, 따뜻하게, 그리고[118] 강력하게 그들을 위로하고, 올바른 정도의 비중과 치리를 적용하면서도, 목회직무의 다른 측면들에서는 특별히 효과적이지 않는 사람들이 있다.

• 교회는 상당한 숫자의 장로들을 필요로 한다.

그러므로 크고도 중요한 사역, 목회직무는 우리가 여기서 살고 있는 동안 지속적으로 그 어떤 결점이나 흠과 점이 없이 모든 교회의 지체들 안에서 그리스도의 교회를 현재하게 하는 사역을 포함하기 때문에, 많은 종류의 사역과 활동을 요구한다. 주께서 또한 한두 사람이 아니라 많은 사람들에게 다양한 방법으로 이 직무에 필요한 은사들을 주시고 분여하셨기 때문에, 만약 주의 교회들이 모임들과 본질적인 질서를 가질 수 있다면, 그의 교회가 작든지 크든지 간에 각 회중의 필요에 따라[18(F2)b] 이루어지는 것이 주의 뜻이다. 그들이 이미 교회에 오고 있는지 또는 이미 교회로 왔던지 간에, 그러한 회중에 속하는 모든 사람들을 얻고 세우는 사역, 즉 우리가 하기를 좋아하는 사역을 위해 이런 장로들이 필요하다. 첫 번째와 두 번째 성경구절들 다음에 오는 위에서 인용된 모든 성경구절들은 이것에 대하여 증언한다.

바울이 디도에게 그레데 있는 교회들 속에 장로들을 임명하라고 명령했던 것은 다름 아닌 바로 질서에 의해서이다. 성령께서 보이는 표징들을 주시고, 사도들이 자신들을 다스렸던 초대 예루살렘에 있는 초대 교회는 동일하게 성령의 도우심이 없이는 그들의 장로들을 선택하거나 임명하지 않았다. 각 교회의 필요들에 따라 장로들의 상당한 숫자들이 있어야 한다는 사실은 목회직의 사역과 활동의 크기와 범위로부터 인식될 수 있다. 그러나 세 번째와 일곱 번째 성경구절들로부터 이것이 주의 질서라는 사실을 발견한다. 에베소서에 의하면, 성령께서 정확하게 한 명의 장로가 아니라, 여러 장로들을 감독들로서 세우셨나. 비록 그레데 섬의 도시들에 있던 교회들이 그 당시에 아주 작은 규모의 사람들로 구성되었을지라도, 바울은 정확하게 한 명의 장로가 아니라, 여러 장로들이 그레데에 있는 모든 도시들에 임명되어야 한다고 명령했던 것이다.

• 장로들은 목회직의 전체를 수행한다.

사도시대에 장로들에게 목회직의 전체와 모든 의무들이 위탁되었다는 사실은 위에서 언급된 모든 성경구절들과[119] 특별히 가장 잘 표현된 세 번째와 일곱 번째의 성경구절들로부터[19(F3)a] 충분히 배울 수 있다. 그리고 동일한 세 번째 성경구절로부터 우리는 이 장로들은 감독들이 되어야 한다는 사실을 사도가 명령하고 있다는 것도 확인할 수 있다. 사도는 디도가 도시(市)들에 장로들을 임명해야만 한다는 사실을 확정했고, 그러한 장로들은 흠이 없어야 했다. 이것에 대한 이유는 다름 아닌 "왜냐하면 감독은 책망할 것이 없어야 한다"(딛 1:7)라고 말하기 때문이다. 이것은 마치 그가 다음과 같이 말하기를 원하는 것처럼 보인다. 내가 장로들에게 책망할 것이 없기를 요구하는 이유는 이 장로들은 감독들, 즉 일반적인 감독자들과 그리스도인들의 목자들이 되어야 하기 때문이다. 감독의 직무는 매우 중요하기에 그들은 책망 받을 것이 없어야 한다. 왜냐하면 모든 다른 사람들이 흠이 없고 거룩한 삶을 살도록 하기 위해서는 목회하는 사람들은 그 어떤 다른 사람들 이상으로 더 거룩하고, 흠이 없고, 모든 책망으로부터 벗어난 사람이 될 필요성이 있기 때문이다. 이것으로부터 사도가 장로라는 말을 통해서 의도하는 바는 그들이 감독이 될 장로들로서 적당한 감독자들이며, 영혼들의 보호자들이며, 그리스도의 양떼들의 목자들이라는 사실이 분명하다. 이와 같이 각 교회는 모든 목자들과 감독들뿐 아니라, 영혼의 돌봄과 목회직을 수행할 여러 장로들을 세워야만 한다는 것은 바로 이것이 성령의 질서이기 때문이다.

이런 사실은 일곱 번째 성경구절로부터 더욱더 분명하게 관찰되어질 수 있다. 왜냐하면 누가가 우리에게, 바울이 에베소에 있는 장로들을 밀레도에 있는 자신과 함께 있게 하기 위해 불렀고, 사도가 그들에게 했던 말을 다시 회상시켰다고 우리에게 이야기해주기 때문이다. "여러분은 자기를 위하여 또는 온 양떼를 위하여 삼가라 성령이 그들 가운데 여러분을 감독자로 삼고 하나님이 자기 피로 사신 교회를 보살피게 하셨느니라"(행 20:28). 사도 바울이 증언하듯이, 성령께서 이 장로들을 하나님의 교회를 보살피기 위해 감독들로 삼으셨다는 사실을 주지하기 바란다. 그러므로 우리는 성령의 질서에 따라 일반적 영혼 돌봄과 목회직은 모든 교회의 장로들에게 위임되었다는 사실을 우리는 반복적으로 발견한다. 이것이 바로 제롬이 장로들과 감독들의 직분이 하나의 직분이고, 하나의 질서라고 올바르게 결정했던 이유이다.

• 장로들은, 사람들이 특별히 감독이라고 불렀던, 주재하는 장로를 항상 가졌다.

그러나 제롬은 교회의 초기에 그러한 장로들은 교회들에게 일반적인 충고를 하고, 그들을 통치하지만[120], 장로들 중에 한 사람은 다른 사람들 위에 있었고, 감독이라는 특별한 호칭이 주어졌다고 계속 기록하고 있다. 왜냐하면 종파들(sectend)과 이단들(rotten)이 교회 안에서 일어나기 시작했고, 그 모든 사람들은 그들이 속해 있는 자신들의 이단을 원했기 때문이다. 그러나 이것은 오랫동안 지속되는 실천이 아니었고, 모든 교회들 속에 있는 경우도 아니었다. 왜냐하면 우리는 사도 시대부터 가장 유명한 모든 교회들 안에 장로들 모두가 감독직을 위탁받았다는 사실에 대해, 제롬 이상으로 더 많은 고대 교부들로부터 분명한 증거를 가지고 있기 때문이다.

그럼에도 불구하고, 사도들 시대에서조차 장로들 중에 한 사람은 모든 다른 장로들을 주재(主宰)하고, 가장 앞서가고, 가장 높은 정도로 영혼의 돌봄과 감독적 직무를 가지고, 그것을 수행하도록, 이 직무에서 수장(首長; fürgenger)으로 선택되고, 임명되었다.

[20(F4)a] 초대 예루살렘 교회의 질서가 동일하게 다음과 같이 제시되고 있다. 왜냐하면 누가는 야고보를 회중 전체와 모든 장로들을 주재하고 있는 자로 묘사하고 있기 때문이다. 사도행전 15장(13절 이하)에서 누가는 베드로 다음에 교회 회의(raht der Kirchen)에서 야고보가 모든 장로들에게 어떻게 말하고 있는지를 자세하게 열거한다. 누가는 사랑하는 바울에 대해 다음과 같이 기록한다.

우리가 위에서 인용했던 여덟(아홉, 역자 주) 번째 성경구절이 보여주고 있듯이, 바울이 예루살렘에 마침내 도착했을 때, 그는 그의 사역과 관련된 곳에 대해 교회에게 보고해야만 했다.

그는 처음에 야고보에게 갔고, 그때 장로들이 그들과 함께 왔다. 우리가 교회사의 증거와 또한 가장 유명한 모든 교부들, 예를 들면, 테르툴리아누스, 키프리아누스, 이레니우스, 그리고 교회사가(역자 주) 유세비우스와 다른 사람들의 증거로부터 말할 수 있는 한, 똑같은 질서가 영속적으로 다른 교회들 속에서도 유지되었다.

많은 사람들이 연루되어 있는 문제들이 있을 때, 한 사람이나 아마도 몇 사람이 그들을 위해 말하고 행동하면서 다른 사람들을 주재하도록 임명될 필요가 있었기 때문에, 이 질서는 역시 인간적 필요에 의해서도 요구되었다. 이 질서는 모든 정치적 상황들 속에서도 보여질 수 있다. 통치 또는 행정(regierung)은 전체 공동체에게 주어진 권위

(der gewalt)를 가지고, 공통된 견해(보편적 합의; gmeinen rath)에 의해서 전적으로 이루어지지만, 그러나 여전히 통치의 모든 문제들을 주재하고, 취급하는 책임을 맡아 주도하는 한두 명의 시민들이 있을 것이다.

그러나 이 한두 명의 시민들은 이것을 그들 자신의 권위에 의존해서 수행하는 것이 아니라, 공통된 질서(gemeiner ordnung)에 따라서, 그리고 전체 회의의 인식(erkantmüs des gantzen raths)을 가지고 수행하는 것이다.

통치의 필요성을 알리고, 조언을 하고, 조언을 찾고[20(F4)b], 그리고 다수의 결정에 따라 보고하고, 명령하고, 행동하는, 주요 책임을 지는 사람들은 바로 이 주요한 시민들뿐이었다.

그러나 이 모든 것은 전체 회의와 모든 도시를 위해, 그 이름으로 [121] 진행되는 것이지, 이 주요한 시민들 자신들을 위해서나 그 자신들의 권위로 진행되는 것은 아니다.

그러므로 이것은 장로들 역시 그들의 직분과 영혼 돌봄의 사역을 수행할 때, 그들은 교회 안에서 어떤 존재이며, 자신들을 어떻게 간주해야 하는지를 가르쳐 준다. 그리스도의 나라가 모든 사람들 안에서 증가하고, 그리스도의 양떼들이 잘 목양되도록 그들 모두는 돌봄과 노력에 있어서 신실해야 한다.

그러나 우리가 살펴보았던 것처럼 이것이 질서정연하고, 생산적인 방법으로 진행되기 위해서 하나님의 교회 안에 있는 장로들은, 그들 중에서나 다른 사람들 중에서, 도시들 안에 있는 주요 시민들처럼, 교회를 위한 가장 큰 책임을 가지고 태어났으며, 교회에 의해서 수행된 모든 사역과 사업에 대한 주요한 감독권을 가진 수장(fürgenger)을 선택하여 임명했다.

이 수장은 역시 전체 교회를 위해서, 그리고 장로들의 권고에서 기독교적 가르침(교리), 권고와 치리를 준비하는 데 가장 큰 역할을 해야만 했다. 이 감독하는 중요한 일 때문에, 이 한 사람은 감독(Bischoff)으로, 즉 관리자나 감독관(uffseher oder ufflüger)으로 불렸다.

• 주께서 그의 교회 안에서 사용하시는 목회자들에 관련된 이 항목의 요약 : 교회들은 각 교회의 필요에 대해 요구되는 만큼의 숫자대로 장로들을 세워야 한다. 그리고 그 장로들 중에서 한 사람은 감독과 수장(Bischove und Obrister)이다.

주의 백성이 올바르게 목양되고, 돌봄을 받아, 그 어떤 선한 일에도 부족함이 없고, 모든 고통으로부터 보호받기 위해, 주께서 일반적으로 그리고 모든 시대에 교회 안에서 사용하시는 다양한 종류의 사역이 어떻게 해서 존재하는지를 우리는 지금 주시한다. 그러므로 올바르게 조직된 그리스도의 모든 교회들은 그러한 목회자들을 갖추어야 한다.

교회들은 영혼의 돌봄과 목회사역을 수행하기 위해[21(G1a)] 교회 안의 사람들의 숫자 규모와 교회의 상황에 따라 각 교회에 의해서 요구된 만큼의 장로들을 가질 것이다. 그리고 이 장로들 가운데 성령의 질서 역시 유지될 것이다.

"많은 목자들은 형편없는 돌봄을 의미한다"는 일반적인 속담이 가지고 있는 경우가 되지 않도록, 그곳에서 몇 명이 그리스도의 양떼들에 대한 주요 책임과 주된 감독권을 가진다.

첨가하면, 그러한 교회 안에서 지체(몸)의 돌봄(leiblichen vershung)의 사역은 그 목적을 위해 임명된 목회자들을 통해 다음과 같은 방법으로 배열되고, 수행될 것이다. 어떤 사람도 부족함으로 고통을 당하지 않을 뿐만 아니라, 어떤 사람도 무질서하게 살거나 다른 사람들에게 짐이 되어서는 안 된다. 지금 우리는[122] 이제 이런 장로들과 주재하는 장로들이 누구에 의해서 어떻게 선택되고, 임명되는지를 알아보기 원한다.

제 5 장

어떤 종류의 사람들이, 또 어떤 방법으로 장로로 선택되고, 임직되어야 하는가?

• 교회의 목회자들은 회중들에게 참으로 신뢰와 사랑을 받아야 하며, 교회 사역에 있어 숙련되고 열심이 있어야만 한다(Das die Diener der Kirchen bei der Gemeinde wol vertrawet und geliebet und zum Kirchendienst geschickt und eifferig sein müssen.).

우리는 여기에서 성경의 증언으로부터 출발하여 계속적으로 나아가기를 원한다. 주의 목회자들은, 하나님의 말씀을 분배함으로써, 가르침, 권면, 경고, 처벌, 치리, 용서의 수단들, 그리고 그 모든 것의 수단들에 의해 교회 안에서 우리의 구원사역을 성취해야만 하기 때문에, 또한 동시에 사람들은 연약하고 치리와 처벌은 유쾌하지 않으므로, 주를 섬기는 사람들 가운데, 신자들에 의해 가능한 한 많이 신뢰받고, 존경받는 것이 필요하다. 또한 목회자들은 그리스도의 양(羊)의 신실한 목자들이 되기 위해 참된 열심을 소유하고, 필수적인 기술들과 성령의 능력을 부여받는 것이 필요하다. 이것이 바로 하나님에 대한 최대의 경외심과 가장 진지한 부지런함이 그러한 사람들의 선택과 임직에서 요구되는 이유이다. 이것은 다음에 오는 성경본문들로부터 배워야만 하는 내용이다. 그러나 어떤 사람은 장로들의 의무와 우리의 본성의 성질과 고유성을 서로 잘 비교함으로써 자기 스스로 이것에 대하여 결론 내릴 수 있다.

• 교회의 사역을 위해 선택된 사람들은 신자들과 마찬가지로 불신자들에게 평판이 좋아야 하고, 개인적인 삶에서 거룩해야 하며, 그들의 이웃들에 대해 신실해야 하며, 모든 덕을 갖추어야 하며, 가르침과 권면과 거짓 교리에 대한 반박하는 것에 능력이 있어야 하고, 그들 자신의 가정을 능숙하게 다스리며, 그 증거를 보여줄 수 있는 사람들이어야 한다.

i. 딤전 3[:1-12]

"미쁘다 이 말이여, 곧 사람이 감독의 직분을 얻으려 함은 선한 일을 사모하는 것이라 함이로다 그러므로 감독은 책망할 것이 없으며 한 아내의 남편이 되며 절제하며 신중하며 단정하며 나그네를 대접하며 가르치기를 잘하며 술을 즐기지 아니하며 구타하지 아니하며 오직 관용하며 다투지 아니하며 돈을 사랑하지 아니하며 자기 집을 잘 다스려 자녀들로 모든 공손함으로 복종하게 하는 자라야 할지며 (사람이 자기 집을 다스릴 줄 알지 못하면 어찌 하나님의 교회를 돌보리요) 새로 입교한 자도 말지니 교만하여져서 마귀를 정죄하는 그 정죄에 빠질까 함이요 또한 외인에게서도 선한 증거를 얻은 자라야 할지니 비방과 마귀의 올무에 빠질까 염려하라 이와 같이 집사들도 정중하고 일구이언을 하지 아니하고 술에 인박히지 아니하고 더러운 이를 탐하지 아니하고 깨끗한 양심에 믿음의 비밀을 가진 자라야 할지니 이에 이 사람들을 먼저 시험하여 보고 그 후에 책망할 것이 없으면 집사의 직분을 맡게 할 것이요 여자들도 이와 같이 정숙하고 모함하지 아니하며 절제하며 모든 일에 충성된 자라야 할지니라 집사들은 한 아내의 남편이 되어 자녀와 자기 집을 잘 다스리는 자일지니(집사의 직분을 잘한 자들은 아름다운 지위와 그리스도 예수 안에 있는 믿음에 큰 담력을 얻느니라, 역자 주)."

• 디도는 신자들의 증언과 선택에 기초하여 바울에 의해서 묘사된 그러한 사람들로부터 장로들을 임직시켜야만 했다.

ii. 딛 1[:5-9]

"내가 너를 그레데에 남겨 둔 이유는 남은 일을 정리하고 내가 명한 대로 각 성에 장로들을 세우게 하려 함이니 책망할 것이 없고 한 아내의 남편이며 방탕하다는 비난을 받거나 불순종하는 일이 없는 믿는 자녀를 둔 자라야 할지라 감독은 하나님의 청지기로서 책망할 것이 없고 제 고집대로 하지 아니하며 급히 분내지 아니하며 술을 즐기지 아니하며 구타하지 아니하며 더러운 이득을 탐하지 아니하며 오직 나그네를 대접하며 선행을 좋아하며 신중하며 의로우며 거룩하며 절제하며 미쁜 말씀의 가르침을 그대로 지켜야 하리니 이는 능히 바른 교훈으로 권면하고 거슬러 말하는 자들을 책망하게 하려 함이라."

• 교회의 사역을 위해 선택될 수 있는 사람들은 신실하고, 다른 사람들을 가르치는 데 능하며, 그리스도의 전투에서 고난을 참을 수 있어야 하고, 세상적인 일들에 대한 관심과 용무를 완전히 포기한 사람들이어야 한다.

iii. 딤후 2[:1-10]

"내 아들아 그러므로 너는 그리스도 예수 안에 있는 은혜 가운데서 강하고 또 네가 많은 증인 앞에서 내게 들은 바를 충성된 사람들에게 부탁하라 그들이 또 다른 사람을 가르칠 수 있으리라 너는 그리스도 예수의 좋은 병사로 나와 함께 고난을 받으라 병사로 복무하는 자는 자기 생활에 얽매이는 자가 하나도 없나니 이는 병사로 모집한 자를 기쁘게 하려 함이라 경기하는 자가 법대로 경기하지 아니하면 승리자의 관을 얻지 못할 것이며 수고하는 농부가 곡식을 먼저 받는 것이 마땅하니라 내가 말하는 것을 생각해 보라 주께서 범사에 네게 총명을 주시리라 내가 전한 복음대로 다윗의 씨로 죽은 자 가운데서 다시 살아나신 예수 그리스도를 기억하라 복음으로 말미암아 내가 죄인과 같이 매이는 데까지 고난을 받았으나 하나님의 말씀은 매이지 아니하리라 그러므로 내가 택함 받은 자들을 위하여 모든 것을 참음은 그들도 그리스도 예수 안에 있는 구원을 영원한 영광과 함께 받게 하려 함이라."

• 교회의 목회자들은 능숙하고, 경험이 있어야 하며, 또한 하나님의 말씀을 올바르게 다루고, 거짓 교리에 반대하여 (진리를) 보호하는 것을 입증 받아야 한다.

iv. 딤후 2[:15-17a]

"너는 진리의 말씀을 옳게 분별하며 부끄러울 것이 없는 일꾼으로 인정된 자로 자신을 하나님 앞에 드리기를 힘쓰라 망령되고 헛된 말을 버리라 그들은 경건하지 아니함에 점점 나아가나니 [23(G3)a] 그들의 말은 악성 종양이 퍼져나감과 같은데 (그 중에 후메내오와 빌레도가 있느니라, 역자 주)"

• 교회의 사역을 위해 선택될 수 있는 사람들은 육신의 정욕을 엄격하게 피하고, 모든 덕을 추구하며, 교만한 질문을 하지 않고, 다투지 아니하며, 모든 사람에게 친절하고, 나쁜 사람들에 대해 인내하며, 기독교적 가르침(교리)을 효과적으로 설명하고, 확고부동하게 방어하는 데 능해야만 한다.

v. 딤후 2[:22-26]

"또한 너는 청년의 정욕을 피하고 주를 깨끗한 마음으로 부르는 자들과 함께 의와 믿음과 사랑과 화평을 따르라 어리석고 무식한 변론을 버리라 이에서 다툼이 나는 줄 앎이라 주의 종은 마땅히 다투지 아니하고 모든 사람에 대하여 온유하며 가르치기를 잘하며 참으며 거역하는 자를 온유함으로 훈계할지니 혹 하나님이 그들에게 회개함을 주사 진리를 알게 하실까 하며 그들로 깨어 마귀의 올무에서 벗어나 하나님께 사로잡힌 바 되어[124] 그 뜻을 따르게 하실까 함이라."

• 장로들 가운데 가장 높은 지위에 선택된 사람들은 바울이 가르치는 바대로 어릴 때부터 거룩한 성경 속에서 가르침을 받아온 사람들이어야 한다.

vi. 딤후 3[:15-17]

"또 어려서부터 성경을 알았나니 성경은 능히 너로 하여금 그리스도 예수 안에 있는 믿음으로 말미암아 구원에 이르는 지혜가 있게 하느니라 모든 성경은 하나님의 감동으로 된 것으로 교훈과 책망과 바르게 함과 의로 교육하기에 유익하니 이는 하나님의 사람으로 온전하게 하며 모든 선한 일을 행할 [23(G3)b] 능력을 갖추게 하려 함이라."

• 교회의 사역을 위해 선택될 수 있는 사람들은 무시당하지 않아야 하며, 그들의 연소함으로 인하여 더 낮은 가치로 평가받을 때조차도, 그들은 자신들의 교리와 삶의 탁월함을 통해 좋은 평판을 얻어야 한다. 교회의 목회자들이 어떻게 선택되어지고, 사역을 잘 성취하기 위해 성령의 은사가 장로들의 안수와 함께 부어지는지를 주의해서 보아야 한다. 바울이 예언적 메시지에 의해 지시했던 것처럼, 그러한 안수는 그들 안에서 일하시는 성령에 의해서 끊임없이 지시된 사람들에게만 행해져야 한다는 사실을 주의해서 보아야 한다.

vii. 딤전 4[:12-16]

"누구든지 네 연소함을 업신여기지 못하게 하고 오직 말과 행실과 사랑과 믿음과 정절에 있어서 믿는 자에게 본이 되어 내가 이를 때까지 읽는 것과 권하는 것과 가르치는 것에 전념하라 네 속에 있는 은사 곧 장로의 회에서 안수 받을 때에 예언을 통하여 받은 것을 가볍게 여기지 말며 이 모든 일에 전심전력하여 너의 성숙함을 모든 사람에게 나타나게 하라 네가 네 자신과 가르침을 살펴 이 일을 계속하라 이것을 행함으로 네 자신과 네게 듣는 자를 구원하리라."

• 교회의 목회자들은 아주 엄중한 큰 노력으로 선택되어야 하며, 어떤 사람도 그의 위에 경솔하게 안수하면 안 된다. 다시 말하면, 어떤 사람도 시험해보지 않고 이 사역으로 받아들여져서는 안 된다.

viii. 딤전 5[:21-22b][22a, 역자 주]

"하나님과 그리스도 예수와 택하심을 받은 천사들 앞에서 내가 엄히 명하노니 너는 편견이 없이 이것들을 지켜 아무 일도 불공평하게 하지 말며 아무에게나 경솔하게 안수하지 말고 다른 사람의 죄에 간섭하지 말며."

• 목회자들을 선택할 때, 우리는 성령의 선택을 추구하는 데 부지런해야 하며, 성령께서 우리에게 계시하시도록 우리는 주의깊게 숙고하고, 부지런히 기도해야 한다. 진지함과 헌신함으로써 그들은 모든 교회들에 의해서 임직되어야 한다.

ix. 행 13[:1-3]

"안디옥 교회에 선지자들과 교사들이 있으니 곧 바나바와 니게르라 하는 시므온과 구레네 사람 루기오와 분봉 왕 헤롯의 젖동생 마나엔과 및 사울이라 주를 섬겨 금식할 때에 성령이 이르시되 내가 불러 시키는 일을 위하여 바나바와 사울을 따로 세우라 하시니 이에 금식하며 기도하고 두 사람에게 안수하여 보내니라."

이상의 성경본문들로부터 우리는 교회의 목회자들은 어떤 사람들로부터 선택받아야 하는지를 배운다. 첫째, 모든 사람들이 보기에 흠이 없고, 목회자들 자신들과 그들의 아내들과 자녀들과 다른 가솔들 (gesind)도 좋은 평판을 가져야 한다. 이런 내용은 첫 번째와 두 번째 성경본문들에 의해서 증명되었다.

둘째, 좋은 평판을 가지며, 가르침과 행정(leren und regieren)에서 도 유능하고 능력 있는 것으로 인식되고, 예정되어져 있는 사람들이 다. 세 번째와 네 번째 성경본문들은 이것을 가르친다.

셋째, 다른 사람들을 뛰어넘어 모든 덕들을 갖추고 있는 사람들이 다. 이 내용은 첫 번째, 두 번째, 다섯 번째와 일곱 번째의 성경본문들 에 의해서 보여진다.

[125][24(C4)b] 그러나 그들이 그리스도의 양떼들 가운데서 특별 히 탁월한 모범이 됨으로써 이러한 덕들 속에 뛰어나야 하는 것은 성 령의 특별한 요구이다. 그들 자신들이 관계되는 한, 모든 거룩성의 덕 들, 그들의 이웃에 대한 정의(공의), 또한 가르침과 책벌과 목회직의 모든 사역 안에서 그들은 자신들을 매우 능숙하고, 열심 있고, 친절하 고, 사랑스럽다는 것을 보여줌으로써, 그들은 점점 더 훌륭하게 사람 들을 얻고, 얻은 사람들을 성장시킨다.

• 교회의 목회자들에게 요구되는 치리(권징)와 거룩함에는 어떤 것이 있는가?

무엇보다도 먼저 교회의 목회자들은 각각 한 아내의 남편이며, 온 순하며, 덕이 있으며, 예의바르며, 거룩하며, 자기를 절제하며, 순전하 며, 술에 빠지지 않아야하는 것이 바로 성령의 뜻이다. 그들에 대한 치 리를 유지할 수 있어야만, 그들의 자녀들과 가솔들에 대한 치리가 없다는 비난을 받지 않게 된다. 다른 말로 하면, 그러한 사람들은 자신들 속에서, 그리고 그들에게 속한 사람들 속에서 가장 최고도의 치리와 거룩성과 모든 육신의 정욕에 대한 관심을 완전히 단절시켰음을 증거 해야만 한다.

이것은, 만약 그들이 교회 전체가 모든 육신적 욕심과 정욕들을 포기할 것을 가르치고자 한다면, 그들 자신들과 그들에게 속한 사람들 안에서 이러한 가장 높은 모범을 제공하는 것이 그들에게 필요하기 때문이다. 이런 (연약한) 본성에 속한 일들에 반대하여 진지하게, 그리고 견고하게 서 있지 않는 사람들은 악한 정욕들과 욕심들에 의해 쉽사리 정복당할 것이며, 그 결과 그들은 자기 자신들을 위해 하나님의 일에 부주의하게 될 것이며, 부적절한 사람으로 다른 사람들에 의해 멸시를 받고, 기피의 대상이 될 것이다.

아내에 대한 주제와 관련하여, 성령은 치리와 거룩성을 각 사람의 관점에서 오직 한 아내의 남편이 되기를 정의하고 있다. 다시 말하면, 어떤 사람도 한 아내 이상(以上)을 가져서는 안 된다[25(H1)]는 것은 성령께서 목회자들의 결혼을 불쾌하게 생각하지 않는다는 것이다. 성령은 공식적으로 장로들이 책망이나 범죄 없이 결혼상태 속에서 살아가는 것을 인정한다는 사실을 가리키고 증명한다. 왜냐하면 디모데와 니노에게 쓰고 있는 두 곳에서 바울 사도는 "책망할 것이 없고"라는 말씀 다음에 곧바로 "한 아내의 남편이며"라는 말씀을 추가하기 때문이다(딤전 3:2; 딛 1:6).

• 결혼 그 자체는 경건의 일을 방해하지 않으며, 오히려 증진시킨다.

비록 결혼은 목회사역에 방해가 될 수 있는 세상적 관심 및 여러 문제들과 일에 연루되어 있을지라도, 결혼은 목회자들로 하여금 치리를 받고(훈련되고), 흠이 없는 생활을 가능하게 할 뿐만 아니라, 신실하고 열정적으로 방해 없이 더욱더 주를 섬길 수 있게 해주는 많은 장점들을 가지고 있다. 특별히 이 시대에 교회의 신실하고도 부지런한 목회자들의 [126] 숫자가 너무나도 적다. 왜냐하면 적그리스도의 목회자들이 너무나도 많이 그리스도의 유산을 착복(着服)하는 위치에 있기 때문이다.

• 하나님의 명령(Gottes befelch)에 따르면, 아내는 방해물이 아니라, 모든 일에서 남편을 도와주는 자이다.

하나님께서는 그들이 경건한 삶을 살면서 남편에게 도움이 되는 아내를 창조하셨다. 그러므로 결혼이 주 안에서 성사되고 지속될 때, 아내는 그의 남편을 주(主)로부터 분리시켜서는 안 된다. 그리고 아내 또한 하나님의 나라에 대한 열심을 가져야 한다. 남편은 하나님의 사역을 무시함으로써가 아니라, 오히려 하나님의 나라를 충성스럽게 잘 수행함으로써 그의 아내를 더욱 기쁘게 해야 한다. 결혼 자체에는 하나님에 의해 제정되지 않고, 축복되지 않은 그 어떤 것도 없다. 그러므로 결혼 그 자체는 어떤 경우에도 거룩성과 선행을 방해하지 않고, 오히려 거룩성과 선행을 촉진시킨다. 결혼이 주 안에서 준비된다면, 이 결혼은 교회의 목회자들의 경우에 특별히 합당하고 필요하다.

주에 의해서 그렇게 하도록 부름을 받지 아니하고도 결혼을 삼가는 모든 사람들은 세상적인 일들로부터 더욱 자유롭지 못했다. 더욱이 자유롭고도 헌신적으로 주께 붙어 있는 것이 아니라, 오히려 세상적인 일들 속에 함몰되고, 그리스도이신 주로부터 멀어진다. 슬프게도, 이것은, 우리가 소위 성직자들의 경우에서 너무나도 엄청나게 보아왔던 일이다.

• 결혼이 교회의 사역을 위한 규범이었을 때, 큰 축복을 가져왔다. 그러나 결혼이 추방된 이래로 큰 부정(不淨; onrath)과 범죄(ergernüs)를 가져왔다.

사람들이 성령보다도 더 현명하고, 더 거룩하기를 원한다면 그것은 반드시 판명되어야만 한다. 성경 전체 그 어디에서도 한마디라도 성령께서 결혼은 목회자들에 의해 피하야만 하는 것으로 지시하지 않았고, 오히려 성령께서 결혼한 상태 밖에서 살도록 지명한 소수의 사람들을 제외한 모든 사람들과 마찬가지로, 목회자들도 함께 동일한 상태를 가지기 위해 성령은 결혼을 원하신다고 설명하신다. 그리고 이것은 초대 교회와 더 나은 교회들이 목회자들의 결혼을 배제하지 않았을 때, 그게 축복받았던 이유이다. 그리고 결혼이 배제되자마자, 오늘날 상황에 의해서 슬프게 판명된 것처럼, 결혼은 오히려 교회 안에서 성적 타락이 일어나 거룩하지 못한 범죄들로 인도되었다.

경건한 교부들이 어떻게 결혼을 피하게 되었는가?

사랑하는 교부들은 바울의 말을 다음과 같이 오해하게 되었다. 바울이 결혼 밖에 있는 순결을 넓은 의미에서[127] 너무나도 높이 평가하였고, 이런 방법으로 마치 결혼 자체가 거룩성을 방해하는 것처럼 오해되어, 결혼 자체가 기피되었다. 그러나 결혼은 그런 경우가 될 수 없고, 천국에서[26(H2)a] 제정된 하나님의 사역과 축복이다. 그러므로 죄는 결혼 자체를 불결하게 만들 수가 없다.

그러나 사랑하는 교부들은 이것을 충분하게 고려하지 않고, 결혼 안에 너무나도 많은 육욕적인 것이 있다고 보았다. 그러므로 결혼은 교회의 사역을 위해 부적절하며, 또는 심지어 참으로 열심 있는 기독교적 삶에도 부적절하다고 생각하기에 이르렀다. 이것이 바로 그들이 그 당시에 동정성(童貞性)과 과부됨을 높이 찬양한 이유이며, 다른 한편으로, 결혼에 대한 그같은 혐오성을 보여 주었다.

• "한 아내의 남편"이라는 바울의 말씀에 대한 오해

"한 아내의 남편"이라는 바울의 말씀을 마치 그의 일생동안 오직 한 아내만을 가져야만 한다는 것이 바울의 요구인 것으로 이해함으로써 많은 사람들로부터 이런 결과가 나오게 되었다. 그 결과 이런 해석이 교회법으로 들어갔고, 또한 기독교적 황제들에 의해서 확정되었다. 비록 어떤 사람이 거룩하고 능숙할지라도, 만약 그가 두 번째 결혼했거나 처음으로 동정녀와 결혼하지 않았다면, 어떤 사람이든지 어디서든지 교회의 사역에 들어가는 것이 허락되지 않았다.

그러나 이런 해석은 바울의 말씀이나 그의 가르침으로부터 어떤 경우든지 올바른 해석이 될 수 없다. 바울이 말하는 "한 아내의 남편"이라는 뜻은 그의 전 생애 동안 오직 한 아내를 가져야 한다는 것이거나, 동정을 가진 처녀와 결혼한 사람이어야 한다는 의미가 아니다. 바울의 전체적인 가르침으로부터 당신은 다음과 같이 결론을 내릴 수 있는 그 어떤 곳도 발견하지 못한다. 바울은 교회의 사역을 위해 두 번째나 세 번째로 처녀들이나 과부들이 결혼하는 것을 혐오한다(그들이 경건하고, 영예스러운 여자들인 한). 더구나 크리소스톰과 다른 거룩한 교부들은 우리가 그것을 해석했던 방법으로 "한 아내의 남편"[26(H2)b]의 의미를 이해하고, 해석했는 데, 그것이 유일한 참된 이해요, 자연스런 이해이다.

• 교회의 목회자들 속에 있는 어떤 수치나 죄악을 피하려 하지 않는 교황주의자들의 끔찍한 오용과, 더불어 어떤 경우에도 결혼을 허락하지 않음

미혼의 순결에 대한 이같은 높은 평가와 결혼한 사람들의 순결에 대한 경멸은, 거룩한 교부들의 경우에도 너무나도 크게 잘 나타난다. 그러나 그들은 설혼 밖에 있는 참된 순결을 진지하게, 그리고 완전하게 증명했다. 그럼에도 불구하고 우리의 교황주의자들은 이 사랑스런 거룩한 교부들의 가르침과 모범을 반항적으로 내던져버렸다. 그들은 독신을 주장하면서도 첩을 두고 살면서 사생아를 낳고 이중생활을 했다. 그러면서도 참으로 사랑하는 사도들이나, 성령의 관용하는 위치로 나아가기를 원하지 않았다. 그렇게 함에도 불구하고 교황주의자들

은 교회의 목회자들에게[128] 결혼 문제에 대한 처분의 권한을 주고, 경건한 아내와 결혼한 사람들을 좋은 동료 성직자들로 받아들였다. 그러고는 수치심을 갖지 않는 그들의 생활로 지금까지 수백 년 동안, 슬프게도, 그렇게도 심각하고도 무서울 정도로 교회를 괴롭혔다. 모든 그리스도인들은 이것이 그분을 향한 모든 존경에 대한 대담한 경멸과 조소 이외에 다른 것이 아니라는 사실을 쉽사리 알 수 있다. 이것과는 별도로, 그들이 교회의 목회자들, 심지어 언급되지 않아야만 하는 사람들조차도 혐오하는 일들에 대하여 전혀 수치감이 없다. 이런 일들은 그들이 하나님과 교회의 명령들을 가끔 그렇게도 심각하게 표현했던 것과는 반대되는 것들이며, 그들이 그렇게도 오랫동안 발 아래 밟아버렸던 명령들과는 반대되는 것들이다. 그리고 그것은 오직 인간의 질서인 바, 그들은 답례로 돈이나 재물을 위해서 그 어떤 것도 처분하지 않고 그렇게도 완고하게 유지하면서도, 다른 한편으론 돈을 위해서 그리스도 자신과 다른 모든 것들은 팔아버린다.

• 교황주의자들이 목회자들의 결혼의 금지를 그렇게도 완고하게 유지했던 다섯 가지 이유들

그러나 적그리스도는, 만약 자기가 거룩한 결혼을 그의 가솔 (seinem gesind)들에게 허락하지 않고, 그들에게 모든 종류의 비행 (卑行)을 허락한다면, 영예스런 지위에[27(H3)a] 있는 백성을 그의 부하들과 혼합시킴으로써, 자신에게 손상을 입히고는, 종교개혁에 박해를 가하는 기회가 없어진다는 사실을 잘 알고 있다. 적그리스도는 또한 부정직의 악독을 퍼지게 하여 백성으로부터 경건에 대한 모

든 감각과 감정을 몰아내는 것을 잘 알고 있다. 결혼금지는 적그리스도에게 다음과 같은 도움을 준다. 그들에게 너무나도 불경건하고, 신성모독적인 것 이외에는 아무것도 남지 않아, 적그리스도가 사제들과 수도승들과 그의 식솔을 가장 잘 거느리며 일할 수 있다. 그리고 그것이 교회의 사역 전체와 종교 전체를 선도(先導)하여, 사제들과 수도승들의 부끄러운 삶 때문에, 이 모든 사람들이 더욱더 멸시받고, 혐오를 받게 되었다. 교회의 사역과 치리가 그렇게도 무시당했을 때, 모든 사람들이 점점 더 불쾌하고, 불경건해지는 것은 불가피하다.

그러나 적그리스도는 이 모든 일을 통해 자신이 그렇게도 많은 사람들에 대한 사랑 안에서 이루어지는 정상적인 결혼인 주의 거룩한 사역을 방해할 수 있고, 능욕할 수 있다는 사실을 즐기고 있다. 마침내 결혼금지는 적그리스도가 모든 생각 없는 영혼들을 파괴하며 교회 강탈을 유지하고, 증가시키는 일이 가능하도록 도와준다. 그래서 적그리스도는 폭력의 세대에게 더 많은 의무를 부과함으로써 자신의 불경건과 독재를 보호할 여유까지 가질 수 있다. 우리의 사랑하는 주 그리스도시여, 그의 불쌍한 양들을 이 늑대들과 교회의 약탈자들로부터 구원하여 주소서!

이제 우리의 계획으로 돌아가자! 교회의 목회자들이 그들 자신과 그들에게 속한 사람들에게 모든 거룩성과 치리의 모범이[27(H3)b] 될 수 있도록, 이같은 능력들 또는 덕들을 가장 먼저 소유하는 것이 성령의 뜻이다.[129] 둘째, 성령은 교회의 목회자들이 그들의 이웃들에게 선행(gütthetigkeit)의 모범이 될 수 있게 하는 능력들과 덕들(tugenden)을 또한 요구하신다. 이런 능력들 중에 어떤 것은 그들의 이웃들에게 선을 행하지 못하게 하는 사람들을 없게 하고, 다른 사람들에게는 선을 행하는 즐거움과 열심을 증가시키게 하는 데 도움을 준다. 탐욕과 자기 이익 추구는 자신의 이웃에게 친절한 도움을 주는 것을 방해한다. 이것이 바로, 첫 번째와 두 번째 성경본문들이 보여주는 것처럼, 왜 성령께서 탐욕스럽지 않고, 자기 이익을 추구하지 않는 사람들을 목회자로 세우기 원하시는지 그 이유이다. 또한 세 번째 성경본문이 교훈하시는 것처럼, 목회자들은 이 세상의 삶의 문제들과 친근하지 않아야 한다. 왜냐하면 그렇게 하는 것은 그의 이웃에게 선을 행하고, 그 선을 교훈하는 의지와 경향성과 일관성을 잃어버리게 만들기 때문이다. 첫 번째, 두 번째, 세 번째 성경본문들이 가르치는 것처럼, 그러한 실패들로부터 자유로운 사람들이 교회의 사역을 위해 선택되어야한다는 것이 참으로 성령의 뜻이다.

• 교회의 사역을 위해 사람을 즐겁게 하고, 행복하게 하는 능력들

육체적인 필요와 영적인 필요를 채우기 위해 살아가는 그의 이웃을 도움으로써 사람이 즐겁고 행복하도록 하기 위해 성령께서 요구하시는 능력들(덕들)은 다음과 같다. 첫 번째와 두 번째와 네 번째 성경본문들이 제시하는 것처럼, 사람은 공정하고, 정의롭고, 거룩하고, 친절하고, 인내하고, 그리고 합리적이어야만 한다.

마지막으로, 치리사역과 보다 더 효과적이고도 유익한 방법으로 그리스도의 양떼들을 목양하는 것과 관계된 모든 일을 수행하기 위해, 교회의 목회자들에게 특별히 도움이 되는 여러 가지 능력(덕)들에 대하여 성령께서 또한 말씀하신다. 그것들은 곧, 사악한 사람들에 대해 인내하고 친절하며, 신실하며,[28(H4)a], 가르침에 부지런하며, 그의

가정을 잘 돌보며, 매우 존중받으며, 초신자가 아니어야 한다는 것이다. 이 내용은 네 번째 성경본문에 의해 가르침 받은 것이다. 그래서 우리는 교회의 목회자들이 특별히 갖추어야 할 능력(덕)들과 그들이 반드시 피해야 할 어떤 악들과 결점들을 알게 된다.

• 다른 그리스도인들에게는 허용될 수 있지만, 교회의 목회자들에게는 허용될 수 없는 일들

여기서 말하는 이 능력(덕)들이 모든 그리스도인들에게 요구되고, 또한 이 단점들이 모두에 의해서 혐오의 대상이 된다는 것을 의미하는 것은 우리의 의도가 아니다. 그러나 이 능력들이 다른 사람들보다는 목회자들에게서 특징화되고, 보여져야 하며, 그들 안에 이런 단점들이 조금이라도[130] 절대적으로 있어서는 안 된다는 사실이 알려져야 한다. 그밖에, 비록 그것이 슬픈 일이고, 반대하여 싸워야만 할 어떤 일일지라도, 교회 안에 있는 이 단점들이 여전히 존재하는 그곳에서 우리는 인내하여야만 한다. 왜냐하면 어떤 사람은 포도주를 너무나도 많이 즐기며, 다른 사람들은 육신의 일들을 즐기고 있다는 사실이 가끔 발견되기 때문이다. 어떤 사람은 여전히 돈과 자기 이익에 너무나도 큰 애정을 갖고 있다. 어떤 사람은 분노하고, 싸우기 쉬운 경향성을 가지고 있다. 그러나 당신은 이런 이유로 이런 사람들을 교회 밖으로 쫓아낼 수는 없다. 왜냐하면 그들의 이런 단점들은 그들 스스로를 슬프게 만들지만, 또한 그들은 치리를 받아들이고, 그들의 생활방식들을 고칠 마음을 갖고 있기 때문이다. 그러나 그들은 너무나도 약한 상태에 있고, 가르침과 교회구축의 사역은 모든 선한 일들 속에서 가장 큰 강력함과 완전성을 요구하기 때문에, 비록 그들은 평범한 그리스도인들로서 자유롭게 남아 있을 수는 있을지라도, 그러한 사람들은 감독이나 장로의 직분으로 임명되어서는 안 된다. 정확하게 똑같은 방법으로, 어떤 사람이 보통 시민들로서는 수용될 수 있을지라도, 당신은 그런 어떤 사람을 시(市) 의회와 정부의 통치자의 자리에 앉혀서는 안 된다.

고대 회의들과 황제들과 교황들에 의해 시작된 교회법 전체가 그러한 심각한 접근방법을 강력하게 주장했음에도 불구하고, 교회의 목회자들의 선출과 임직의 이 엄격한 접근방법이 교황주의자들 하에서 얼마나 슬플 정도로 타락해버렸는지를 지금 우리 모두가 목격할 수 있다. 이것이 바로 우리가 "당신의 이름이 거룩히 여김을 받으시오며, 당신의 나라가 임하옵시며"(마 6:9f)라고 우리의 온 마음으로 하늘 아버지께 기도하는 이유이다. 참으로 우리가 교회의 이 부패를 신속히 그리고 효과적으로 어떻게 취급해야할지 논란이 되고 있다. 이것은 지상에서 우리에게 부과된 더욱 중요한 문제인 바, 이 문제 이외에 그 어떤 문제도 참으로 이것보다 중요하지 않다. 그리고 만약 아직도 우리가 사도들을 통해 성령에 의해 지시된 그런 목적에 완전히 도달하지 못하고, 성령께서 우리에게 규정하신 표준을 모든 방법으로 성취하는 목회자들을 가질 수 없다면, 그때 우리는 더욱 그 목적에 가까이 접근하고, 그 표준을 성취하기 위해 참된 진지함과 열심을 가지고 분투노력하는 사람들을 계속해서 찾아야 한다. 왜냐하면 불쌍한 사람들을 그리스도에게로 인도하기로 작정되어 있는 사람들이 그들의 전심으로 자신들을 그리스도에게로 나아가려고 분투노력하지 않기 때문이다. 그 결과 발생하는 고통과 재난을 과연 그 누가 표현할 수 있겠는가?

• 거짓되고 신실하지 못한 목회자들을 직위 해제시키고, 참되고 신실한 목회자들로 그들을 대체시키는 것은 그리스도의 교회들의 책임이다.

교회들은 그리스도이신 우리 주의 보혈로 그에 의해서 사신바 되었기에, 교회들은 그의 거룩하고도 자유로운 나라이어야 한다. 지금 모든 것들이 교회들의 것들이고, 그들만이 그리스도의 것이다. 이것은 다음을 의미한다. 교회의 사역이라는 위장(僞裝)하에 그렇게도 비참하게 그들을 파멸시켜 왔고, 그들 자신들을 적당한 목회자들로 준비시켜왔던 적그리스도들을 완전히 쫓아 버릴 수 있는 능력을 가진 자는 어떤 피조물에도 없다는 사실이다. 다른 거룩한 교부들을 따라 크리소스톰이 그의 네 번째[29(I1)a]와 일곱 번째 서신들과 다른 곳들에서 매우 심각하게[131] 지적하고 있듯이, 참으로 그들이 이것을 수행하는 것을 실패할 때, 그들은 자신들을 거짓 목회자들의 불경건한 본성과 신성모독의 참여자들로 만든다. 그러나 나는 특별히 개인들에 관해서 말하는 것이 아니라, 교회들, 즉 기독교 통치자들(die Christen obren)도 속해 있지만, 이단들은 속해 있지 않는 전체 회중에 관해 말하고 있다. 그리고 교회들 역시 성령과 최선의 질서에 따라 행동해야 하기 때문에, 교회들은 소위 목회자들이시만, 부적설한 목회자들을 직위 해제시키고, 그들의 기독교 통치자들과의 연계와 모든 그리스도의 모든 양떼들의 동의하에 올바르고도 적절한 목회자들을 임직해야 할 것이다.

목회자들이 어떠한 사람들을 목회자로 선출해야 하는가? 우리는 목회를 위한 영성과 신적 은사들의 능력에 큰 강조점을 두었다. 목회자들은 회중 전체로부터 가장 큰 존경과 신뢰를 받아야 하고, 그들의 경건한 활동으로 가장 철저하게 알려져야 하고, 가장 높은 수준의 모든 덕들을 갖추는 동시에 교리와 치리와 구원을 증진시키는 모든 일에 아주 능숙하고, 열심이어야 한다.

• 교회의 사역에는 많은 종류의 은사들이 필요로 하므로, 교회는 많은 종류의 사람들을 가질 필요가 있다.

주께서 정확하게 한두 또는 세 사람에게 이 모든 은사들과 기능들을 주시지 않기 때문에, 교회들은 항상 상당한 수의 장로들을 가져야 한다. 이들은 모두 그들이 하는 사역과 그들의 존재됨에서 동일하지 않다. 비록 모든 장로들이 신중하게 생각되어야 하고, 신뢰받아야 하고, 탁월하게 모든 덕들을 갖추어야 할지라도, 그들이 하는 일에서 그리고 그들의 존재됨에서 똑같게 되어야 함을 의미하는 것은 아니다. 또한 그들 모두가 능숙하고, 동일한 은사들이나 한 종류의 은사를 지녀야 한다는 것을 의미하지 않는다. 이것이 바로 고대 교회들이 학식이 있고, 웅변 잘하는 사람들을 이 사역으로 임명했을 뿐만 아니라 [29(11)b], 영적이며, 분별력 있고, 열정이 있는 다른 사람들도 이 사역으로 임명했던 이유이다. 각자 속에 하나님께서 교회의 구축을 위해 그에게 특별히 부여하셨던 그 무엇이 인식된다. 그러므로 어떤 사람 안에 바울이 디모데의 경우에서 인식했던 것처럼, 어릴 때부터 그가 신앙과 성경의 (가르침)으로 성장했다는 사실이 인식되어졌다. 또 다른 어떤 사람 속에서는 그가 아볼로처럼 신앙의 변증에 유창하고도 능력이 있었다는 사실이 인식되어졌다. 그리고 다른 사람 속에서는 그가 친절하고도 사랑스런 영의 소유자라는 사실이 인식되어졌다. 또 어떤 사람으로부터는 치리와 처벌이 즐거운 마음으로 받아들여진다. 그러나 영혼 돌봄을 위해 사용되어질 특별한 어떤 것이 각 사람 속에 있다.

이와 동일한 이유 때문에, 교회들은, 외적인 일들에 관계되는 한, 그들의 목회자들을 모두 동일한 유형의 사람으로부터 선택하지 않는다. 왜냐하면 하나님은[132] 동일한 방법으로 그의 은사들을 배분하시지 않기 때문이다. 참으로, 모든 그리스도인들은 지위고하를 막론하고 그리스도 안에서 하나가 되기 위해, 각 사람은 영혼 돌봄을 위해 필요한 은사들 안에서 탁월함이 발견되기 때문에 교회의 목회자들은 상류층, 중산층, 하류층의 사람들로부터 뽑아왔다.

사람들에 의해서 그들에 대한 인정과 승인을 위해, 그리고 그들의 친절성과 좋은 예절 때문에, 많은 목회자들은 존경받고 능력 있는 사람들과 친구들과 함께 태어나고 성장했다는 사실은 가끔 적절했다. 이런 사실은 대부분의 고대 거룩한 교부들, 예를 들면, 암브로시우스, 아우구스티누스, 크리소스톰과 다른 사람들의 경우에 맞는 말이다. 그러나 이런 장점들과 은사들을 소유하고 있는 사람들이 그들 자신을 위해 신앙의 문제들에[30(12)a] 대한 충분한 이해를 가지고 있지 않고, 더구나 다른 사람들에 대한 가르침과 교훈에서 능력이 없을 때, 비록 외모의 관점에서 볼 때 아주 매력적이고 사랑스럽지 않을지라도, 기독교적 가르침과 열심이 필요한 은사들에서 탁월성을 보이는 사람들을 뽑는 것이 교회들을 위해서 더 낫다. 그러므로 사람의 방언과 천사의 말을 하고, 또 모든 비밀을 통달할 수 있는 어떤 사람이 와야 할지라도, 만약 그가 주의 일들에 신실하지 않고, 열심이 없다면, 웅변술과 가르침에서는 부족함이 있지만, 그리스도의 일들에 전정으로 관심을 가진 사람을 뽑는 것이 더 나을 것이다. 이런 이유 때문에, 질서가 잘 잡힌 사도적인 고대 교회들은, 그들의 상식과 경험에 기초하여 공적 평화(gemeiner frid)가 공동체 안에서 더 잘 유지될 수 있을 뿐만 아니라, 공적 필요가 보다 쉽고 자유롭게 취급될 수 있도록, 모든 계층과 모든 유형들의 사람들로부터 그들의 장로들을 뽑았다. 참으로 이것은 대체로 공동체에서 관습적이었다.

• 암브로시우스는 교회들이 영예롭고도 분별력이 있는 모든 종류의 사람들로부터 그들의 장로들을 가지지 않는 것에 대하여 비판한다.

이것은 바로 암브로시우스가 이미 그의 시대에 교회들이 이전처럼 경건한 모든 종류의 사람들로부터가 아니라, 학식 있는 배운 사람들로부터만 목회자들을 공급하기 시작했다고 불평하는 바로 그 이유이다. 그러므로 그는 디모데전서 5장과 관련하여 다음과 같이 기록한다. "회당과 후대 교회는 그들의 장로들을 가지고 있었지만, 장로들의 충고 없이 어떤 것도 교회 안에서 행해지지 않았다. 이런 실천이 무심결에, 태만함을 통해서나 더욱 교만한 박사들, 학자들이나 교사들을 통해서든지 간에, 오용되게[133] 되었다." 그러므로 이 거룩한 교부는 교회의 사역이 하나님을 경외하고, 참으로 열심 있는 그리스도인들에 의해서가 아니라, 학식 있는 사람이나 교사들에 의해서만 제공되어질 때[30(12)b], 그것은 참으로 과실(過失)이라고 선언한다.

• 감독들이 교회 안에 있는 모든 힘을 자신들에게로 가져갔던 것이

얼마나 해로운가? 하나님은 그의 교회를 돌보시는 데 많은 사람들을 사용하시기를 원하신다. 그래서 이 임무가 몇 사람에게 제한될 때, 필연적으로 나쁜 일이 생기게 된다.

감독들이 거의 모든 교회의 힘을 자신들에게만 가져간 이후, 더욱 큰 문제가 발생했다. 참으로 그들은 하나님의 통치(Gottes regiment)를 행사함에 있어서 최선의 형태는 한 사람에 의해서 행사되는 것이라고 말한다. 그러나 그들은 자신들이 하나님과 다르다는 것을 보여준다. 영혼 돌봄은 너무나도 많은 것을 요구하기 때문에, 작은 회중 안에서조차 영혼 돌봄은 단지 한 명이나 몇 명에 의해서 올바르게 수행될 수 없다. 플라톤 역시 기록하고 있다시피, 사람들은 여러 사람들을 갖는 것보다 영적 통치(geistlicher regierung)를 행사하기 위해 부름 받은 사람들 중에 한 사람의 지도자를 갖는 것이 더 쉽다는 사실을 발견한다. 그러나 영혼의 참된 돌봄 속에서는 너무나도 많은 것이 연관(聯關)되어 있기 때문에, 이 사역에 가장 유능한 사람들조차도, 만약 그들의 숫자가 혼자이거나 몇 명이라면, 매우 많은 것을 성취하지 못할 것이다. 왜냐하면 모든 기능과 능력은 단지 몇 사람에 의해서가 아니라 많은 사람들에 의해서, 그의 교회 안에 일어나는 그의 이 일을 수행하기를 원하시는 하나님으로부터 오기 때문이다. 우리가 이미 세시했다시피, 이같은 구축(構築)사역에서 하나님은 많은 도구들을 가지고 사용하기를 원하신다. 또한 그의 자신의 많은 사람들을 영예롭게 올려주시고, 그들 모두를 더욱 견고하게 함께 유지하신다. 사도들과 복음전도자들이 되도록 하나님은 다른 사람들을 주신다. 그의 지체들 가운데 어떤 지체도 게을러서는 안 된다. 최상의 정도로 그들 가운데 일치(연합, 하나됨)와 질서가 있어야 한다. 각 사람은 다른 사람에게 의존하고, 또한 다른 사람에 의해서 의존된다. 그러므로 모든 것은 공동의 활동에 의해 시작하고, 계속하면서 하나가 되어야 하고, 공통적이어야 한다.

바울이 너무나도 슬프게 교회를 괴롭혔던 고린도교인들을 사탄에게 넘겨주기를 원했을 때의 바울의 실례를 우리는 살펴볼 필요가 있다. 확실히 사도[31(13)a] 자신은 그것을 수행하면서 교회에 있는 다른 어떤 사람과 함께 이 일을 잘 처리할 수 있었다. 이것은 바로 또 다른 어떤 사람의 영을 구원받게 하기 위해 그 사람을 사탄에게 넘겨주는 이 일은 그의 몸 안에 고통스럽게 되는 것이기 때문이다. 이런 일은 보통 교회에 의해서 행해질 수 있는 것이 아니고, 기적을 행하는 특별한 인격적인 은사를 통해서이다. 그러나 사도는 그 교회의 개선(besserung)을 위해 고린도에 있는 교회에 이 사역을 수행할 수 있었고, 바울은 그들 모두가 함께 와서 그와 함께 그것을 수행하고, 또한 그는 그들과 함께 수행하기를 원했다(고전 5:1-5).

그러나 제1장의 세 번째, 네 번째와 다섯 번째의 성경구절들을 통해서 우리가 인용했던 로마서 12장, 고린도전서 12장, 에베소서 4장으로부터, 우리는[134] 이 문제들을 위한 올바른 기초를 가진다. 왜냐하면 다음의 사실이 가장 분명하게 보여질 수 있기 때문이다. 주께서 교회사역에 연루된 한 그룹의 사람들을 가지기를 원하시며, 모든 계층들과 모든 유형들로부터 나온 많고도 다양한 모든 종류의 사람들을 교회 안에서 사용하시기를 원하신다. 만약 교회사역이 올바르게 그리고 잘 수행될 수 있으려면, 모든 계층들과 모든 유형들로부터 구성된 하나님의 지각이 있고, 열심 있는 많은 사람들을 영혼 돌봄으로 임명하는 것이 필요하다. 이는 근본적이고도 본질적인 것이다.

• 어떤 종류의 사람들이 교회사역에 임명되어야 하는지에 대한 요약

영적 능력의 관점에서 뿐만 아니라, 그들의 외적 특징들의 관점에서, 교회의 사역에 어떤 종류의 사람들이 임명되어야 하는지 우리의 연구에 대한 결론은 바로 이것이다. 이 모든 것 안에서의 목적과 목표는 사람들이 주의 사역을 위해 참으로 능숙하고, 열심이 있고, 신뢰받을 수 있고, 교회의 신뢰를 가진 사람들을 뽑아야 한다는 것이다. 그런 사람들이 최고의 모든 덕들을 갖추고 있는 것과 같이, 이 두 가지 특징들[31(I3)b]은 다른 것들과 동반되어야 한다. 마찬가지로 그들 중에 상당수가 있어야 한다. 왜냐하면 주께서 몇 사람이 아니라, 많은 사람들에 의해, 그리고 그들을 통해 그의 사역을 수행하시기를 원하시기 때문이다. 그리고 그들은 모든 계층들과 모든 유형들의 사람들로부터 뽑혔다. 왜냐하면 주께서 모든 계층들과 모든 유형들로부터 온 사람들을 영예의 자리로 인도하시고, 그의 사역에 그들을 사용하기를 원하시기 때문이다.

● 교회 목회자들의 선택과 임명(임직)에 관하여

교회 사역에 대한 선택과 임명(임직)에 대한 사도적 범례

지금 교회의 장로들과 목회자들이 어떻게 선택되고, 임명(임직)되어야 하는지 이것에 관해서는 여덟 번째와 아홉 번째 성경본문들에 의해서 가르침을 받았다. 그곳에서 우리는 디모데가 많은 증인들 앞에서 장로들의 안수와 함께 예언적 메시지, 즉 성령께서 미리 알리신 것을 통해 잘 증언되었던 교회의 은사를 어떻게 받았던가를 우리는 본다. 우리는 또한 바울과 바나바가 이방인들의 사도들로서 어떻게 그들의 직분(직무)자로 선택되고, 임명(임직)되었는지를 본다.

성령의 인도하심은 사랑하는 성도들에게 하나님을 예배하게 하고, 금식하게 하신다. 다시 말하면 성령의 인도하심은 성도들로 하여금 말씀과 성례전 안에 있는 하나님에 대한 모든 일들에 참여하게 하고, 기도하게 하고, 묵상하게 하고, 하나님의 선을 찬양하게 하고, 다른 한편 스스로 육신적인 음식과 모든 육욕적인 활동들로부터 삼가게 하신다. 이것으로부터[32(14)a] 우리는 교회의 올바른 목회자들을 바르게 선택하고, 임명(임직)하는 데 다음의 사항들이 요구된다는 사실을 배울 필요가 있다.

• 교회의 목회자들의 올바른 선택과 임명(임직)을 위해 필요한 네 가지 사항들 : 무엇보다도 먼저 우리는 하나님께서 우리에게 신실한 목회자들을 달라고 하나님께 기도해야 한다.

첫째, 목회자들이 선택되고 임명(임직)될 때, 주님께서 그의 추수 밭으로 능숙하고[135], 능력 있는 목회자들을 보내주시고, 주께서 선택하신 자들을 교회에 보여 달라고, 마치 초대 교회가 유다 대신에 다른 사도를 선택할 때 기도한 것처럼(행 1:24f), 교회들은 항상 그리고 특별한 진지성을 가지고 신실하게 주님을 부르고, 주님께 기도해야 한다. 이 내용은 아홉 번째 성경구절로부터 보여진다.

• 목회자들을 선택할 때, 주께서 어떤 사람이 그러한 사역에 능숙하고, 열심이 있는지를 확인하기 위해서는 주의 깊은 정사(精査)가 필요하다.

둘째, 사람들이나 환경들에 대한 어떤 고려와 상관 없이, 그리스도의 교회를 참으로 구축할 수 있는 적절성과 능력을 구비한 사람들이 누구인지를 보기 위해 교회들은 성령의 인도하심에 주의를 기울여야 한다. 이것이 두 번째 사항이다. 주께서 그의 교회를 구축하는 데 도움을 줄 의지와 능력이 주어진 사람들을 주셨을 경우, 이것은 이 사람들이 사역을 위해 선택받아야 할 사람들이라는 것이 성령의 일반적인 인도하심을 가리키기 때문이다.

초대 교회에 바울과 바나바와 디모데의 다른 사람들과 관련하여, 성령에 의한 특별한 인도하심이 주어졌지만, 이것은 일반적인 경우가 아니다. 아볼로와 아굴라와 브리스길라의 경우, 성령의 일반적인 인도에 만족했는데, 성령의 일반적인 인도에서 그들은 성령께서 그리스도의 모든 일들에서 학식 있게 하고, 웅변적이게 하고, 열심 있게 하는 것을 발견했다. 또한 그러므로 우리 역시 기적과 같은 표징들

(wunderzeichen)을 기대하지 않아야 하며, 성령의 일반적인 인도하심에 잘 주의를 기울여야 한다.

[32(14)b] 이것이 바로 네 번째 성경구절이 다음과 같이 기록하고 있는 이유이다. "또 네가 많은 증인 앞에서 내게 들은 바를 충성된 사람들에게 부탁하라 그들이 또 다른 사람들을 가르칠 수 있으리라"(딤후 2:2). 바울이 디모데가 어떤 사람에게 성급하게 안수하지 않도록 경고할 때, 다시 말하면, 사람들이 잘 검증되기 전에 안수하는 것을 경고할 때(딤전 5:22a), 바울은 또한 디모데에게 이러한 부지런함과 지식을 요구하고 있다. 그러므로, 디모데가 디도로 하여금 장로들을 도시들 안에서 임명(임직)하도록 명령할 때, 즉시 디모데는 그들이 "책망할 것이 없고 한 아내의 남편"(딛1:6)과 같은 사람이어야 함을 그에게 쓰고 있다. 그는 비슷하게 다음과 같은 내용을 지시한다. 교회의 목회자들로 선택하고 임명해야 하는 사람들은 스스로 부지런히 분별해야 하며, 하나님께서 그들에게 주셨던 상식에 따라, 성령의 가장 큰 표징들을 보여주는 사람들, 즉 이 사역을 위해 은사를 가지며, 적절하고, 유능한 사람들을 신실하게 결정해야 한다.

• 교회의 모든 목회자들은 먼저 검증을 받아야 한다.

이것이 바로 사도께서 집사와 관련하여 모든 목회자들의 경우 역시 부지런하게 관찰되어야 한다고 말하면서 "이에 이 사람들을 먼저 시험하여 보고 그 후에 책망할 것이 없으면 집사의 직분을 맡게 할 것이요"(딤전 3:10)라고 설명한다. 그것은 또한 그가 아직도 충분하게 잘 알려지지 않는 초신자가 선택되는 것을 원하지 않는다는 것이다.[136] 첨가해서 말하면, 고대 교회들은 감독으로서 임명될 수 있는 사람이 그러한 교회에서 발견되어 적절한 사람이 있을지라도 감독이 다른 교회로부터 선거되기를 허락하지 않았다. 마찬가지로, 이전에 경험도 없고[33(K1)a], 사역의 다른 질서들 안에서 증명되지 않는 사람들은 누구든지 교회의 보다 높은 사역에 선택되지 않았다. 이 모든 사실들은 다음과 같은 사실을 보여준다. 교회들이 거짓 외모에 의해 속지 않고, 이 사역으로 부름을 받고, 임명되어야 할 사람들에 관한 성령의 참된 인도하심을 식별하고 찾기 위해, 교회들이 신실하게 주의 인도를 위해 주께 기도한 후, 교회들이 부지런히 노력함과 동시에 아주 진지하게 모든 일들을 조사하고 찾았다.

• 선택된 자들이 옛 교회법과 제국법에 따라 어떻게 심사되고, 확정되었는가?

유스티아누스 황제 법전 제6항과 123항(Con. vi und cxxiii)에 의해 확정되고, 합법적으로 명령받은 것처럼, 고대 교회들은 이 일들에 대하여 다음과 같이 명령받고 있다. 어떤 사람이 감독으로, 즉 영혼 돌봄의 지도자와 목사(zum obren seelsorger und pfarrer)로 임명되고 임직될 때, 하나님의 회중 전체 앞에서 그를 임명하고, 인지시키는 사람들에 의해 이 사역을 위해 요구되는 거룩성과 적합성을 기술하고 있는 교회의 모든 거룩한 규칙들과 법들과 질서들이 임직 받는 사람에게 낭독되어야 한다. 그때 그는 모든 사람들 앞에서 그가 선물, 보상, 또는 약속들에 의해서 그의 선택을 얻은 것이 아니라, 주의 도우심으로 그가 적합하게 그의 직분(직무)을 성취할 수 있다는 사실을 믿고,

신뢰함으로써 합법적으로 선택되었다는 사실에 대하여 질문 받아야한다. 만약 선택이나 인격(사람)에 잘못이나 결격 사항이 있다면, 이를알리고 인정하는 것이 더 나으며, 그것이 순서적으로 옳다. 왜냐하면그에 관해서 다르게 알았던 사람들이 그 회중 가운데 있을 때, 어떤 사람이 회중 전체 앞에서 자신과 관련된 어떤 일을 주장하거나 부인할수 있다는 사실 때문이다.

그러므로 회중 전체가 이 사람이 사역을 위해 정직하고, 적합하며, 합법적으로 선출된 사람이라는 사실을 인정하는지의 여부에 대해 회중 전체에게 물어야 한다.[33(K1)b] 그리고 만약 선택이나 사람 안에있는 어떤 장애(障碍)를 선언하기를 원하는 사람이 회중 전체 중에서있다면, 그 사람이 누구든지 간에, 그리고 그가 무엇을 선언하든지 간에 아주 철저하게 조사하고, 검증하고, 확증하는 것이 가장 먼저 선행되어야 할 것이다. 선택된 후보가 그러한 확증과 교회 전체의 동의에의해 무흠(無欠)하다는 사실이 발견되기 전에는 그가 거룩한 사역으로 임명되어서는 안 된다. 그러므로 합법적인 목회자들이 선택되고, 임명되기 위해, 철저한 고심(苦心)과 시험이 있는 것이 교회의 목회자들의 선택과 임명 과정에서[137] 필요하다. 이것이 바로 두 번째 사항이다.

• 교회의 지도자들은 백성의 경건한 동의와 뜻에 따라 목회자들의
선택을 준비하고 실행해야 한다.

셋째, 우리는 이 선택과 임명에서 사용되어야 할 어떤 질서가 있는지를 배우기 위해 위에서 언급한 성경본문들을 참고한다. 무엇보다

먼저, 교회 전체의 동의를 얻는 것이 필요하다. 왜냐하면, 목회자들은 주의 백성의 눈에 오직 흠이 없는 자일 뿐만 아니라, 역시 그들에 의해서 신뢰받고, 사랑받는 자라야하기 때문이다. 그러나 두 번째, 교회 전체, 특별히 만약 교회의 규모가 클 경우에는 상당한 식견이 있는 몇몇 사람들의 도움을 받아 다른 장로들과 지도자들은 선택을 지도하고, 지휘하며, 임명을 수행하야 하는 바, 교회 전체로부터 목회자들의 적합성에 관한 필요한 증언을 받아들이는 것이 가능하다. 이것은 바울이 디모데에게 그가 성급하게 어떤 사람에게 안수하지 말라고 명령했던 사실로부터 나온다(딤전 5:22a). 또한 이것은 바울이 디도에게 디도가 그 도시(市)들을 위한 장로들을 임명할 때, 게다가 흠이 없고(딛 1:6) 그러한 덕들을 구비한 사람들을 임명할 때, 회중 전체가 그들을 진심으로 감독들로 받아들이기를 기뻐했다는 사실로부터 확인된다. 그러나 이것은 많은 사람들이 주장하는 것처럼, 디모데와 디도가 회중의 뜻과 동의와 상관없이 자신들이 원하는 사람들을 그들 자신들의 권위와 뜻에 기초하여 감독으로서의 지도자들을 임명했다는 것을 의미하는 것은 아니다. 왜냐하면 모든 교회법령들 속에 어떤 사람도 교회 전체의 뜻에 반하여 어떤 교회에 감독을 뽑아서는 안 된다라고 특별히 규정되어 있기 때문이다.

• 아우구스티누스는 그의 계승자(후계자, nachmomnen)를 어떻게 임명했는가?

교회의 시작 이래로 여태껏 지역 교회들의 지도자들은, 그것이 모든 백성에 의해서 수행되든지 또는 그 목적을 위해 특별히 선택된 어떤 몇 사람들에 의해서 수행되든지 간에, 목회자들의 선택을 지도 감독했다. 아우구스티누스의 서신들 중에서 우리는 그가 선택한 에라디우스(Eradius)를 그의 계승자(후계자)로 임명하면서, 그에 대해서도 선택과 임명에 대한 기록들을 가지고 있다. 이 기록물들 속에서 우리는 사랑하는 아우구스티누스가 다음의 절차를 준수했다는 사실을 읽는다. 어느 날 아우구스티누스는 교회의 목회자들과 모든 백성들을 다함께 교회에 불러놓고, 그의 사후에 그것 때문에 발생할 수 있는 싸움과 분열을 피하기 위해 그의 생애 동안 미래의 감독을 임명하는 데 도움을 주기를 원한다는 사실을 그들에게 알렸다. 장로들 중에 한 명인 에라디우스라 이름을 가진 자를 감독으로 계승시키는 것이 "그의 뜻인 동시에 하나님의 뜻인 것을 믿는다"라고 교회의 목회자들과 모든 백성에게 알렸다. 목회자들과 백성이 이 말을 듣자마자, 그들은 "하나님께 감사드리며, 그리스도를 찬양하라!"(Danck sei Gott, Christo lob)[138]라고 스물세 번 외쳤다. 그 후에 그들은 "그리스도시여, 우리를 들으소서, 아우구스티누스를 장수하게 하소서!"(Erhöre, Christe, Leben[34(K2)b] sei dem Augustino)라고 열여섯 번 외치고, "당신은 우리의 아버지, 당신은 우리의 감독입니다!"(Dich vatter, dich Bischoff)라고 여덟 번 외쳤다. 지금 이 에라디우스는 백성에게 너무나도 잘 알려졌기 때문에, 아우구스티누스는 자신이 백성 앞에서 이것을 알린 것과 정확하게 똑같을 정도로 백성이 에라디우스가 감독이 되기를 원한다는 사실을 조금도 의심하지 않았다. 그러나 아우구스티누스는 여전히 백성의 뜻이 법률가들에 의해 기록되고, 그 후에 다른 목회자들과 백성에 의해 서명되어지는 것을 선포하는 그 외침을 원했다. 그러므로 다른 일들 가운데서 교회는 에라디우스와 관련하여 스무 번을 "그는 가치가 있고, 그는 올바르다!"(Er ist würdig, Er ist gerecht)라고 외쳤다.

장로들과 감독들은 그들의 사역에서 너무나도 많은 열매를 맺어야 하기 때문에, 백성의 신뢰와 찬성을 얻어야 한다. 사랑하는 고대 교부들은, 우리가 9장에서 29장까지의 Distinct. xxiv. cap. Nullus. C. Episcopus, Dist. lxi. Cap. Nullus, Dist. lxiii 안에서 읽는 바와 같이, 다른 목회자들과 백성의 동의와 지도력이 없이 이 사역에 어떤 사람도 임명되어서는 안 된다는 사실을 유지해야만 한다고 부지런히 보전하고, 명령했다. 위와 관련된 법률 속에서 황제 유스티니아누스(Justinianus)는 선택에서 유지되어야 할 규정(ordnung)이 있어야 하며, 그러한 규정 역시 고대 교회 법전에 규정되어야 한다고 명령했다. 이런 규정은 다음과 같은 방법으로 수행되었다.

• 고대 교회 규정(alte Kirchenordnung)은 감독들, 즉 목사들과 영혼상담자들이 선택되어야 한다는 사실을 확증한다.

감독이 교회에서 선택될 때, 그 교회의 목회자들과 시의 지도자들(die Obren in der stat)이 다함께 와서 세 사람들 중에 선택을 하고, 그것을 기록해야만 한다. 그러나 처음 가 사람은 자신이 선물이나 약속, 또는 우정이나 후원의 이유나 다른 사람들에 의한 강요로 투표를 하지 않고, 다만 자신들이 뽑고자 하는 사람들이 올바른 보편 신앙과 자비의 삶을 가졌다는 이유로 투표한다는 사실을 거룩한 복음에 대해 [35(K3)a] 맹세해야 한다. 그리고 그들의 이런 맹세는 선택 문서에 포함되어야 하고, 이런 규정은 Dist. xxiii. Cap. Illud statuendum에도 발견될 수 있다.

• 카노니키는 무엇인가?

비록 우리가 교회의 사역에 대한 거룩한 선택에서 오랫동안 일어났던 내용에 관해 많은 것을 지금 여기에 기록할 수는 없을지라도, 우리는 참으로 그것을 개탄한다. 먼저 소위 성직자들(geistlichen)은 목회자들에 대한 선택(권)을 교회로부터 빼앗아 자기 자신들에게 귀속시켰다. 그 후에 선택(선거)은 고위 성직자들과 교회의 정규 목회자들로서의 자기 자신들을 카논들이라고[139] 부르는 사람들에게 제한시켰다. 법규 제정자인 카노니코스(Canonicos)로 불리는 사람들은 다른 사람들 이상으로 거룩한 교회법들에 의해 살며, 이 거룩한 교회법들은 오늘날 어느 누구도 모르고, 그들이 하는 것 이상으로 순종도 하지 않는 것들이다. 여러 해 동안 지금 이 모든 것의 결과는 육욕적인 관심과 이익에 기초하여 선택(선거)이 진행되었다. 그리고 비록 우리가 말했던 것이 무엇이든지 간에, 그것은 소위 성직자들의 지위, 재산, 자유와 권력을 유지하고, 확장시키는 데 적당하고, 능숙한 것들이다. 영혼의 돌봄과 관련하여, 그것은 어떤 사람에게도 알려지거나 고려되지도 않았다. 적어도 거의 극소수의 사람들에게 알려지고, 고려되었더라도, 그들조차도 어떤 것을 성취하거나 수행할 수가 없었다.

그러나 교회의 목회자들에 대한 이러한 선택이 이같은 사람들에 의해 더욱더 부패되면 될수록, 경건하고도 하나님을 경외하는 그리스도인들은 목회자들에 대한 선택들이 보다도 높고 정당한 질서들이 회복되도록 노력해야 한다. 그리고 이 사역에 적절한, 다시 말하면 교회들

안에서 인정받고, 칭찬받고, 사랑받는 그와 같은 사람들로서 그리스
도의 나라를 건설하려는 능력과[35(K3)b] 열심이 있는 그런 사람들
이 선택되도록 모든 부지런함을 가지고 적용을 해야 한다.

만약 교회들이 이런 목적을 가지고 있다면, 선택들이 가장 큰 부지
런함과 선한 질서와 사랑의 정신 속에서 실행될 수 있는 그러한 방법
으로 교회들은 선거들을 준비하고 유지해야 할 것이다. 교회들은 선
택의 방향과 지휘를 사람들 가운데서 가장 큰 명성과 능력을 가지고
있는 자들에게 위임할 것이다. 동시에 사전에 먼저 모든 백성의 뜻과
동의를 얻고자 추구한다면 그 결과 그 어떤 사람의 반대도 없이, 모든
사람들이 선택된 사람들을 사랑하고, 존경할 이유를 가질 것이다. 기
독교 교리를 가르치는 목회자들이 하나님의 자녀들에 의해 환영받지
도, 사랑받지도 못할 때, 비록 그들이 다른 것에서는 큰 은사들을 구비
했고, 그들 자신들로서는 정직하고 열심 있는 사람들일지라도, 참으
로 많은 열매를 맺을 수 없을 것이다. 그러나 동시에 그것이 항상 어떤
이유든지 사람들이 후보자에 대해 찬성 또는 반대하는지가 고려되어
야만 한다. 그리고 반대가 비진리나 잘못된 의심들에 기초했을 경우,
그것은 참으로 이해력이 있고, 영적인 사람들에 의해 친절하게 제거
되어야 한다.

• 교회의 목회자들에 대한 임명과 임직에 대한 올바른 방법은 어떤
것인가?

목회자들의 선택과 임직과 관련된 위의 성경구절들로부터 우리가
배워야할 네 번째 사항은 가장 큰 진지함과 경외심을 가지고 선택된

사람들의 임직을 수행하는 것이다. 바울과 바나바는 일곱 번째 성경 구절이 가르치는 바와 같이, 교회 전체의 금식과 기도로 그들의 직분들을 임명했다. 동일한 방법으로 디모데를 그의 직분으로 임명할 때 [36(K4)a], 그 과정에 장로들의 큰 진지함과 경외심이 동반되었다.(딤전 4:14)

• 사제들의 임명에서 잘못된 증언

이것이 회중 전체에 목회자들이 있도록, 그리고 어떤 사람이 그들 안에 있는 어떤 장애나 결점을 알 때 질문하도록, 항상 있었던 고대 교회의 관습과 규정(den brauch und ordnung)인[140] 이유이다. 이것에 대한 말들과 형태는 여전히 사제들의 임명 안에서 사용되고 있다. 임명하는 사제가 "그들은 가치가 있습니까?"라고 질문하고, 그리고 어떤 다른 사람은 "그들은 가치가 있습니다."라고 대답한다. 그 후에 사제가 다시 "그들은 올바릅니까?"라고 질문하고 그리고 다른 사람이 "그들은 올바릅니다."라고 대답한다. 그러나 당신은 임직식을 집행하는 사람과 그를 돕는 사람들과 임직된 사람들로부터 가치 있고 올바른 목회자들을 보장하기 위해 이것이 얼마나 부적절한 고려와 심사인지를 슬프게도 보게 된다.

이런 방식으로 제시된 후, 선택된 사람들은 받아들일 수 있는 것으로 판단되어지고, 진지한 설교가 그들과 교회 전체에 행해진다. 설교의 주된 내용은 그러한 사역으로 임명된 사람들은 회중에게 어떻게 행동해야 하며, 회중은 그들에게 어떻게 행동해야 하는지 사역에 대한 것들이다. 설교 후에 진지한 기도, 궁핍한 자들을 위한 헌금, 주의 만찬이 뒤따른다. 그 후에 선택된 사람들에게, 그 이전에 주 자신에 의한 것처럼, 안수와 함께, 그들의 사역을 잘 실천하기 위해 성령께서 그들을 위로하시고, 그들에게 권능을 주셔서 사역을 잘 감당하도록 기도한 후 임직식을 거행한다.

여덟 번째와 아홉 번째의 성경구절들이 보여주듯이, 교회의 이같은 예식(禮式)은 사도들의 실천 속에서 그 기원을 발견한다. 우리가 거룩한 교부들 속에서도 읽을 수 있는 것처럼, 교회들이 참된 감독들에 의해 통치되는 한, 이것 역시 신실하게 준수되어야 한다.

제 6 장

전체적으로 양떼들을 위해
그리고 특별히 개인적 지체들을 위해
영혼을 돌보는 자들과 목회자들이 해야 할
가장 중요한 사역과 활동이 무엇인가?

M a r t i n   B u c e r

• 교회 목회자들의 선택(임직)에서 참된 사도적 진지함이 모든 곳에서 시야로부터 깊숙이 파묻혀버렸다.

[36(K4)b] 지금 슬프게도, 교황주의자들(die Päpstler)은 이 모든 것을 무익하고도 신성모독적인 예식으로 바꾸었다. 종교개혁(der reformation)에 관한 어떤 것을 받아들이는 우리의 교회들 안에서조차도 목회자들의 선택과 임명에서 보여준 진지함과 열심은 사도들과 고대 교회들의 진지함과 열심으로부터 슬프게도 여전히 먼 거리에 있다. 그러므로 너무나도 크고 많은 단점들이 교회의 사역 어디에서든지 분명하게 발견된다는 사실은 놀랄만한 일이 아니다. 주여! 우리가 마침내 그들이 되어야 할 그 무엇과 그들을 개선하기 위해 기울여야 할 진지한 시도들을 위한 모든 부족한 점들을 인식하도록 허락하옵소서! 만약 우리가 주께서 그의 나라를 우리로부터 빼앗아서, 그의 나라를 열매 맺기를 원하는 사람들에게 주시는 지경에까지 이르는 것을 원하지 않는다면, 이것은 참으로 가장 크게 필요한 어떤 것이다.

• 교회의 목회자들은 주께서 그의 목자직에서 그들에게 약속하셨던 모든 것을 그리스도의 양들에게 제공해야 한다.

　교회 안에서 영혼 돌봄과 목회사역으로 임명된 사람들은 우리의 영혼들의 목자장이시고, 감독이신 우리 주 예수를 그의 양들, 즉 생명으로 선택된 모든 자들 안에서 그들의 사역을 통해 우리 주께서[37(L1)a] 그의 목자직 안에서 약속하셨던 모든 것이 보여지고, 준비되어지는 그러한 방법으로 섬겨야 한다. 이것은 다음의 내용을 제공하는 하나님의 말씀과 관계되고, 하나님의 말씀에 의한 것을 내포한다. 즉, 그의 양떼들과 양우리로부터 여전히 방황하는 그리스도의 양들이 모아져야 하며, 양우리 안에 있던 양들이 양떼들과 함께 양우리 안에 계속 머물도록 돌보아야 한다.

　그리고 그들이 다시 길을 잃었을 때, 그들을 다시 돌아오게 하며, 모든 유혹들과 고통들에 대적하여 양떼들과 함께 머물고 있는 양들을 보호해야 한다. 만약 그들이 모든 유혹들과 고통들의 먹이가 될 때, 다시 그들에게 도움을 주며, 경건에서 그들의 계속적인 성장과 증가에 기여하는 모든 것으로부터 결핍되지 않도록 보살펴야 한다.

• 영혼 돌봄의 다섯 가지 주된 사역들

　이것으로부터 목회직과 영혼의 참된 돌봄에서 요구되는 다섯 가지 주된 사역들은 다음과 같다. 첫째, 육신적인 부절제(不節制)나 거짓 예배를 통해 주(主)로부터 여전히 멀어져 있는 자들을 우리 주님에게로 인도하고, 그의 교제 안으로 들어오게 하는 것; 둘째, 한때 그리스도에게로 왔고, 그의 교회 안으로 들어왔던 자이지만, 육신적 활동이나 잘못된 교리의 문제들을 통해 다시 길을 잃었던 자들을 회복시키는 것; 셋째, 그리스도의 교회 안에 남아 있으면서 심하게 타락하여, 죄를 지었던 자들을 참되게 개혁하는 데 도와주는 것; 넷째, 그리스도의 교제 안에 있으면서 특별히 심하게 잘못된 일을 행하지 않지만, 기독교적 삶에서 어느 정도 약하고 병든 자들을 참 기독교적 강함과 건강 안에서 다시 세워주는 것; 다섯째, 그들의 기독교적 삶 속에서 심각하게 죄를 짓거나 약하고 병들지 않은 자들을 모든 불법과 실패로부터 보호하고, 그들이 계속적으로 모든 선한 일들을 행할 수 있도록 독려하는 것이다[37(L1)b]. 영혼 돌봄과 목회직에 대한 다섯 가지 주된 사역들을 에스겔서 34장 (16절)의 양에 대한 비유에서, 주께서 다음과 같은 말씀으로 아름답게 요약하셨다.

• 영혼에 대한 참된 돌봄과 연관된 사역들의 숫자와 특성

i. "그 잃어버린 자를 내가 찾으며 쫓기는 자를 내가 돌아오게 하며 상한 자를 내가 싸매 주며 병든 자를 내가 강하게 하려니와 살진 자와 강한 자는 내가 없애고 정의대로 그것들을 먹이리라." (겔 34:16, 역자 주)

• [142] 누가 잃어버린 양인가?

잃어버린 양들은, 그들이 유아(幼兒)들로서든지 아니든지 교회 안에서 세례를 받았든지 간에, 하나님께서 그들을 그의 나라에로 선택

하셨지만, 그리스도를 주님으로 아직도 인정하지 않고, 그리스도의 교회에 대해 완전한 이방인들인 모든 사람들이다. 그리스도의 양떼들로부터의 이런 소외(疏外)와 많은 경우에 방황하는 이유는, 그들이 하나님과 그의 나라에 대한 어떤 존경심도 가지지 않는 육신의 일들 속에 너무나도 깊이 연루되고, 그것들 속에 개입되었기 때문이다. 그들이 혼인잔치(마 22:1-14)와 그리스도의 위대한 만찬(눅 14:15-24)에 초청받았을 때, 그들은 그들이 해야 할 다른 일들이 있다고 말한다. 한 사람은 밭을 샀고, 다른 한 사람은 소들에게 새 멍에를 시험해 보려 하고, 세 번째 사람은 아내를 얻었기 때문이다. 많은 다른 사람들의 경우에 그들은 유대인들과 터키인들처럼 거짓 예배에 의해서, 그리고 모든 종파(宗派)들의 사업에 의해서 방해를 받게 된다.

• 누가 길을 잃은 양인가?

길을 잃고, 버림받은 양들은 그리스도의 양떼와 함께 있었고, 기독교적 삶 속에 합류되었지만, 거기로부터 벗어난 사람들이다. 그러나 그들은 그리스도로부터 완전히 떠나 상실(喪失)된 정도는 아니다. 왜냐하면 궁극적으로 떠나버린 사람들은 성령에 대항하여 성령을 모독하는 데까지 나아가기 때문이다. 다시 말하면 이런 자들은 그들의 구원을 위해 제공되었고, 선언되었으며, 그들이 인정했고, 맛보았던 하나님의 은혜와 능력에 대항하여 성령을 모독하는 데까지 나아가기 때문이다. 히브리서 6장(4-6절)이 증언하는 것처럼, 이들을 돌이키게 하는 것은 불가능하다. 요한일서 2장(19절)이 말씀하듯이 그들이 우리들로부터 나갔기 때문에 그들은 우리들, 즉 그리스도의 양떼에 결코 속하지 않았다.

가끔 육신적이고도 세상적인 문제들 속에 연루되어 있고, 가끔 거짓 교리와 거짓 예배에 빠지기도 하고, 잠시 그리스도의 회중으로부터 벗어나 소외되어, 완전히 길을 잃었을지라도, 그럼에도 불구하고, 참으로 그리스도에게 속하고, 그들의 마음속에 그리스도를 모시고 있는 그리스도의 양 무리로부터 벗어나, 길을 잃고, 버려진 사람들도 있다.

• 누가 상처입고, 깨어진 양인가?

상처입고, 깨어진 양들은 그리스도와의 교제 속에 있으면서도 그들의 내적 존재 속에서 상처입고, 찢긴 사람들이다. 그들의 내적 실존은 마치 그들이 영적인 수족(手足; gelid), 즉 탁월하고도 올바른 것들을 할 수 있는 덕(德)스럽고도 경건한 능력을 파괴하고, 흩어버렸던 것처럼 된 상태이다.

왜냐하면 바울은 악들을 땅에 있는 우리의 지체들, 즉 옛 아담의 우리의 지체들로(골 3:5) 간주하기 때문이다. 그러므로 우리로 하여금 선하고도 기독교적 생명들에로 인도할 수 있는 기술들(geschicklicheiten)과 덕들(tugenden)과 능력들(kreffte)은 하늘에 속한 우리의 지체들이며, 새 아담에게 속한 우리의 지체들이다. 내적이며 하늘에 속한 이런 사람들과 수족(手足)이[38(L2)b] 심한 타락과 죄들로 인해 깊이 상처받았고, 부수어졌고, 파괴되었고, 깨어졌다.

베드로와 갈라디아 교회 교인들이 변절했던 것처럼, 이것은 그리스도의 진리로부터의 완전한 변절(變節)과 자신들을 그리스도의 진리로부터 완전한 이탈(離脫)한 것과 같다. 베드로와 갈라디아 교회 교인들 안에 있는 그들의 신앙, 즉 내적 인간의 머리가[143] 상처를 입었다. 동일한 방법으로 이것은 자신의 이웃에게 가해진 모든 어마어마한 상처를 포함한다. 여기에서 상해(傷害)가 사랑, 즉 내적 인간의 마음과 가슴에 가해졌다.

그러므로 고린도교회 교인들은 서로에게 불의하고, 서로 서로에게 폭력을 행사했고, 이방인들 앞에서 서로에게 대항해 세상의 법정으로 나아갔고, 그들 가운데 분열(分裂; trennung)과 파당(派黨; spaltung)을 일으켰다. 또한 이것은 거룩성과 존경받을 만함, 즉 하늘의 아담의 혈통과 용모(容貌)가 더러워졌고, 약탈되었고, 거부당해 모든 어마어마한 부도덕(不道德)을 내포한다. 그래서 바울이 고린도후서 12장 (21절)과 13장 (2절)에서 고린도교회 교인들 중에 많은 사람들을 고발하고 있는 것이다. 그리고 모든 덕(德)들이 내적 존재의 수족(手足)들과 부분들인 것처럼, 그리스도인들이 사상과 언어와 행위 속에서 죄를 짓거나 좋은 사상들과 언어들 또는 행위들의 문제 속에서 실수할 때, 이것은 항상 이같은 영적인 수족들에게 해를 입히고, 손상시키고 깨어지게 한다. 그리고 어떤 사람은 아마도 오직 한 부분에만 상처를 받았을지라도, 그는 여전히 지체없이 도움을 받아야할 필요가 있다. 그렇게 하지 않으면, 몸 전체의 타락으로 빠지게 될 것이다.

• 누가 병든 양인가?

병들고 약한(siechen und schwachen) 양들은, 비록 그들이 교회 안에 머물러 있고, 더욱 어마어마한 악들 중에 그 어떤 것에도 빠지지 않고, 어떤 악명 높은 죄를 범하지 않았을지라도, 신앙과 사랑과 기독교적 삶의 모든 강력함 속에서 약함을 보이는 사람들이다. 병든 양들 속에 다음과 같은 사람들, 즉 육체적인 공격에 직면하여 무기력한 사람들, 그들의 이웃에 대한 도움이 요청될 때, 느리고도 둔감한 사람들 [39(L3)a], 치리(권징)와 훈련에 부주의한 사람들, 바른 이해력이 부족한 사람들이 포함된다. 또한 여기에는 다음과 같은 사람들이 포함된다. 이 사람들은 열광주의들에 의해서 고통 받는 사람들인 데, 말하자면, 열광주의들은 악한 욕심을 제어하지 못하고 무질서하게 동요하며 욕망들과, 분노, 시기, 시기심과 육체적 욕망에로의 유혹에 기인하여 실수를 하면서 뜨거운 것과 차가운 것 사이를 오가는 온도(溫度) 또는 기질(氣質)에 의해서 고통을 받고 있는 사람들이다. 그 결과 이들은 그들의 기독교적 삶 속에서 병들게 되고 약해진다.

• 누가 살찌고 강한 양인가?[1]

살찌고 강한(fetten und starcken) 양들은 잘 성장하고, 기독교적 삶 속에서 안정된 참된 그리스도인들이다.

지금 목회사역(Hirtendienst)은 다음과 같은 일을 수행하기 위해 너무나도 광대(廣大)하다. 모든 잃어버린 양들을 찾아 그리스도의 양우리 안으로 데리고 와야 하며, 한번 그리스도에게로 나와 그리스도의 양우리 안으로 들어왔지만, 방황하고 버림받은 양들은 회복되어야 한다. 동시에 상처받은 양들은 치유되어야 하며, 병들고 약한 양들은 강

---

1   마르틴 부처는 살찌고 강한 양에 대한 제목은 붙이지 않지만, 역자가 붙여 보았다.

해져야 하며, 살찌고 강한 양들은 잘 보호되고 올바르게 목양되어야
한다.[144] 그러므로 우리는 영혼 돌봄의 이 모든 다섯 가지 사역들
과 관련된 여러 가지 성경본문들을 차례대로 여러분 앞에 가져와서
검토하기를 원한다.

제 7 장

어떻게 잃어버린 양들을
찾을 수 있는가?

• 그리스도의 신실한 목회자들은 사람들을 그리스도와의 교제로 데려오기 위해 그들이 할 수 있는 모든 것을 해야만 한다. 그 결과 그것은 마치 그들이 사람들을 들어오도록 강요하는 것처럼 보일 것이다.

i. 눅 14[:21b-23]

"이에 집 주인이 노하여 그 종에게 이르되 빨리 시내의 거리와 골목으로 나가서 가난한 자들과 몸 불편한 자들과 맹인들과 저는 자들을 데려오라 하니라 종이 이르되 주인이여 명하신 대로 하였으되 아직도 자리가 있나이다 주인이 종에게 이르되 길과 산울타리 가로 나가서 사람을 강권하여 데려다가 내 집을 채우라."

• 주께서 앙에 해당되는 모두를 그의 양떼들 안으로 인도하실 것이며, 그들은 주의 음성을 들을 것이라는 사실에 유의하기 바란다. 그러므로 주의 음성은 잃어버린 바 된 그와 같은 모든 자들에게 선포되어야 한다.

ii. 요 10[:16]

"또 이 우리에 들지 아니한 다른 양들이 내게 있어 내가 인도하여야 할 터이니 그들도 네 음성을 듣고 한 무리가 되어 한 목자에게 있으리라."

• 복음은 온 세상 속에, 그리고 모든 피조물, 즉 모든 사람들에게, 그들이 어떤 종류이든지 무슨 종류이든지 간에, 선포되어야 한다.

iii. 막 16[:15]

"너희는 온 천하에 다니면서 만인에게 복음을 전파하라."

• 모든 사람들이 진리의 지식에 이르러야 한다. 그러므로 진리는 모든 사람들에게 선포되어야 한다.

iv. 딤전 2[:4]

"하나님은 모든 사람이 구원을 받으며 진리를 아는 데에 이르기를 원하시느니라."

이 성경본문들로부터 우리가 배워야할 세 가지 일들이 있다. 첫째, 그리스도의 교회 안에서 그의 사역을 수행하는 자들은 그리스도에 관한 지식을[40(L4)a] 모든 사람들에게 전파하기 위해 노력해야 한다. 둘째, 그들은 열정적인 부지런함과 굴복하지 않는 인내를 가지고 이 일을 수행해야 한다. 셋째, 잃어버린 양들은 그리스도의 양우리로, 즉 교회의 완전한 교제(die gantzen gemeinschafft der Kirchen)로 돌아와 그들 자신을 그리스도에게 완전히 드린 바 되기까지는 잃어버린 양들이 얻어진 것이 아니다.

• 모든 사람들이 그리스도를 그들의 주로서 알아야 한다. 그러므로 그의 나라가 모든 나라들에게 선포되고, 제공되어야 한다.

영혼을 참으로 돌보는 자들과 그리스도의 신실한 목회자들이 구원의 말씀과 함께 누구에게든지 어디서든지 놓치지 말고, 그들을 우리 주에게 인도하기 위해 자신들이 접근할 수 있는 모든 사람들을 찾기 위해 부지런히 노력하는 첫 번째 관점은 위의 성경본문들뿐만 아니라, 우리가 성경 전체에서 가지고 있는 그리스도의 나라와 관련된 모든 예언들과 설교들의 증언과 가르침이다.

아버지께서 모든 육체들에게 그리스도이신 우리 주의 권세를 주셔서, 그가 하늘과 땅에 있는 모든 것을 성취하실 것이다. 그래서 모든 무릎이 그에게 꿇고, 모든 혀가 그에게 영광을 돌리며 찬양한다. 그는 세상 끝까지 통치하시며, 모든 민족들이 그의 유산이 되어야 한다.

[145] 그러나 슬프게도 모든 사람들이 하나님에 의해 선택된 것이 아니며, 주께서 그들에게 제공하시는 구원을 멸시하는 많은 사람들이 있다. 이런 사실은 우리가 위에서 인용한 성경구절의 비유에서도 보여진다. 여기서 초대받은 사람들 중에 어떤 사람은 주의 연회의 시식을 받아들이려 하지 않는다. 그러나 주의 선택의 비밀들을 우리에게 계시하시는 것이 주의 뜻이 아니다.

오히려 주님께서는 우리로 하여금 전 세계로 나아가서 그의 복음을 모든 피조물에게 선포하라고 우리에게 명령하신다. 주님은 "전 세계로", 그리고 "모든 피조물에게로"라고 말씀하신다. 그러므로 모든 사람들이 하나님에 의해서 창조되었으며, 하나님의 피조물이라는 사실은 우리가 최대한의 신실성을 가지고 그들에게 영생을 가져갈 것을 추구하면서 그들에게로 가야할 충분한 이유가 된다.

[40(L4)b] 이것이 바로 주께서 "모든 피조물에게로"라는 일반적인 용어들 속에서 그것을 표현하셨던 이유이다. 주께서는 그들 스스로 그의 도시의 시민들과 거주자들이 되기 위해 보여준 사람만 그의 잔치에 초대되기를 원하시지 않고, 그는 그의 종들에게 "길거리와 골목으로 나아가서 가난한 자, 눈먼 자, 저는 자를 데려오라"고 말씀하신다. 주님은 다시 "길거리와 마을 골목에 나아가서 그들을 들어오게 하라"고 말씀하신다. 이것으로부터 주님은 우리에게 다음의 사실을 가르치신다. 모든 목회자들은, 사람들이 얼마나 비참하고, 타락했던 것과는 관계없이, 그들을 참으로 인도하고, 재촉하고, 강요하여, 오기를 원하는 모든 사람들을 그의 교회로 인도하고, 주의 구원의 완전한 교제로 인도하려는 노력을 해야 한다.

• 양(羊)들이 아닌 사람들은 그들을 그리스도의 목장으로 나아가도록 촉구할 때 자기 자신들을 드러낼 것이다.

선택되지 않고, 그리스도의 양에 속하지 않는 사람들은, 주께서 "너희가 내 양이 아니므로 나를 믿지 아니하는도다"라고 유대인들에게 말씀하셨던 것처럼, 부지런히 찾아지고 그리스도에게 나아오도록 초대받고 재촉을 받아도, 그들에게 제공된 구원을 멸시하고, 그것을 거절함으로써, 비로소 자기 스스로를 드러낸다.

그러므로 만약 충분하게 찾아지고, 초대받은 후에도 어떤 사람이 그리스도의 나라을 멸시하거나 심지어 핍박할 때, 구원을 개들에게 던지지 말며, 진주를 돼지들에게 던지지(마 7:6) 말라는 주의 명령에 순종하면 된다. 그리고 우리는 신발의 먼지를 흔들어 털어버리고, 그를 주의 심판에 넘겨 버리면 된다.

• 끈질기고도 고집 센 부지런함을 가지고 잃은 양들을 찾아야 한다.

그러나 사람들이 여전히 하나님의 피조물이므로, 하늘의 나라를 그들에게로 초청하는 사람들에게 반대하여 더욱더 크게 짖음으로써 개들로 자기 자신을 드러내지 않는 한, 그리스도의 신실한 목회자들은 쉽사리 어떤 사람을 포기해서는 안 된다. 그러한 사람들은 더욱더 신실하게 그들이 구원을 발견할 수 있도록 도우기를 원한다.

또는 그 속에서 거룩한 복음의 진주가 더욱더 매력적으로, 그리고 영광스럽게 그들에게 제시되면 될수록, 그들은 그 복음을 더욱더 멸시하고, 그것을 발아래로 짓밟아 버릴 것이다. 이것이 바로 신실함과 부지런함으로 주께서 그의 잃은 양들을 찾기를 원하신다는[146] 두 번째 관점이 철저하게 진심으로 받아들여지고, 신실하게 고려되어야 하는 이유이다. 주께서 그들이 흩어지는 어떤 곳에서도 찾아져야 하며, 그러한 진지성과 부지런함을 가지고, 바울이 고린도전서 9장 22절에서 한 것처럼, 자신의 생명의 위험에도 불구하고, 주 자신이 하셨던 것처럼, 잃은 양들을 찾고 얻을 수 있도록, 우리는 모든 사람들에게 모든 것이 될 준비를 해야 한다. 주께서 우리가 이렇게 잃은 양을 위해 헌신하기를 원하신다.

• 어떻게 하면 사람들을 그리스도의 나라로 들어오도록 할 수 있는가?

이것을 행할 때, 목회자들의 진지성과 부지런함이 강요된 것처럼 보일 수 있을 정도이지만, 그들은 사람들을 주님께로 데려오는 데 있어 그들의 게으름과 부주의함과는 거리가 멀어야 한다는 사실을 주님은 원하신다. 주께서는 "그들을 강권하여 데리고 오라!"고 말씀하신다. 어떤 사람이 자신의 뜻에 반하여 그리스도에게 오도록 강요되어야 한다는 말이 아니라, 우리가 사람들을 구원하기 위해 끈질겨야 한다는 말이다. 이것이 악한 육신에게는 강요와 긴급한 압력인 것처럼 보인다. 왜냐하면 성령은 사람들을 그리스도에게로 인도하시기 위해 이런 방법으로 육신에 반대하여 일하시기 때문이다.

• 잃어버린 양들이 교회의 전체 교제와 치리에 자신들을 위탁할 때까지는, 그들이 그리스도에게 참으로 돌아온 것이 아니다.

위의 성경본문들로부터 우리가 배우게 되는 세 번째 사항은 잃어버린 양들을 찾고, 그들을 그리스도에게로 데려오기 위한 목적과 목표이다. 이것은 그들을 그리스도의 양우리 안으로 데려와서 그들이 모든 일들 속에서 그리스도의 음성을 듣고, 주께서 그의 양들의 구원을 증진시키기 위해 명령하셨던 이 모든 것들을[41(M1)b] 사용하여, 자기 자신들을 그리스도의 돌보심과 목장(牧場)에 위탁하게 하는 것이다. 이 모든 일들은 말씀과 성례전, 거룩한 모임들, 공동기도, 감사와 가난한 자들에 대한 돌봄을 통해, 전체적으로, 그리고 개별적으로 교

리, 권고, 경고, 교정, 치리, 위로를 포함한다. 우리가 이 작은 책의 제1
장에서 설명한 것처럼, 요약하자면, 그리스도의 구원은 그리스도와의
교제 안에서 절대적으로, 그리고 완전하게 경험될 수 있다.

그러므로 주의 잃어버린 양들이 하나의 양(羊)우리와 하나의 양떼
들이 있어야만 하는 그러한 방법으로 잃어버린 양들이 그의 양떼들과
양 무리 안으로 인도되어야 하기 때문에, 그들이 그리스도의 양떼들
과 양우리 속에 완전하게 거하게 되는 소원의 관점에 도달할 때까지,
주의 잃어버린 양들을 찾아서, 그들을 주께로 인도해야 한다. 주를 섬
겨야만 하는 자들은 이 잃어버린 양들을 위한 봉사와 부지런함과 수
고를 게을리해서는 안 된다. 또한 이것은 영생의 피난처와 목장은 참
으로 주께서 그의 백성을 위해 지금까지 결정하시고, 명령하셨던 것
안에 있다는 사실을 알고, 모든 일들에서 그들 자신들의 이해가 아니
라, 오직 그들의 목자의 음성만을 순종하고, 따르기 위해서이다.

이것으로부터 첫째로 다음과 같은 결론을 내릴 수가 있다. 모든 그
리스도인들은 그리스도의 지체들이며, 도구들인 것처럼, 그들의 전체
의 삶 속에 살아 있는 자는 그들 자신들이 아니라, 바로 그리스도이시
다(그리스도께서 각 그리스도인 안에서 살고 계시듯이, 각 그리스도인은 그
리스도의 부르심과 [147] 능력에 따라 살아간다). 그리스도의 모든 잃어버
린 양들이 신실하게 찾아져서, 그에게로 인도되며, 그의 교회의 교제
안으로 돌아오게 하기 위해, 모든 그리스도인들은 무엇보다도 특별히
가장 큰 부지런함을 가지고 주께 봉사해야 한다. 참으로 우리는 무엇
보다도 이를 위해 먼저 "당신의 나라가 임하옵시며"(마 6:10a)라고 기
도한다.

• 통치자들(Oberkeiten)은 잃어버린 양들을 찾는 데 어떻게 도와야만 하는가?

두 번째로 우리는 다음과 같은 결론을 내린다. 주요하고, 위대한 사람들은 지상에 있는 주(主)의 양들의 주요(主要) 목자들이 되도록 주에 의해서 임명되었기 때문에(왜냐하면 모든 영혼들이 그에게 복종하기를 원하기 때문이다), 그들은 여전히 잃어버린바 되고, 방황하고 있는 주의 양들을 모든 부지런함으로 찾고, 참으로 주에게로 데려가기 위해 가능한 한 그들을 인도함에 있어, 책임감을 갖고 그들의 모든 힘과 능력을 행사해야 한다.

이 통치자들(Oberen)은 하나님과 그리스도처럼 모든 다른 사람들의 시야에서, 그리고 모든 다른 사람들을 위해 존재한다. 그러므로 통치자들은 잃어버린 것을 계속적으로 찾고, 구원하면서 모든 다른 사람들의 시야에서, 그리고 모든 다른 사람들을 위해 하나님과 그리스도의 사역을 시작하고, 수행해야 한다.

• 통치자들 스스로가 말씀과 성례전의 목회사역과 교회치리 시행을 수행해서는 안 된다.

통치자들 스스로 설교하거나, 말씀과 성례전을 집례하고, 교회 치리를 적용해서는 안 된다. 우리가 위에서 설명한 바와 같이 이것은 교회 안에 있는 특별한 사역이며, 직무이기 때문이다. 그러나 통치자들은 모든 사람들에 대한 가장 높은 권위를 가지고 있다. 그러므로 어떤 다른 사람 이상으로 통치자들은 모든 사람들이 올바르고, 적절하고,

자신의 의무들을 적절하게 수행하는 방식으로 살고 있는지를 살펴야 한다. 이것은 통치자들이 신실하게 찾지도 그리스도에게로 오도록 격려하지도 않는 사람이 한 명도 존재하지 않도록 돌보아야 할 책임이 있다는 것을 의미한다. 왜냐하면 아주 단순하게 말하면, 만약 어떤 사람이 그리스도의 양들 중에 하나가 되고, 그의 양우리에 있지 않다면, 어느 누구도 행복이나 구원을 가질 수 없기 때문이다. 오직 여기에서만 영생의 피난처와 목장이 발견될 수 있다.

• 통치자들은 교회에 신실한 목회자들을 공급하고, 청소년들의 교육과 치리(훈육)를 보살펴야 한다. 그리고 어떤 사람도 자기 자신이나 다른 사람들을 건전한 교리와 그리스도와의 교제로부터 돌아서게 하는 것을 허락해서는 안 된다.

교회들이 늑대들과 삯군들에 의해 고통을 당하거나 상해를 입지 않고, 목회사역과 영혼 돌봄을 신실하게, 그리고 올바르게 행사하는 그들의 신실하고도 부지런한 목회자들을 가질 수 있도록 해야 한다. 또한 그와 같은 방법으로 교회의 사역과 영혼 돌봄을 제공하는 가운데서 경건한 방법으로 이스라엘 백성들과 고대 경건한 그리스도인들을 통치했던 경건한 왕자들[42(M2)]과 통치자들(Fürsten und Obren)을 뒤따를 때, 통치자들은 올바르게 이것을 볼 것이다.

그 다음에[148] 그들은 젊은 사람들의 교육과 치리를 보살피고, 가르침과 경건의 양육으로 그들을 독려해야 할 것이다. 셋째, 어떤 사람도 다른 사람들을 방해하거나 거짓 교리나 다른 어리석음이나 교만을 통해 그들을 그것으로부터 멀어지게 함으로써, 늙은이나 젊은이에 대한 이 구원사역을 어떤 사람이 멸시하는 것을 통치자들은 허락해서는 안 된다.

• 제국(황제)법들은 어떤 사람이 거짓 교리와 이단들을 도입하거나 신봉하는 것을 허락해서는 안 된다.

우리는 여전히 고대 기독교 황제들의 법들을 가지고 있다. 이 법들 안에서는 어느 누구도 공적으로 평상적인 교회 예배나, 사적으로 골목들과 개인들의 경우에도 거짓 교리와 그리스도와의 교제로부터의 분리를 허용하지 않는다. 그리스도의 이름을 지니고 있는 어떤 사람도 자기 자신을 교회의 교제와 거룩한 성례전으로부터 떠나게 하는 것을 허용할 수 없다. 왜냐하면 그리스도와의 교제로 머물러 있지 않는 사람들은 분리주의자들(abtrinnigen)로 정죄되고, 모든 명예들과 영예의 직분들이 박탈되기 때문이다.

특별히 종파들(secten)을 신봉하는 사람들은 벌금과 다른 엄격한 벌칙들을 받음으로써 재난으로부터 벗어나도록 독려 받는다. 우리는 여전히 이 법을 Cod. De Sum. Tri. et f. c. l. Nullus[43(M3)a]에서와, Novellis, Constitutione xix 안에서처럼 『이단들에 관하여』(De Haereticis)라는 제목을 가진 전체 사본을 가지고 있다.

• 아우구스티누스는 세례받은 어떤 사람도 교회로부터 분리되는 것을 허락하지 않는다는 사실을 보여준다. 어떻게 사람들이 교회 안에 머물도록 강요될 수 있는가?

아우구스티누스는 이 제국(황제)법들을 백작이며, 제국 수장인 보니파키우스와 다른 장소들에서 기독교적이고도 자선적이라고 기술하면서, 이 제국법들을 찬양하고, 변호한다. 그들이 하나님의 계명에 반대되는 이같은 일들을 거룩한 엄격함으로 금지하고 처벌할 때, 아우구스티누스는 왕들과 통치자들이 그들의 직무 안에서 주를 섬길 뿐이라고 성경은 증명한다. 똑같은 방법으로 아내들이 그들의 남편들에게 신실해야 하는 것 이상으로 영혼들은 그들의 배우자이신 그리스도에게 계속 신실해야 한다는 사실을 보여주기 위해, 그들은 더 큰 돌봄을 기울여야 한다. 하나님을 배반하는 것은 인간적 일들에서 실패하는 것 이상으로 훨씬 더 엄격하게 처벌받아야 한다. 떠나간 아내가 그녀의 남편에게 돌아오도록 촉구되고 강요되는 것 이상으로, 또는 도망간 노예가 그의 주인에게로 돌아가도록 촉구되는 것 이상으로 더욱 진지하게, 주를 떠난 사람들은 주에게로 돌아오도록 촉구되고, 강요받아야 한다. 교만의 결과에 해당될 수 있는 주를 떠나는 것은 더욱 관대하게 처벌받아야 할지라도, 그것은 여전히 처벌되지 않고 그대로 있다. 아우구스티누스는 이같은 황제의 엄격한 정책에 의해 얼마나 많은 방황하는 자들이 교회와 그리스도의 참된 교제에 돌아올 수 있는 지를 보여준다. 그러므로 아우구스티누스는 오류로부터 진리에로, 종파(rotten)로부터 그리스도와의 교제로[149] 나아가도록 이렇게 촉구하고, 강권하는 것을 누가복음 15장 (14절, 16절 이하)에 있는 앞에서 언급된 큰 잔치 비유에서 주께서 말씀하셨던 강권과 동일시한다.

• 어떤 사람도 자신의 뜻에 반(反)하여 어떤 선한 것을 강요받을 수 없다.

어떤 사람도 이 강요로부터 뒷걸음질쳐서는 안 된다. 왜냐하면, 아우구스티누스는 이것을 통해 어떤 사람이 관습적으로 이 교리에 반대 상태에 놓인 책임[43(M3)b]인 자신의 뜻에 반(反)하여 믿도록 강요되어야 하는 것을 가르치지 않기 때문이다.

또 그는 어떤 사람도 자신의 뜻에 반(反)하여 그리스도를 믿을 수 없으며, 어떤 선한 일도 할 수 없다는 사실을 잘 알았기 때문이다. 아우구스티누스는 자신들의 마음으로 자신들이 믿지 않으면서도, 자신의 입술로 자신들이 믿는다고 말하는 위선자들(der heuchler)을 원하지 않았다. 그러나 사람들로 하여금 악한 욕심과 욕망을 버리고, 하나님께서 인류의 구원을 위해 명령하셨던 건전한 교리와 양심적인 선행을 원하고, 그곳으로 돌아서도록 촉구하기 위해, 우리의 친절하신 하나님께서 그의 은혜를 베푸시고, 올바른 처벌과 힘의 사용에 더욱더 성공하시는 것을 거룩한 교사는 보았다.

• 하나님은 외적인 처벌을 통해 사람들이 고통을 받게 하시고, 좋은 것이 그들을 이끌게 하신다.

임명된 통치자들을 통해 그들의 부도덕과 잘못을 꾸준히, 그리고 엄격하게 처벌하고, 그들이 범죄하지 못하도록 강력하게 저지(沮止)할 때, 우리의 선을 위해 쓴 것과 단 것(saur und süsses)을 사용하시는 우리의 자비로우신 하나님과 신실하신 아버지는, 종종 많은 사람들에게 큰 부도성과 심각한 잘못을 범하는 것을 허락하시고, 그들 안에 치리와 올바른 행동을 위한 욕구와 사랑을 불어넣으시기 때문이다. 그러므로 경건한 감독이며, 신실한 영혼 상담자인 아우구스티누스는 황제의 처벌 결과로 도나티스트의 이단들(der rotten der Donatisten)로부터 그리스도의 참 교제에로 돌아오게 된 수천 명의 사람들을 발견했다.

또한 우리의 사랑하는 하나님께서 사람들을 거짓 교리와 이단들(rotten)과 종교를 멸시하는 것으로부터 회복시키기 위해 처벌하고, 범죄 예방을 위해 무력을 사용하시는 것을 발견했다. 사람들이 건전한 교리를 듣고, 다른 사람들에 의해 길을 잃거나 고통을 당하지 않도록, 아우구스티누스가 이것을 처음 시행했다. 그리고 그때 교리를 통해 하나님은 그들로부터 전적으로 그들의 오류들을 제거하시고, 그들을 즐겁게 하시고, 진리에 열중하게 하시는 성령을 그들에게 주신다.

• 오류에 빠진 사람들에 대한 처벌은, 비록 그들이 회개하지 않을 때조차도, 그 용두를 갖는다.

그리고 그런 일이 일어나지 않고, 자기 자신들을 위한 그들의 이기적인 사랑과 다른 사람들 안에 있는 그리스도에 대한 악한 경멸(모독) 속에서 죄를 짓고 있는 그러한 사람들이[4(M40a)] 여전히 그들의 오류 속에 남아 있을 때, 만약 우리가 그들에게도 합법적인 처벌과 무력 사용에[150] 힘쓰고, 그 후 하나님께서 그러한 상황 속에서 행하도록 명령하셨던 어떤 것도 빠뜨리지 않았다면, 그들에 대한 우리의 책임은 성취된 것이다. 하나님께서 그러한 큰 진지성을 가지고 종교에 대한 모든 거부와 손상입힘에 대한 외적 처벌과 강제적인 금지가 수행되어야 한다고 명령하셨기 때문이다. 이것은 그 사악함이 얼마나 크게 해롭고 치명적인가를 보여준다.

왜냐하면 그들이 그렇게 더욱 사악할수록, 통치자들은 모든 악한 일들에 대해 무력을 사용하는 자가 될 수 있기 때문이다[신 17(:14ff); 롬13(:1ff); 딤전1(:8ff)]. 마찬가지로 다른 사람들을 잘못된 길로 돌아가게 하는 사람보다도, 자기 자신 때문에 잘못한 사람에게는 더 큰 관용이 항상 주어진다.

• 사람들은 그리스도께 속한 몸과 영혼으로 태어나고, 거룩한 세례를 통해 그리스도께 위탁되어야 하기 때문에, 기독교 통치자들은 사람들을 그리스도의 멍에와 교회로부터 떨어지는 것을 허락해서는 안 된다.

많은 사람들이 허영으로 상상하는 것처럼, 임명된 통치자들이 그들의 백성들을 그리스도에게 위탁하든지 말든지 그들 자신에게 자유롭게 맡겨야 한다는 것은 확실히 사실이 아니다. 그들은 하늘 아버지에 의해 그리스도를 위해 창조되고 태어난 그리스도의 것으로서 그리스도에게 주어졌고, 오직 그리스도를 통해서만 살아가고, 모든 것을 향유한다. 만약 임명된 통치자가 자연적인 백성이 그들의 자연적인 주인들과 함께 남아 있도록 무력을 통해 강제하는 것을 즐거워한다면,

어떤 사람도 그의 뜻과 강요 자체에 반대하여 신실해질 수가 없을 것이다. 어떤 사람 안에 신실성을 불어넣을 수가 없다면, 주가 허락하신 것처럼, 그들이 그리스도와 함께 머물고, 그를 섬기기 위해서라면 우리가 (모든 것 후에 그리스도의 모든 것이 되는) 강제력까지 더욱 사용해야 하지 않는가? 그러한 강제력이 불경건성을 목적으로 적그리스도에 의해 오용된다면, 강제력 자체가 그리스도의 나라의 목적을 위해 사용하는 것이 옳은 하나님의 선한 사역과 선물이 아니라는 것을 의미하는 것이 아니다.

• 그 어떤 사람도 거짓 신앙고백을 강요받거나 주의 성찬에 나아가도록 강요받아서는 안 된다.

아무도 자신이 믿지도 않는 것을 믿는다고 고백하도록 강요받아서는 안 되며, 만약 자신이 교황이 하는 것과 같은 것을 행할 마음이 없을 경우, 그가 여전히 주의 성찬에 참여하도록 강요받아서도 안 된다. 또한 그리스도인들 중에 그리스도에게서 태어나고, 세례 받은 어떤 사람이 그리스도의 가르침에 반대하여 신성모독하고, 그로 인해 다른 사람들에게 영향을 주어 가증스럽게 하고, 그리스도의 가르침을 경청히지 못하게 하고, 공적으로 그것에 반대하여 살도록 허락되어서는 안 된다.

• 비그리스도인들이 그리스도인들 가운데에 있는 어떤 명예에 참여하게 해서는 안 된다.

그리고 그리스도에 대한 멸시(모독)는 그리스도인들에게 가장 무겁고도 가장 끔찍한 신성모독이기 때문에, 그리스도인들은 경건만을 존중하고, 명예롭게 한다. 참 그리스도인들은 거룩한 성례전과 교회의 모든 활동들 안에 있는 귀중하고도 복된 교제를 멸시해서도 안 되며 어떤 사람의 명예를 조금이라도 즐거워하거나 거기에 진전을 보여서는 안 된다. 그러나 이런 규정들로부터 벗어나는 모든 사람들은 사실상 그것들을 멸시하는 것이며, 그리고 그들 자신들이 그것들로부터 벗어남으로써 자신들이 비그리스도인들처럼 살고자 하는 의도를 알리는 것이다. 왜냐하면 그들은 자신들이 성례전(den Sacramenten)에 나아오지 않는 것을 허락했기 때문이다.[151] 만약 그들이 그리스도인들로서 살아가기를 원한다면, 그때 그리스도께서 이 거룩한 성례전이 모든 그리스도인들에 의해서 사용되기를 규정(명령)하셨다는 것을 알아야 한다.

• 그리스도인들 중에 오직 최선의 그리스도인들만이 통치자(행정가; regierung)로 임명되어야 한다.

모든 그리스도인들 중에 최선의 그리스도인들만을 통치(regierung)에 임명해야 하기 때문에, 모든 제국(황제)법들이 특별히 제19조(Constit. in Novellis)에서 명령하듯이, 그리스도인들은 모든 일들에서 [45(N1)a] 교회의 교제(der Kirchen Gemeinschafft)를 유지하지 않는 사람을 통치자로(행정부 안으로; in die Oberkeit) 임명해서는 안 된다는 사실은 옳은 것이다.

그 결과 비그리스도인들 중에 어떤 사람이 성례전에 의해 거짓되게 자신을 매입(買入)하기를 원했다면, 그 사람은 자신이 양(羊)의 옷을 입고 늑대가 됨으로써 자신의 열매들에 의해 알려질 것이다. 하나님에 대한 참된 경외와 경건은 텅빈 외모들에 의해 그려질 수 없다.

시편 15편 (4절)에서 "그의 눈은 망령된 자를 멸시하며 여호와를 두려워하는 자들을 존대하여"라고 찬양되듯이, 그리스도인들 가운데서 그런 경우는 간단하다. 그들의 통치(regiment)는 시편 101편 (6-8절), "내 눈이 이 땅의 충성된 자를 살펴 나와 함께 살게 하리니 완전한 길에 행하는 자가 나를 따르리로다 거짓을 행하는 자는 내 집 안에 거주하지 못하며 거짓말하는 자는 내 목전에 서지 못하리로다 아침마다 내가 이 땅의 모든 악인을 멸하리니 악을 행하는 자는 여호와의 성에서 다 끊어지리로다"라는 말씀에서 찬양되는 내용을 표현한다. 그러므로 그가 할 수 있는 한 최대로, 어떤 사람이라도 위선자(Heuchle)로 하여금 놀게 하고, 행동하게 하라! 만약 마음으로부터가 아니라, 적어도 입(말)과 행동으로 한다면, 이런 진지성은 경건을 촉진시키고, 불경건을 몰아낸다. 그 결과 그것은 다른 사람들을 해칠 수 없을 것이다. 이 모든 내용은 우리가 참고했던 문헌들 속에 있는 아우구스티누스와 다른 사람들에 의해서 분명하고도 철저하게 가르쳐졌다. 이것이 바로 내가 여기서 간단하게 설명하기를 원하는 이유이다.

그 결과, 어떤 사람도 다음과 같은 사실을 예외로 받아들여서는 안된다. 즉, 하나님에 관한 일들에서 있어 가장 현명하고 학식 있는 감독(아우구스티누스, 역자 주)은 강제(무력)에 의한 처벌과 종교 유지에 대한 통치자들의 사용을 그리스도께서 그의 통치자들과 권위들(seinen Oberen und gewaltigen)에게 요구하시는 그리스도의 나라로 인도하는 복음적인 필요(Evangelisch nötigen)와 동일시한다.

• 어떻게 우리의 통치자들도 자신을 위해 경건한 사람들을 얻을 수 있는가?

[45(N1)b] 이제 우리가 의도했던 주제로 돌아가자! 그리스도이신 주께로 태어났고, 또한 거룩한 세례 안에서 자신을 위탁한 사람들 가운데 어떤 사람이 참으로 경건을 위해 찾아지고, 발견되고, 촉구되어지는, 우리가 기술했던 그와 같은 방법을 통치자들이 진지하게 확신하고 있을 때, 그때 우리의 사랑하는 하나님께도 유대인들, 터키인들, 그리고 다른 이방인들과 같이 출생과 양육에 의해 그리스도로부터 떨어졌던 사람들을 그리스도를 올바르게 찾고 양육하는 사람들에게 분명하게 위탁하실 것이다. 이것은 바로 그들이 그들의 육체적인 재산들(leiblischen herrschafften)을 사랑하고, 그것들을 확장시키기로 작정하는 그와 동일한 방법으로, 그들도 그리스도의 나라를 사랑하고, 그것을 증대시키기를 소원했던 경우가 될 것이다.

• [152] 우리가 불신자들(umgleubigen)을 그리스도에게로 인도하는 것보다 오히려 그들의 소유들과 재산들을 추구하는 한, 하나님은 우리의 소유들과 재산들을 빼앗기도록 처분하실 것이다.

그러나 슬프게도, 우리는 사람들이 유대인들과 터키인들과 다른 이방인들의 땅과 소유들을 얻는 데 노력을 기울이지만, 그들의 영혼들이 우리의 주이신 그리스도를 얻어야 하는 것을 전혀 중요한 것으로 간주하지 않는다는 사실을 보고 있다. 그리고 그것은 세상의 지도자들(Weltlich herren)로 불리는 임명된 군주들(den ordenlichen

Fürsten)뿐만 아니라, 소위 성직자들(den genanten geistlichen)에게서도 나타나는 사실이다.

• 그들은 모스크바(러시아) 사람들(die Moscoviter)을 경비를 받지 아니하고, 보편교회(gemeiner Kirchen)에 받아들이는 것을 원하지 않았다.

몇 년 전 모스크바 사람들이 보편교회의 교제에 들어오기를 바라며 자신들을 위탁하기를 원했을 때, 그들로 하여금 너무나도 많은 돈을 지불하도록 교황이 주장함으로써, 모스크바 사람들이 그렇게 하는 것이 금지되었다. 그리고 교황은 이 양(羊)들(모스크바 사람들, 역자 주)로부터 양털을 받을 수 없었기 때문에, 양들 자신들과 아무 관계도 가지지 않기를 원했다. 이것은 바로 우리가 유대인들과 터키인들과 이방인들을 그리스도에게로 인도하려고 노력하지 않고, 오직 세상적인 소유와 재산(zeitlich gůt und herschafft)만을 가져가기를 추구할 때, 그들이 우리의 소유와 재산을 약탈했던 것은 바로 하나님께서 그의 의로우신 심판 속에서 그렇게 처분하셨던 이유이다. 그 결과 유대인들은 그들의 고리대금에 의해 놀랄만한 정도로 가난한 그리스도인들을 인정사정없이 빨아들이고, 터키인들은 날마다 폭력으로 우리의 땅과 백성을 갈취했고, 위급할 정도로 점점 더해지고 있다.

하나님의 진노는 역시 새로운 땅들과 섬들의 발견과 정복에서도 발견될 수 있다. 이런 발견과 정복에 의해 기독교가 마치 매우 증가하는 것처럼, 사람들은 그것에 대해 크게 환호한다. 그러나 사실상 일어나고 있는 모든 일들은 가난한 사람들이 먼저 몸과 소유들을 빼앗기고,

그 다음 그들이 탁발수도승들(die bettel-Münch)에 의해 가르침 받았던 거짓 미신을 통해 영혼들을 빼앗긴다.

• 새롭게 발견된 땅에서 살던 사람들(원주민들, 역자 주)은 너무나도 비인간적으로 취급을 받아, 그들은 자신의 생명을 빼앗겼다. 새롭게 발견된 섬들과 땅들에 의해 우리 자신의 백성들에게 야기된 손해는 무엇인가?

나는 그의 황제 폐하 고백의 아버지(Johan. Glappion, Kei. Maje. beichvatter)인 요한 클라피옹이 중요한 사람들 앞에서[153] 다음과 같이 불평하는 것을 들었다. 스페인 사람들은 새롭게 발견된 땅에서 가난한 사람들(원주민들, 역자 주)이 그들을 위해 금과 다른 것들을 발견하도록 일을 시키기 위해 그들을 강요하고, 혹사(酷似)(고문)시킨 나머지, 가난한 사람들은 강요된 사역과 고문을 견디지 못하고, 스스로 자신들의 생명을 끊었다. 둘째로, 우리 자신의 백성들과 관련하여 무엇이 성취되었는가? 많은 것이 성취되었다고들 말하지만, 너무나도 많은 훌륭한 사람들이 항해 도중 사라져 갔다.

그들이 제공할 수 있는 모든 것은 무서운 전쟁들과 유혹들, 뽐냄과 교만, 그리고 가난한 사람들에 대한 압제이다. 왜냐하면 이 모든 무역과 정복을 통해 몇몇 사람은 모든 세계의 부(富)와 소유를 얻고, 그 후 다른 사람들에게 모든 종류의 비행(卑行)들과 권력을 행사한 나머지, 많은 사람들은 그들의 고되고도 비참한 노동을 통해 고작 바짝 마른 빵부스러기도 거의 얻을 수가 없었다. 그리고 그때 그들은 이것을 기독교의 확장이라고 부른다.[46(N2)b] 주께서 우리의 군주들과 통치자들에게 올바른 방법으로 기독교를 확장시키고, 개선하는 이해와 의지를 허락하시기를 기도한다.

• 그리스도인들이 일반적으로 잃어버린 양들을 찾는 데 실패하는 곳들은 교회의 목회자들에게 맡겨져야 한다.

지금 교회의 장로들(die Eltisten)은 보통 그리스도인들과 통치자들에 의해 잃어버린 양들을 찾는 데 실패하게 된 경우, 어떻게 그들을 찾아야 할지 항상 방도를 생각해 보아야 한다. 그리고 만약 그들이 낯선 민족들에게로 가라는 사도적 부름과 명령을 받았다면, 성령께서 그들을 감독들과 관리자들(Bischöffen und uffsehern)로 임명했던 교회들 안에서 그리스도의 교제에 속하지 않는 어떤 곳에 있는 어느 누구라도 방황하도록 남겨두어서는 안 된다. 그러한 사람들이 그리스도의 완전한 교제로 돌아오게 하기 위해 하나님께서 그들에게 항상 위탁하시는 모든 것을 하기 위해 모든 경우를 모색해야 한다.

• 우리는 가장 큰 진지함을 가지고 잃어버린 양들을 뒤쫓아 가서, 찾아내야 한다.

이 과업을 수행하는 데 있어 부지런함은 그리스도의 이름으로 세례 받았던 자들의 경우에 원칙적으로 하나의 의무이다. 왜냐하면 이일을 포기하는 곳에 있는 그 어떤 사람이라도 그리스도이신 우리 주에 의한 심각한 고발을 초래하기 때문이다. 또한 세례로써 이 사람들은 교회의 사역을 통해 그리스도의 생명 안에서 끊임없이 성장하고,

그 안에서 격려받기 위해 그리스도이신 우리 주에게 헌신되고, 연합되었기 때문이다. 세례 받은 자들(만약 그들이 아무것도 하나님의 말씀을 통해 그들을 위해 행해질 수 없는 그리스도의 반대자들 또는 그리스도의 멸시자들과 같은 개들이나 돼지들이라는 사실을 보러가지 않는다면)을 포기하는 그리스도의 목회자들은 하나님과, 그리스도이신 우리 주 앞에서 자신의 책임을 변명하기란 어려울 것이다. 하나님께서 예언자 에스겔 [47(N3)a] - 을 통해 말씀하신 것처럼, 상해(傷害)를 입고, 길 잃은 양들은 그들 자신의 불경건한 본성 속에 사라지지만, 주께서 그들의 피를 그들의 구원을 돌보고 그들을 회개와 그리스도의 은혜로 부르기 위해 교회 안에서 그가 임명하셨던 사람들의 손에서 요구하신다. 참으로 주께서 큰 실망감을 가지고 "너는 잃어버린 자를 찾지 아니하였다"(겔 34:4)라고 이 신뢰할 수 없고, 신실하지 않은 목자들을 고발하실 것이다.

그러므로 모든 곳에 있는 교회들이 그 어떤 것도 부족하지 않는 참으로 신실하고 부지런한 장로들을 갖추고, 준비함으로써, 유대인들과 터키인들과 모든 불신자들을 포함하여, 그들이 접근하고, 그리스도에게 속한 모든 사람들이 그리스도에게 완전히 돌아올 수 있도록 우리의 유일한 참되고 선한 목자이신 그리스도께 기도드린다. 그리고 장로들은, 세례 받고 양우리와 목장으로부터 완전히 떠나 살았던 결과로 인해, 소위 거짓 종교나 육신적인 사치를 통해서든지, 그 후에 방황하며 타락한 자들을 찾기 위해, 특별히 진지하고 경건한 열정을 가지고 스스로 그들을 구원하기 위한 노력을 기울여야 할 것이다.

지금까지의 내용의 결론은 목회사역과 영혼 돌봄의 첫 번째 사역(ersten werck des hirtendiensten und der seelsorge)으로써 그리스도의 잃어버린 양들을 찾고, 그들을 그리스도의 양떼들과 양우리로 데려오는 것에 대한 고려이다.

제 8 장

어떻게 길을 잃어버린 양들을
돌아오게 할 수 있는가?

• 그리스도의 신실한 목회자들은 길을 잃은 한 마리의 양을 뒤쫓아 가야 하고, 그것을 발견할 때까지 포기해서는 안 되며, 그리고 그들은 모든 기쁨으로 어깨에 메고 돌아오게 해야 한다는 사실을 주지하기 바란다.

i. 눅 15{:4-6]

[47(N3)b] "너희 중에 어떤 사람이 양 백 마리가 있는데 그 중의 하나를 잃으면 아흔아홉 마리를 들에 두고 그 잃은 것을 찾아내기까지 찾아다니지 아니하겠느냐 또 찾아낸즉 즐거워 어깨에 메고 집에 와서 그 벗과 이웃을 불러 모으고 말하되 나와 함께 즐기자 나의 잃은 양을 찾아 내었노라 하리라."

• 그러한 부지런함과 불안과 고민은 길을 잃은 자들을 돌아오게 하는 사역을 특징지을 수 있는데, 이것은 고통스런 출산에 비견될 수 있을 것이다.

ii. 갈 4[: 19-20]

"나의 자녀들아 너희 속에 그리스도의 형상을 이루기까지 다시 너희를 위하여 해산하는 수고를 하노니 내가 이제라도 너희와 함께 있어 내 언성을 높이려 함은 너희에 대하여 의혹이 있음이라."

• 마귀의 올무로부터 사람들을 다시 자유롭게 하기 위해 모든 친절과 부지런함이 동반되어야 한다는 사실을 주지하기 바란다.

iii. 딤후 2[:24-26]

"주의 종은 마땅히 다투지 아니하고 모든 사람에 대하여 온유하며 가르치기를 잘하며 참으며 거역하는 자를 온유함으로 훈계할지니 혹 하나님이 그들에게 회개함을 주사 진리를 알게 하실까 하며 그들로 깨어 마귀의 올무에서 벗어나 하나님께 사로잡힌 바 되어 그 뜻을 따르게 하실까 함이라."

• [155] 누가 길 잃은 양들인가?

우리는 이미 길을 잃고 내쫓기는 양들, 즉[48(N4)a], 한때는 그리스도의 양떼들과 함께 있었고, 그리스도의 양우리 안에 있었지만, 그리스도의 양떼와 양우리로부터 나와 방황하고 있는 자들이 어떤 자들인지 말했다. 갈라디아 교회 교인들이 그리스도의 참 신앙과 교제로부터 벗어나 모세의 의식(儀式)들의 약하고 비참한 요소들 안에 있는 율법의 노예(굴레)로, 그리고 거짓 사도들의 이단들(den rotten)에게로 돌아섰을 때처럼, 이런 일이 거짓 교리와 종교를 통해 많은 경우에 발생한다. 바울이 디모데후서 4장(10절)에서 그를 떠나 다시 세상을 사랑하기 위해 가버린 데마에 대해 불평하고 있듯이, 다른 사람들의 경우에도 그것은 이 세상에 대한 사랑으로부터 발생한다. 마가가 바울과 바나바를 슬그머니 떠나갔듯이(행 13:13), 이같은 경우는 마가에게도 발생한다.

• 두 종류의 배교

우리가 말했듯이 배교에 대한 이같은 두 가지 예는 두 가지 다른 형태로 나타난다. 먼저 우리 주 그리스도로부터 완전히 떠나지 않고, 그리스도의 양떼들로부터 떠나 있는 어떤 사람들이 있다. 그러나 또 다른 사람들은 주로부터 완전히 떨어졌을 정도로 배교한다. 요한이 요한일서 2장(19절)에서 기록하듯이, 이런 사람들은 우리로부터 나갔으나, 결코 우리에게 속하지 못했으며, 결코 자신들을 그리스도께 위탁하지 않았다. 이런 사람들은 바울이 빌립보서 3장(18절 이하)에서 빌립보 교인들에게 "내가 여러 번 너희에게 말하였거니와 이제도 눈물을 흘리며 말하노니 여러 사람들이 그리스도의 십자가의 원수로 행하느니라 그들의 마침은 멸망이요 그들의 신은 배요 그 영광은 그들의 부끄러움에 있고 땅의 일을 생각하는 자라"라고 쓰고 있는 사람들과 같은 사람들이다. 사도가 디모데전서 5장[48(N4)b] (11절 이하)에서 "이미 사탄에게 돌아간 자들도 있도다"(딤전5:15)라고 기록하고 있는 음탕한 과부들도 그러했다.

• 모든 사람들은 배교한 자를 찾아 데리고 와야 한다.

지금 우리는 그리스도의 교회로부터 그리스도이신 우리의 주로부터 자신을 완전히, 그리고 최종적으로 떠나가 배교한 사람들이 누구인지를 즉시 알 수 없기 때문에, 우리는 그리스도의 양들과 함께 그리스도의 전체의 교제 안으로 우리의 어깨에 메고 그들을 데려올 때까지, 이런 배교가 거짓 가르침과 소위 종교에 의해서든지 세상적이며 육신적인 방종에 의해서든지, 우리는 하나님의 교회로부터 자신을 분리시킨 모든 사람들이 돌아오도록 하는 데 가장 큰 부지런함을 기울여야 한다.

왜냐하면 잃어버린 양들과 관련하여 우리가 말했던 내용이 길을 잃은 양들에게도 똑같이 적용되기 때문이다. 우리가 길 잃은 양들을 그리스도의 양우리, 즉 그리스도의 참되고 완전한 교제 안으로 돌아오게 할 때까지[156], 가장 큰 진지함과 끈질긴 인내심을 가지고 지속적으로 행함으로써, 자신을 그리스도의 양떼로부터 분리시키는 모든 사람들을 다시 돌아오도록 해야만 한다. 다른 성경들에서도 마찬가지이지만, 위에서 인용된 세 가지 모든 성경구절들은 이것을 명확하게, 그리고 분명하게 보여주고, 증언한다.

• 첫 번째 성경구절의 의미 :
양을 자신의 어깨에 메고 데려온다는 것은 무엇을 뜻하는가?

첫번째 성경구절은 한 마리 양이 양떼로부터 떠나 방황하자마자 곧장 아흔아홉 마리 양들을 두고, 잃어버린 한 마리 양을 발견할 때까지 그 한 마리 양을 찾아야 한다는 사실을 우리게 가르친다. 그때 우리는 그 한 마리 양을 어깨에 메고, 큰 갈망과 즐거움을 가지고 양떼에게로 데려온다. 우리가 그들이 교회 안에서 그리스도에 의해서 목양되고, 보호되도록, 그들을 교회의 참되고 완전한 교제 안으로 돌아오게 할 때까지, 이 길 잃은 양들을 위해 모든 것이며, 모든 것이 되고, 모든 것을 행하며, 그들로부터, 그리고 그들을 위해 모든 것을 견디고, 피하고, 고통을 당해야만 하는 것이 본문이 의미하는 바이다. 이미 보여주었던 것처럼, 만약 우리가 이제껏 그를 결코 알지 못했던 모든 사람들을 그리스도를 위해 얻기 위해 필요한 모든 것을 행할 수 있다면, 한때는 그를 알았고, 여전히 그의 것이며, 특별히 우리에게 위탁된 사람들을 주님께로 돌아오게 하기 위해 우리는 얼마나 더 많이 모든 부지런함과 돌봄과 수고를 해야만 하는가?

• 해산의 고통과 관련하여 두 번째 성경구절의 의미는 무엇인가?

참으로 그러한 부지런함과 진지함과 걱정이 출생의 고통과 수고에 비교될 수 있을 만큼 이 목적을 위해 동반되어야 한다. 바울은 두 번째 성경구절에서 선언하는 것처럼, 이 안에서 그 자신의 실례를 우리에게 제시한다. 여성이 더욱더 원하는 것을 위하여 수고할 때, 만약 그것이 그녀의 아이를 해산하려 하지 않는다면, 왜 그녀는 그토록 격심한 수고와 노력을 참겠는가? 그러므로 이런 종류의 진지함과 열광하는 것과 걱정과 고통과 수고는 길을 잃었던 사람들이 그리스도 안에서 다시 태어나고, 올바르게 형성되도록 하는 데 필요하다. 즉, 길을 잃은 양들이 양우리와 그리스도의 완전한 교제 안으로 인도되고 들어오기 위해 요구된다는 사실에 유의하기 바란다.

그리고 이런 진지함과 열광하는 것과 수고는 모든 그리스도인들과 그리스도의 살아 있는 지체들에게 요구되며, 특별히 임명된 주요 목자들과 통치자들에게 요구된다. 그것이 그리스도의 진리를 선포하는 것과 교훈하는 것을 내포하고 있는 한, 임명된 목자들과 영혼상담자들의 가장 구별되는 의무로 위탁되어 있다.

• 길을 잃은 양들을 돌아오게 하는 것을 도와주는 일에 통치자들의 역할은 무엇인가? 그리고 영혼상담자들의 역할은 무엇인가?

[49(O1)b] 통치자들은 거짓 교리와 악을 행하는 장려책을 부지런히 추방함으로써, 사람들이 영혼상담자들로부터 기독교적 교훈을 받아들이고, 사람들이 그리스도와의 교제로 돌아오게 하도록 진지하게 독려함으로써, 이 사역을 위하여 도와야 한다. 그러나 영혼상담자들 자신들은 길을 잃은 이런 사람들을 타락과[157] 사탄의 굴레로부터 그들의 목자이신 그리스도와 그의 양떼에게로 완전히 돌아오게 하기 위해, 예수 그리스도의 말씀과 동일한 교리를 분명히 가르치고, 오류에 대한 반박(widerlegung der irrthumb)과 그리스도의 진리와 구속(der warheit und erlösung Christi)에 대한 진심 어린 설명에 의해, 하나님께서 그들에게 허락하시는 모든 방법을 추구하면서, 극도의 부지런함으로 이 사람들을 뒤쫓아가야 한다.

우리가 관련시켰던 첫 번째 성경구절이 가르치는 것처럼, 잃어버린 양을 앞장서거나 추격하는 것과 같이 하는 것이 아니라, 자신들의 어깨에 멤으로써, 길을 잃은 양을 돌아오게 하기 위해 다른 것은 모두 버리고, 그들을 구원하기 위해 모든 것을 시작하고, 행동하는 그와 같은 목자들이 되어야 한다. 두 번째 성경구절이 보여주는 것처럼, 그들은 고통과 걱정을 가지고 다시 생명을 태어나게 하는 어머니와 같이 되어야 한다. 그들은 사탄이 그의 뜻을 수행하기 위해 포획한 사람들을 마귀의 올무로부터 자유롭게 하기 위해 정중함과 예리함으로(mit linde und scherpffe) 찾고 행동하면서 모든 것을 참고 인내하는 주의 종들(die knecht des Herren)이 되어야 한다. 이것이 세 번째 성경본문의 의미이다.

제 9 장

상하고, 상처 입은 양들은 어떻게 싸매주고, 치유할 것인가?

• 죄지은 사람은 오직 그의 이웃에 의해 교정되고, 바르게 되어야 한다. 그러나 만약 이것이 효과가 없으면, 마찬가지로 지역교회가 해야 한다.

i. 마 18[:15-17a]

"네 형제가 죄를 범하거든 가서 너와 그 사람과만 상대하고 권고하라 만일 들으면 네가 네 형제를 얻은 것이요 만일 듣지 않거든 한두 사람을 데리고 가서 두세 증인의 입으로 말마다 확증하게 하라 만일 그들의 말도 듣지 않거든 교회에 말하고."

• 이 사람은 교회 전체(der gantzen Kirchen)를 위해 처벌을 받는 방식으로 올바르게 되며, 그의 상처가 치유된다는 사실을 주지하기 바란다.

ii. 고후 2[:6-8]

"이러한 사람은 많은 사람에게 벌 받는 것이 마땅하도다 그런즉 너희는 차라리 그를 용서하고 위로할 것이니 그가 너무 많은 근심에 잠길까 두려워하노라 그러므로 너희를 권하노니 사랑을 그들에게 나타

내라."

• 바울은 엄격한 처벌을 통해 상처 입은 고린도 교인들을 치유하기를 원했다. 그리고 그들을 너무나도 사랑하여 그들을 위해 자신을 스스로 처벌하고, 슬퍼했다.

iii. 고후 12[:20-21]

"내가 갈 때에 너희를 내가 원하는 것과 같이 보지 못하고 또 내가 너희에게 너희가 원하지 않는 것과 같이 보일까 두려워하며 또 다툼과 시기와 분냄과 당 짓는 것과 비방과 수군거림과 거만함과 혼란이 있을까 두려워하고 또 내가 다시 갈 때에 내 하나님이 나를 너희 앞에서 낮추실까 두려워하고 또 내가 전에 죄를 지은 여러 사람의 그 행한바 더러움과 음란함과 호색함을 회개하지 아니함 때문에 슬퍼할까 두려워하노라."

• 그리스도인들 가운데 각 사람은 그 자신처럼 다른 사람의 약점들과 죄들을 고려하고, 모든 사랑과 온유함으로 그것들을 제거하고 개선하기 위해 각자가 할 수 있는 모든 것을 행하여야 한다.

iv. 갈 6[:1-2]

"형제들아 사람이 만일 무슨 범죄한 일이 드러나거든 신령한 너희는 온유한 심령으로 그러한 자를 바로잡고 너 자신을 살펴보아 너도 시험을 받을까 두려워하라 너희가 짐을 서로 지라 그리하여 그리스도의 법을 성취하라."

위의 성경 본문들은 우리에게 세 가지 내용을 가르친다. 첫째, 상처받은 양들은[158] 모든 그리스도인들에 의해 치료받아야 하며, 특별히 목회상담자들(영혼을 돌보는 자들; die seelsorger)에 의해 치료받아야 한다. 둘째, 이 치료는 상하거나 상처입은 모든 양들에게 주어져야 한다. 셋째, 상처받은 양들을 치료하는 데 사용되는 처방과 약(der raht und die artznei)에 관한 것이다.

우리는 상하고 상처 입은 이 양들이 어떤 양들인가에 대하여 위에서 설명했다. 그들은 교회와 그리스도의 교제 안에(in der Jirchen und gemeinschafft Christi) 머물러 있으면서도, 그리스도에 대한 그들의 신앙고백을 포기하고, 그리스도에 대한 진리를 부인하며, 다른 방식들로 하나님과 그의 말씀과 하나님의 모든 일들에 반대하여 신성 모독하는 것과 같이 공적이며, 악명 높은 죄들과 악습들에 빠져 있는 양들이다. 또한 그들은 손윗사람들에 대해 불순종하고, 죄를 짓고, 말과 행동으로 그들의 이웃의 소유와 사람이나 명예에 해를 입히고, 온갖 부도덕과 방종을 자행하는 양들이다.

• 상처 입은 양들은 모든 그리스도인들과 (정부)통치자들(die obren)과 목회상담자들에 의해 치료받아야 한다.

그러므로 여기서 우리가 배워야할 첫 번째 일은 누가 상하고 상처 입은 양들을 싸매주고[51(O3)a] 치료해주는가이다. 첫째로 그것은 모든 그리스도인들의 책임이다. 왜냐하면 그리스도께서 결국 모든 그리스도인 안에서 살아계시고, 그의 사역을 행하시기 때문이다. 그러나 원칙적으로 이 사역에 자신들을 헌신해야만 하는 사람들은 영혼 돌봄과 죄에 대한 처방약을 준비하도록 특별히 임명받은 사람들이다. 통치자들 역시 이 관점에서 신실하게, 그리고 효과적으로 그들의 직무를 수행하기 위해 영혼 돌봄의 특별한 의사들과 모든 그리스도인들을 위해 미리 준비함으로써 이 사역에 대해 공헌을 해야 한다. 왜냐하면 그것은 하나님께서 모든 영혼(사람)이 복종하게 하셨던 통치자들의 직무에 속하기 때문이다. 모든 영혼들(사람들)이 옳게, 그리고 올바르게 살고, 아버지께서 하늘과 땅에 있는 모든 권세를 주셨던 그리스도이신 우리 주께, 모든 것들 안에서 정직하게, 그리고 부지런하게 섬기기 위해, 통치자들이 할 수 있는 모든 것을 수행해야만 한다.

• 모든 그리스도인들은 죄인들이 회개에 이르도록 도와야 한다.

"만약 네 형제가 네게 범죄하면"이라는 첫 번째 성경 본문 안에서 우리는 주께서 모든 그리스도인들에게 말씀하신다는 사실을 본다. 비슷하게 네 번째 성경 본문에서도 성령께서 영적인, 다시 말하면 그리스도인이면서 기독교적 삶을 살기를 원하는 모든 사람은 죄에 빠진 어떤 사람이라도 회복을 위해 도와야 한다고 명령하신다.

• 처벌과 개선(Die straff und besserung)은 목회상담자들에 의해 수행되어야 한다.

그러나 두 번째 성경 본문은 교회를 위해 많은 사람들을 통한 처벌에 대해 말씀하신다. 이 처벌은 바울에 의해서 요청되었고, 고린도에 있는 교회들의 장로들에 의해서 수행되었다. 그러므로 이 성경 본문은 목회상담자들에 의해 수행되어야만 하는 처벌과 개선을 우리를 위해 제시했다. 주께서 그런 처벌을 요구하시는 사실이 그의 명령에 의해서 나타난다. 개인적 권면 후에 개선하려는 마음을 보이는 사람들은 교회에 보고가 되어야 하고, 그 결과 교회는 장로들을 통해 역시 그러한 사람들을 경고하고, 처벌한다. 이것이 바로 바울이 디모데에게 "범죄한 자들을 모든 사람 앞에서 꾸짖어 나머지 사람들로 두려워하게 하라"[딤전5(:20)]라고 쓸 때, 그가[51(O3)b] 디모데에게 명령하고 있는[159] 내용이다.

그러나 세 번째 성경 본문에서 우리는 어떤 다른 사람 이상으로 교회의 목회자들이 상하고 상처 입은 영혼들(사람들)에게 약을 제공하고, 다른 사람들이 행한 것 안에서 부족한 상태에 있는 것을 공급하기 위해 얼마나 부지런하고, 열성을 가져야 하는지를 더욱더 분명하게 보고 있다. 이것이 바로 바울이 고린도교회 교인들에 대해 다음과 같이 불평하는 이유이다. 바울은 고린도교회가 어떤 사람을 처벌도 개선도 하지 않고 내버려 두었다는 소식을 들었다. 이런 방법으로 교회 전체를 이 문제들 속에서 열심과 엄격함을 소유하도록 일깨우기 위해, 바울 자신이 슬퍼하고, 겸손해 하며, 곧 금식하고 기도했다. 그래서 개선하기를 원한다고 말했다. 참으로 바울은 그 후에 즉시 제13장(:1ff)에서 쓰고 있는 것처럼, 그들의 임무를 무시했던 사람들을 처벌하고, 엄하게 다루기 위해 바울 자신이 가기를 원했다.

• 상처 입은 양들에 대한 치유는 모든 그리스도인들의 수행을 통해 성취하기를 원하시는 그리스도 자신의 사역이다.

그러므로 우리는 상처 입은 양들이 그의 이웃의 관점에서 모든 그리스도인에 의해서, 특별히 그리스도의 양들에게 안식처와 목장을 제공하도록 특별히 임명된 사람들에 의해서 어떻게 싸매어지고, 치료되어야 하는지를 먼저 본다. 주된 일은 다음과 같다. 이 싸매고 치유하는 것은 그리스도께서 그의 양들을 위해 수행하시기로 약속하셨던 그리스도의 사역이다. 그러므로 그리스도께서 그 사역이 그의 지체들 중에서 소홀하게 되는 것을 원하지 않으신다. 그리고 주께서 그 역할로 특별히 임명했던 그리스도 밑에 있는 목자들인 통치자들과 목회상담자들이 그러한 지체들을 위한 그의 사역을 가장 큰 부지런함으로 수행하기를 원하신다.

• 우리는 상한 모든 양들을 치료하려는 관심을 기울여야 한다.

두 번째 관점, 즉 상하고, 상처 입은 모든 양들에 대한 싸매줌과 치료하는 사역을 수행할 책임은, 그들이 양들로 남아 있고, 그들의 목자이신 그리스도의 음성[52(O4)a]을 받아들이는 한, 위에서 인용된 성경 본문들과 역시 다른 성경 본문들에 의해서 증명되었다. 그들은 "만약 어떤 사람이 죄를 지으며, 그의 허물이 발견되면, 또한 만약 어떤 사람이 상하고 상처를 입으면"라는 일반적인 관점들 속에서 지도함을 받는다. "만약 네 형제가 네게 죄를 지으면"이라고 주께서 말씀하신 바, 이런 도움에 대하여 더이상 설명할 이유가 없다. 다만 만약 그가 형제로서 죄를 지었다면, 이런 도움이 그에게 제공될 뿐이다. 비록 주께서 네게 대하여라고 말씀하실지라도, 참된 그리스도인들은 모든 면에서 스스로 죄를 지으므로, 참된 그리스도인들은 그들의 머리이시며 주이신 그리스도에 대해 죄를 짓고, 그를 모욕한 것으로 인정한다.

• 어떤 약이 상처 입은 사람들(양들)에게 사용되어야 하는가?

세 번째 관점은 우리가 상하고, 상처 입은 사람들(양들)에게 어떤 처방과 약을 제공해야만 하는가인데, 이것을 우리는 위에서 언급한 네 번째 성경 본문과 마찬가지로 다른 성경 본문들로부터 배운다. 왜냐하면 이런 약은 죄지었던 사람에게 그의 죄를 효과적으로 인정하게 하고, 그를 참된 인정의 위치로 불러일으키고, 움직이게 하고, 그의 죄에 대해 회개하고 슬퍼하게 하는 것 이외에 다른 처방이 없기 때문이다. 그리고 이런 식으로 [160] 그를 다시 위로하고, 은혜에 대한 그의 소망을 강하게 함으로써, 그는 참된 개선을 위해 열심을 내고, 참된 개선을 소망할 수 있게 된다.

• 죄를 인정하고 회개할 수 있도록 하기 위해 죄는 지적되어야 한다.

첫 번째 성경 본문에서 주께서 다음과 같이 명령하신다. 죄인이 죄를 확신하고, 죄에 의해 괴로워하고, 그래서 참 회개로 돌아오도록 하기 위해 사람은 죄인에게 죄를 지적하고, 죄를 들쳐 내야 한다는 것이다. 그는 여기서 ἐλέγχειν라는 단어를 사용하고 있다. 이 단어는 어떤 사람에게 잘못을 분명하게 지적하고, 그에게 그 잘못을 확신시키는 것이다. 그리고 그가 네 형제라는 말과 넘겨버리라는 말을 사용하여 형제들을 영원한 죽음으로부터 영생을 얻도록 하기 위한 형제적 사랑과 관심을 두라고 하신다. 그러면서 죄지은 사람에게[52(04)b] 그러한 처벌을 하라고 요구하신다. 죄인이 "나는 죄를 지었다. 나는 은혜를 원한다. 나는 개선하기를 원한다"라고 말할 정도로 감동되고, 진전하여, 그리고 죄 때문에 참으로 충격을 받고, 겸손해 하는 단계까지 가야 한다. 그렇지 않으면, 죄인이 완전히 돌아선 것이 아니다. 그러나 또한 죄인은 그리스도 안에서 다시 위로를 받고, 모든 옳은 것을 추구하려는 데 온전히 열심을 내고, 심혈을 기울여야 한다. 그때 그의 내적 존재 안에 있는 상한 수족(手足)에 의해 고통 받던 상처가 참으로 싸매지고, 치유된다.

- **죄인들에 대한 처벌의 특징은 온유한 영(靈)과 큰 사랑이다.**

그러므로 그리스도의 명령에 따라 죄인들을 교정하고 얻으려는 사람들은 네 번째 성경 본문이 요구한 바대로 온유한 영으로, 죄인의 짐을 지려는 준비와 한 가지 뜻을 가진 참된 마음에서 우러나온 사랑으로, 그리고 세 번째 성경 본문에 있는 바울의 모범처럼 이것을 해야 할 것이다.

바울이 고린도교회 교인들을 위해 준비하고, 적용했던 것이 바로 이런 종류의 약이다. 바울은 교회 전체를 위해 그 사람을 처벌하기를 허락하였다. 또한 특별히 그는 그 사람의 영이 구원되기 위해 사탄에게 그를 그의 육신의 죽음으로 넘겨주고, 그의 영의 능력 안에서 바울 자신이 그 사람을 치리했다. 이런 방식으로 바울은 그 죄인 안에 있는 죄가 완전히 진압되고, 진멸되어, 그의 죄들에 대해 후회하고 회개하는 그러한 죄인으로 변화시켰다. 이 사람이 또한 그때 위로를 받고, 참된 개선으로 나아가고, 그 안에서 강해지도록, 바울은 나중에 고린도

교회에게[53(P1)a] 처벌과 엄격함이 충분하니, 지금 그들이 차라리 그를 용서하고, 그를 위로하며, 그에게 사랑을 보여서 그가 지나친 슬픔에 압도당하지 않게 하라고 편지했다. 그리고 바울은 그를 용서하고 그를 위로했다.

• 그 고린도 사람(교인)은 어떻게 치유 받았는가?

이것으로부터 상하고 상처 입은 양들을 위한 이 영적인 약은 무엇이며, 그것이 어떻게 적용되어야 하는지가[161] 분명하게 보여질 수 있다. 이 고린도 사람은 그의 내적인 존재 안에서 심각하게 상처를 입었고, 그의 피와 피부는 부정직에 의해서 비참할 정도로 타락했다. 그러나 지금 고린도교회와 함께 사도는 교정과 처벌을 통해 치명적인 감염과 더러운 육신을 제거하고 깨끗하게 하는 이 결정적인 처방을 통해 그를 깨끗하게 만들었다. 그리고 또한 그때 용서와 위로와 사랑의 증거에 의해 바울은 그에게 좋고도 건강한 피와 깨끗하고도 순전한 피부를 다시 얻게 하는, 이런 방식으로 그를 치유했다.

• 나단은 어떻게 다윗의 상처들을 치유했는가?

동일한 방법으로 나단(선지자, 역자 주)은 우리아를 죽도록 하기 위해 하나님의 백성에 대한 적군들의 승리를 다윗이 사악하게 가져다주었을 때, 다윗이 지은 간음과 사람 살육과 하나님의 이름에 대한 중대한 신성 모독을 통해 더럽혀졌던 상처들을 치유했다. 다윗을 날카롭게 고소하고, 그에게 그의 큰 악을 확신시킴으로써 선지자는 다윗의 깨진 수족을 회복시켰고, 사악이라는 더러운 문제를 깨끗하게 했다. 다윗이 나단에게 "나는 주께 대해 범죄했습니다"라고 말했을 때, 이것이 참으로 그의 안에서 성취되었다. 그리고 그때 선지자는 "주께서 당신의 죄를 사하셔서, 당신은 죽지 않을 것입니다"라고 말하면서 그를 다시 하나님의 은혜로 위로했다. 그래서 나단은 참으로 다윗을 다시 깅하게 했고, 그의 영석인 수속(seine geistliche glider)을 치유했다[53(P1)b].

• 모든 영적인 건강은 죄의 용서에 대한 신앙에 있다.

그러므로 인간의 내적인 건강과 생명은 그리스도이신 주께서 우리를 위해 얻으셨고, 열망하셨던 하나님의 자비에 대한 참 살아 있는 신앙과 죄의 용서에 대한 확실한 확신에 있다. 왜냐하면 이런 신앙과 확신은 우리로 하여금 하나님을 참으로 사랑하게 하고, 하나님을 기쁘시게 하는 모든 것을 행하게 하며, 그리고 모든 악한 것을 피하고, 선한 모든 것을 하게 하시는 올바른 의지와 능력을 우리 안에 불러일으키는 그의 선하신 성령을 우리에게 가져다 준다.

• 결정적인 약들을 필요로 하는 죄들이 있다.

그러나 그들이 치료될 수 있기 전에, 장기간의 약물 치료, 철저한 정화(淨化), 소작(小作), 절단과 소화(消火)를 필요로 하는 어떤 상처들도 있다. 다시 말하면, 이것을 거친 후에야 사람들은 그들의 죄들에 대해 완전한 후회를 하게 되고, 그들의 악한 욕구들과 욕망들이 완전히 깨끗하게 될 것이다. 그것이 바로 두 번째 성경 본문에서 언급된 고린도 사람의 경우와 같은 상처이다. 이것은 바로 친절하고 온유한 사도가 그 사람의 육신은 죽고, 그 사람의 영이 구원받도록 사탄에게 그렇게 오랫동안 그 사람을 내어주었던 이유이다. 고린도교회 성도들과의 교제로부터 처벌과 퇴출은 바울에게 큰 고통을 주었다. 왜냐하면 바울은 "그러므로 그가 지나친 슬픔에 삼켜버린 바 되지 않기 위해"라고 기록하고 있기 때문이다. 그러나 치명적이고도 오랜 이 약물 치료는 그 사람과 다른 사람들에게 큰 발전을 가져왔다. 그 안에서 그것은 모든 육신적인 사악을 죽였고, 다른 사람들에게는 이런 저런 다른 죄를 범하는 것을 차단시켰다.

• [162] 어떻게 다윗이 회개했는가?

그가 밧세바와 처음으로 낳은 아이의 죽음뿐만 아니라, 그의 아들 압살롬의 반란을 통해 섬뜩하고도 매우 가혹한 처벌로 고통을 당한 것은 다윗의 회개 과정에서 당한 하나님의 징계이다[54(p2)a].

• 사도적 교회는 엄격한 처벌 수단을 통해 죄인들로 하여금 자신들의 죄들에 대한 회개에 이르게 해야 한다.

고대 교회들과 사도적 교회들은 아래의 목적을 위해, 거룩한 사도가 고린도후서 7장(10절 이하)에서 증언하였듯이, 모든 심각한 범죄행위에 대해 동일한 엄격함을 보여 주었다. 그들은 죄지었던 사람들을 그 경건한 슬픔으로 움직이게 하였고, 그 거룩한 슬픔은 회개에 이르게 하였다. 아무도 그것을 후회하지 않는다. 그리고 회중 안에서 악행들에 대한 분노와 미움과 함께 기독교적 삶을 살고자 하는 열심과 열정과 마찬가지로 그 두려움이 유지되었고, 증가되었다.

• 공적 참회는 어디서부터 발생했는가?

우리는 테르툴리아누스, 키프리아누스, 암브로시우스, 그리고 모든 거룩한 고대 교부들 작품들 속에서 공적 고백과 공적 회개의 기원을 발견한다. 그리스도인들 중에 어떤 사람들이 다른 사람들을 분개하게 하는 심각한 공적인 죄를 지었을 때, 그들이 회개와 개선에 대한 분명하고도 만족스런 증거를 교회에 보여주고, 그들의 죄에 대해 참으로 안타깝게 생각하고, 진심으로 그들의 길들에 대한 개선을 스스로 보여주었다는 사실을 충분하게 증명했을 때까지, 그들은 그리스도의 탁자(성찬)의 교제에 대한 참여가 허락되지 않는다.

• 공적인 고백과 회개와 만족은 어떻게 증명되는가?

이런 만족과 참회와 개선(der rewe und besserung)은 다음과 같은 방법으로 죄를 짓고, 교회를 공격했던 사람들에 의해 수행되어야 한다. 먼저 그들은 자신들이 죄를 짓고, 잘못을 저질렀다고 모든 사람들 앞에서 교회 안에서 고백하고, 인정해야 한다. 그 후에 교회의 장로들에 의해 결정되는 동안, 그들은 울면서 한탄하고, 많은 진지한 기도와 탄원으로, 금식하면서 깨어 있고, 모든 육신적 쾌락을 삼가면서, 풍성한 구제헌금과 함께[54(P2)b] 기독교적 모든 준수사항들을 지키면서 그들의 죄를 슬퍼하고[163] 속죄해야 한다. 그들이 지녔고, 먹었고, 마셨던 모든 것과 그들이 했던 모든 것을 통해 그들은 스스로 슬퍼하며, 죄의 용서를 추구하고 있다는 것을 보여주어야 한다. 즉, 완전하게 깨진 마음과 부서진 정신들을 가지고, 가장 높은 정도의 기대와 진지함을 가지고 그들의 삶의 완전한 회심과 개선(gantze bekerung und besserung)을 의도하면서 말이다.

• 회개하도록 요구된 이런 죄인들이 언제, 어떻게 기독교적 교제에로 회복되고, 그들의 죄의 용서를 받는가?

그것은 그들에게 요구된 회개와 그들의 죄에 대한 슬픔과 그들의 길들을 개선하는 참되고 확실한 결정을 교회에게 증명했을 때이다. 즉, 그들은 이런 일들을 충분하게 했고, 악으로부터 저지된 자신들의 모범을 통해 이전에 그들이 그들의 범죄를 통해 불쾌하게 했고, 죄 짓는 일을 촉구했던 사람들에게 순진함을 보이는 때이다. 오직 이 모든 일이 수행되었을 때만, 장로들이 교회의 이름으로 그들을 용서하고, 공적으로 그리스도이신 주와 그의 교회와 그들과 화해시키며, 그들을 하나님의 진노의 굴레로부터 풀어주며, 주의 이름으로 그들의 죄를 용서해주며, 그리고 그 후에 그들은 다시 한번 주의 성찬과 교회의 교제에 허락되고, 받아들여진다. 당신이 그들 모두의 작품들 안에서 읽을 수 있는 것처럼, 거룩한 고대 또 교부들은 치리의 이런 실천과 죄에 대한 회개를 매우 엄격하게 고수하고 있다.

• 공적 회개를 하도록 한 테오도시우스 황제의 범죄

가장 거룩하고 경건한 황제 테오도시우스는 반란으로 그의 여러 명의 관리들이 죽임을 당하자, 자기 스스로 분노가 폭발한 나머지(암브로시우스가 기록한 대로, 황제는 특별히 분노하는 경향이 있었다), 데살로니가에서 끔찍한 살인죄를 저질렀다. 그는 연극을 보여 주려는 것처럼, 극장 안으로[55(P3)a] 시민들을 소집한 후, 군대들을 명령하여 그들을 공격하고, 살해하게 했다. 이런 방법으로 약 칠천 명의 사람들이, 죄인이든지 죄가 없든지 간에 처형을 당했다.

• 이 황제는 어떻게 참회하고, 용서함을 받았는가?

이 심각한 일을 행한 후, 황제는 다른 그리스도인들처럼 교회로 가서 성찬에 참석하기 위해 밀라노로 갔다. 그러나 암브로시우스는 모든 사람이 보는 앞에서 그가 행하는 것을 금하도록 명령하고, 그리스도의 이름으로 그의 회개를 묻고[164], 황제가 범했던 끔찍한 살인과 심각한 공격에 대한 적절한 회개를 행할 때까지, 그를 교회로부터 출교시켰다. 8개월 동안 황제는 기독교적 인내와 함께 이 출교를 견뎠다. 그리고 처음에는 그의 청지기 루피누스(Rufinus)를 통해, 나중에는 그 자신 스스로 큰 겸손으로 교회의 용서와 화해를 위한 눈물을 흘리면서 애걸하면서 암브로시우스에게 왔다. 암브로시우스는 황제가 참회자들 가운데서 교회에 공적으로 나타나 땅에 그의 얼굴을 숙이고, 그리고 거기서 그리스도의 회중 앞에서 그의 죄를 공적으로 고백하고, 탄식할 때까지 출교를 취소하지 않았다. 이런 방식으로 그의 슬퍼함과 회개는 제국 전체에 널리 알려지게 되었다. 특히 데살로니가에 있는 반란을 처벌하는 가운데 그의 성급함에 의해 상처받았던 모든 사람들은 황제의 회개로 인하여 기뻐하게 되었고, 피해를 입었던 모든 사람들은 보상을 받게 되었다. 이 규정(법령)으로부터 볼 때, 황제는 그가 부과했던 너무나도 성급하고 심각한 처벌에 대해 진심으로 [55(P3)b] 후회하고, 나아가 참으로 그의 길들을 개선하기 위해 자신을 굴복시켰다는 사실을 우리는 확인하게 된다.

이 법령에서 그는 자기 자신이나 다른 군주들이 처벌을 행할 때, 너무 성급하거나 가혹한 처벌을 하지 못하도록 금지시키고, 그러한 처벌의 시간과 수위를 조정할 것을 주장했다. 그러므로 그는 그 자신의 이름뿐만 아니라, 제국의 더 젊은 그의 공동 통치자들인 그라티아누스와 발렌티아누스의 이름도 거기에 덧붙여서 이 법령을 공표했다. 그들의 아버지 발렌티아누스 장로는 실제로 보호자들과 제국통치에 있어 공동 통치자들이 되도록 임명되었다.

• 테오도시우스가 회개로써 공표했던 법령

이 법령이 말하고 있는 내용은 다음과 같다. 만약 황제들이 범죄의 성격을 고려하여, 어떤 사람이 보통보다 더욱더 극심하게 처벌받도록 명령을 내릴 때, 처벌 판결을 받은 고소된 사람들은 즉시 처벌되거나 처벌이 집행되어서는 안 된다. 그 대신 그 상황들의 상세한 부분들이 30일간 더 고려되어야 한다. 그 기간 동안 피고자를 체포하여 감옥에 가두고, 부지런한 간수들이 지켜야 한다.

[165] 테오도시우스 황제는 이 법령을 공표하고, 그것이 모든 곳

에서 받아들여지게 하였고, 아주 높은 가치를 부여하는 그러한 방법으로 강화하였다. 우리가 그것을 "Si vinddicari"로 시작하는 C. de poenis 속에서 가지고 있는 것처럼, 후대에 유스티니아누스 황제는 이 법령을 그의 황제 칙령들과 명령들 속에 통합시켰다. 참된 감독들이 이 교회를 통치했을 때, 공적이고[56(P4)a] 흉악한 죄들을 통해 교회에 큰 피해를 주었던 사람들에 반대하여 교회 안에서 취해진 행동들은 이처럼 진지했다는 사실을 주지하기 바란다.

• 이러한 회개는 하나님의 질서이다.

거룩하고 신실한 감독들은 그것이 바로 인간적 질서(ordnung)에 의해서가 아니라, 오직 그리스도에 의해서 명령되고 요구되었다는 이유로 인하여 여기에 대해 그렇게도 심각한 태도를 취했다. 왜냐하면 사도 바울도 주로부터 받은 명령으로써 모든 진지함을 가지고 자신도 이것을 지킬 뿐만 아니라, 만약 다른 사람들도 이 질서를 무시했을 때, 그들을 책망하기까지 했다. 그는 고린도교인들에게 "그리하고도 오히려 교만하여져서 어찌하여 통한히 여기지 아니하고 그 일 행한 자를 너희 중에서 쫓아내지 아니하였느냐"(고전 5:2)고 기록하고 있다. 고린도 지역교회는 이 사람의 비행을 슬퍼하고, 통탄해 하면서, 그 사람을 자신들로부터 쫓아냈어야 했다는 사실을 주지하시기 바란다. 바울는 "만약 그가 자신이 야기시키고 있는 고통으로부터 멀리하기를 원하지 않는다면"라고 쓰지 않고, "이것을 행함으로써 죄를 지었던 그 한 사람"이라고 쓰고 있다.

• 고린도에서 그렇게도 심하게 공적으로 죄를 지었던 사람은 충분하게 후회를 하여, 그가 절망 가운데 빠지는 것에 대해 보호받을 필요가 있었다. 그러나 그는 회개를 했고, 1년, 그리고 하루 이상 동안 하나님의 교회로부터 출교 당했다.

고린도 사람들은 사도의 처벌이 그들과 함께 효과를 내도록 허락했고, 이전에 부족한 것을 보충했을 때, 사도는 "이 사람(회개자)에게 했던 처벌이", 다시금 "많은 사람에 의해 그를 위해 충분하다. 지금 그 대신 여러분들은 그를 용서하고 위로해 주어야 한다. 그가 지나친 슬픔에 의해 압도되지 않도록 하기 위해서다"라고 쓰고 있다. 사도가 고린도 사람들이 이 회개자를 용서해야 하며, 많은 사람들에 의해서, 곧 교회 전체에 의해서 그에게 가해졌던 처벌은, 사도가 고린도전서 5장(1절 이하)에서 명령했던 것처럼 충분했다. 그리고 사도는 다음의 내용을 첨가한다. "그가 지나친 슬픔에 압도되지 않도록 하기 위해." 이 사람은 관련된[56(P4)b] 그의 죄들 때문에 너무나도 슬프게 되었다. 그는 지나친 슬픔에 의해 압도되어 심지어 절망했는지도 모른다. 그러므로 그는 오랫동안 걸어왔던 그의 길을 개선하는 데 자신을 헌신해야만 하고, 가장 겸손하게 교회의 처벌을 받아들이고, 참으로 교회를 경청해야 한다. 그러나 그는 아직도 용서받지 못했고, 그렇게 오랫동안 처벌과 회개에 계속적으로 복종해야 한다. 왜냐하면 거룩한 사도는 고린도전서를 쓴 후에, 디모데전서와 디도서를 그들에게 보냈기 때문이다. 그리고 모든 것이 지나고, 멀리 그가 여행한 후에, 그는 고린도후서를 썼다. 그리고 그는 이 회개자를 용서하라고 그들에게 충고했고, 바울 역시 그를 용서했다.[166] 우리가 고린도후서 9장으로부터 볼 수 있는 것처럼, 이 기간은 1년 이상 되는 기간이다. 이 것으로부터 볼 때, 우리는 사도가 보다 더 심각한 죄를 지은 사람들에 대한 출교와 회개가, 비록 그들이 그들의 죄로부터 돌아서서, 그들에게 복종하게 되었을지라도, 교회 안에서 무시되어서는 안 된다. 이는 주의 질서와 명령으로 간주한다는 사실을 볼 수 있다. 그렇지 않았다면, 바울이 그것을 무시한다고 하여 고린도 사람들을 그렇게도 심각하게, 그리고 날카롭게 책망하지 않았을 것이다. 그는 인간적 규칙 (menschliche satzung)에 관해서 그렇게 관심을 두지 않았다.

• 죄를 짓고도 회개하지 않는 사람들을 사도는 심각한 처벌로 경고한다.

우리는 이런 사실을 고린도후서 13장(2절 이하)으로부터 배울 수 있다. "내가 이미 말하였거니와 지금 떠나 있으나 두 번째 대면하였을 때와 같이 전에 죄 지은 자들과 그 남은 모든 사람에게 미리 말하노니 내가 다시 가면 용서하지 아니하리라 이는 그리스도께서 내 안에서 말씀하시는 증거를 너희가 구함이니 그는 너희에게 대하여 약하지 않고 도리어 너희 안에서 강하시니라"(고후 13:2-3). 그리고 똑같이 고린도후서 13장 10절은 다음과 같이 말씀한다. "그러므로 내가 떠나 있을 때에 이렇게 쓰는 것은 대면할 때에 주께서 너희를 넘어뜨리려 하지 않고 세우려 하여 내게 주신 그 권한을 따라 엄하지 않게 하려 함이라"(고후 13:10).

이 모든 것으로부터 우리는 사도가 특별히 거칠고도 심각한 처벌을 가지고 고린도 사람들을 경고하고 있다는 것을 확인할 수 있다. "내가 여러분들을 아끼지 아니할 것이다"라고 말하고, 그는 "그가 거칠게 되지 않도록"이라고 말한다. 이 엄격함과 거친 것이 악한 일을 의미하는 것이 아님을 보여주기 위해 그들을 경고하는 가운데 그리스도의 능력을 불러일으킨다. "여러분이 그리스도께서 나를 통해 말씀하시는 것을 요구하기 때문에, 그는 여러분들을 다루시는 가운데 약하지 아니하시고, 여러분 가운데 강하시다." 이런 방법으로 사도는 그가 죄지은 자들에 대해 취급하고 있는 처벌은 인간적 규정이 아니라, 심각한 문제이며, 주의 명령임을 분명하게 증명하고 있다. 바울은 또한 우리가 위에서 인용했던 세 번째 성경 본문인 12장에서 그가 쓰고 있는 내용에 의해 이것을 증명하고 있다. "너희 앞에서 하나님께서 나를 겸손하게 하시기를 바란다. 나는 이전에 죄를 지었던 많은 사람들로 인해 슬퍼질 것이다." 이것이 겸손하게 하고, 슬프게 하도록, 그는 또한 고린도전서 5장(2절 상반절)에서 고린도교회 사람들에게 요구하고 있다. "그리하고도 오히려 너희가 교만하여져서" 그는 "통한히 여기지 아니하고"라고 쓰고 있다.

• 고린도전서 9장과 고린도후서 12장에서 겸손해지고, 슬퍼하게 된다는 뜻은 무엇인가?

우리가 고전 헬라어 번역자들의 언어로 겸손해짐과 슬퍼하게 됨에 대한 단어들을 사용했던 성경 속에[167] 있는 모든 곳에서부터 [57(Q1)2] 볼 수 있는 것처럼, 이 겸손해짐과 슬퍼함은 진지하게 하는 금식, 기도, 죄에 대해 슬퍼함을 포함한다.

백성들이 금송아지로 그들이 범한 죄를 속죄해야만 했을 때, 이것은 출애굽기 33장(4절)에서 찾아볼 수 있다. 비슷하게 레위기 16장(29절)에도 하나님께서 공동체 전체를 위한 매년의 화목제를 명령하셨을 때에도 나타난다. 또한 사사기 21장(2절)에서도 이스라엘 백성이 베냐민 지파에 의해서 패배당한 뒤에 슬퍼하고, 회개했다. 사무엘상 7장(6절)에서도 그들의 죄를 슬퍼하고, 그들의 죄에 대한 회개를 하였다. 아합 왕이 열왕기상 21장(27절)에서 나봇의 살인자를 위한 회개를 했을 때에도 자신의 죄를 슬퍼하며 옷을 찢고 금식하며 회개했다. 그리고 비슷하게 니느웨 사람들의 회개가 있었다. 이와 같이 우리가 성경에서 읽는 모든 사람의 회개가 있다. 사랑하는 선지자들이 경고하는 사람들도 참된 슬픔과 회개와 죄의 속죄에로의 부름을 받고 있다.

• 하나님은 죄가 없는 목회상담자들이 죄지은 사람들을 위해 회개할 것을 요구하신다. 그러므로 실제로 죄를 지은 사람들이 회개하는 것을 하나님은 얼마나 더 요구하시겠는가?

글쎄(Wolan), 사랑하는 그리스도인들이여! 이 모든 것으로부터 따라오는 것이 무엇이며, 우리가 내려야만 하는 결론이 무엇인지를 보도록 하자! 사도가 기록하고 있는 이 겸손해짐(das Demütigen)과 슬퍼함은, 죄 때문에 오는 육체의 죽임에 대한 진지함, 금식함, 애통함, 기도함, 그리고 탄원함이다. 이 겸손은 심각하게 죄를 지은 사람에게 교회 전체 속에서 사도에 의해서 요구된다. 죄를 지은 사람들이 그렇게 하지 않았기 때문에, 참으로 사도는 자기 자신이 이 겸손을 받아들이기 위해 하나님 앞에서 책임을 지는 것으로써, 주요 목회상담자로서 자신을 인정하면서 그것을 너무나도 본질적인 것으로 간주한다. 그는 고린도후서 12장(21절)에서 "또 내가 다시 갈 때에 내 하나님이 나를 너희 앞에 낮추시고 … 슬퍼할까 … 내가 두려워하고"라고 기록하고 있다. 이 겸손은 인간에 의해서가 아니라, 하나님에 의해서 그에게 가해진 것이라는 사실을 바울이 인정하고 있음을 주지하기 바란다.

[58(Q2)a] 그러므로 사랑하는 사도는 다음의 사실을 고려했다. 하나님께서 다른 사람들의 죄를 위한 회개를 실행하기 위해 그러한 진지한 겸손함을 그로부터 요구하셨다. 그리고 참으로 만약 죄를 지었던 사람들이 그렇게 하는 데 실패한다면, 사도는 그것을 자기 자신 위에 올려 그 짐을 져야만 했다. 그리고 그에게는 모든 범죄가 진심어린 마음의 애통의 문제라고 생각하고, 그는 사람들의 모든 죄를 방지하고, 피하고, 바로잡을 수 있는 모든 일을 했다. 그러므로 우리는 사도가 더욱 심각한 죄들을 위한 이런 교정과 처벌과 회개가 주 하나님에 의해서 가장 진지하게 요구된 것으로 인식했다는 것을 우리는 분명하게 볼 수 있다. 이것은 바로 그가 교회 전체가 특별히 목회상담자들이, 교회 안에서 어떤 사람이 심각하게 죄를 짓고, 범죄 했을 때, 이것을 그들 자신들이 해야한다는 것을 받아들이도록 요구하고 있다.

• 하나님께서 율법 속에서 회개를 명령하셨다.

그리고 어떻게 거룩한 사도가 이 겸손함과 회개의 필요성을 인식할 수 있었을까? 그는 사랑하는 고대 거룩한 사람들도 인도하셨던 성령에 의해 그렇게 하도록 인도되었다. 참으로 사도는 그리스도의 영에 의해 인도되었다. 그리스도의 영은 하나님께서 그의 옛 백성들에게 문자의 수단에 의해 지시하시고, 명령하셨던 것들을 모든 사람들과 신자들 안에서 유지하시고, 성취하시며, 지금은 문자의 강요함과 더욱 큰 열광주의와 함께 하지 않으면서도 모든 때에 그 자신의 계획에 따라 그렇게 하신다. 그러나 출애굽기(레위기, 역자 주) 4, 5, 6장에서 우리는 하나님께서 그의 백성에게 어떻게 지시하시고 명령하셨는가를 읽는다. 만약 하나님의 백성 중에, 제사장들과 군주들이나 참으로 전체 백성 중에 어느 누가 금지된 것을 행함으로써 또는 명령된 것을 행하지 않음으로써 하나님의 율법에 대해 범죄했을 때, 그들은 그의 교회 안과 제사장들 앞에[58(Q2)b] 계시는 하나님 앞에 나아가, 거기서 은혜를 구하고, 그들의 번제물들을 가져와서 그들의 죄를 고백하는 방식으로 제사장들을 통해 화해(목)을 얻게 된다. 우리가 위의 여러 곳에서 주지시켰던 것처럼 진지한 회개와 탄식과 금식이 없는 경우, 이것(회개)이 확실하게 일어나지 않았다. 이런 성경 몇 곳에서, 그리고 참으로 성경 전체를 통틀어 죄의 속죄와 관련될 때, 우리는 죄에 대한 화해는 이런 겸손과 탄식 금식과 기도 및 탄원과 함께 성취되어야 한다는 사실을 읽게 된다.

• 무죄한 사람들이 왜 죄지은 사람들을 위한 회개를 해야 하는가?

교회 전체, 특별히 장로들이 아주 심각하게 죄를 지었을 때 이러한 사람들을 위하여 그들과 함께 회개에 대한 책임을 인식했다는 사실은 모세, 여호수아, 사무엘, 예레미야, 그리고 다른 훌륭하고 탁월한 인물들을 통해 확인할 수 있다. 신자들은 서로 서로에게 지체들이다. 그러므로 그들의 지도자들은 그들 대신 머리의 역할을 맡아야 하며, 지체들의 모든 고통들 속에서 그들은 무엇보다도 그 사람들을 동정해주고, 그들이 더욱 나아지도록 가장 큰 관심을 갖는다. 신자들은 기쁨과 고통에 함께 동참한다. 각 사람은 다른 사람들의 죄 속에서 그 자신의 죄를 인정하면서 다른 사람들의 짐을 함께 진다. 그것이 바로 그들이 서로와 함께 서로를 위해 회개를 수행하는 이유이다. 그리고 특별히 이것을 행하는 사람들은 머리의 사역을 수행해야 하는 사람들이다. 즉, 모세, 여호수아, 바울, 그리고 그들과 같은 참된 목회상담자들(영혼을 참으로 돌보는 자들)이다.

우리는 출애굽기 32장(31절 이하)에서 모세의 경우를 읽는다. 그가 그의 백성을 위해 탄식하고, 기도하고, 탄원할 때, 그는 하나님께서 [169] 생명책에서 그의 이름을 삭제하든지 그렇지 않으면 백성을 용서해 달라고 하나님께 간청했다. 또한 레위기(민수기, 역자 주) 14장에서도 발견한다.[59(Q3)a] 그리고 비슷하게 여호수아 17장(6절)에서도 발견한다. 그는 장로들과 함께 온종일 주 앞에서 탄식하며, 탄원하고 있다. 왜냐하면 그것은 여리고라는 도시로부터 봉헌된 물건들을 가져옴으로써 범죄했던 아간 때문이었다. 그러나 거기에 하나님의 진노가 백성 전체를 향해 나타났다. 하나님께서는 교회들에게 그들의 지체들을 사용하도록 허락하신다. 그러므로 교회 지체들은 서로 죄를 짊어지고, 모든 처벌에 동참해야 한다.

이 모든 것으로부터 진지하고 공적인 겸손함과 처벌과 회개의 형태 안에서 전능하시고 자비로우신 하나님께서 옛 사람들에게 죄에 대한 이 치료약을 어떻게 규정하시는지를 우리는 보게 된다. 그리고 이것은 하나님께서 죄를 지은 사람들에게 뿐만 아니라, 특별히 지도자들,

목자들, 그리고 목회상담자들에게도 부과하셨던 아주 심각한 문제였다. 우리는 또한 이 모든 것으로부터 하나님의 참된 영께서 항상 참된 신자들이 이것을 받아들이고, 그들에게 원하는 마음을 어떻게 주시는지를 보게 된다.

• 교회 안에서 죄를 반대하는 데 도움을 주는 모든 것이 진지하게 수행되어야 한다. 이것이 바로 회개의 실천이 가장 엄격하게 준수되어야 하는 이유이다.

지금 그리스도의 교회 안에 선한 모든 것, 유용하고, 고상한 모든 것, 죄를 치료하는 약에 해당되는 모든 것이 고대 사람들에게 있었던 것 이상(以上)으로, 훨씬 더 완전하게, 진지하게, 그리고 열심을 가지고 실천되어야 한다. 왜냐하면 그들의 죄로부터 그의 백성을 구원하는 그리스도의 사역으로 말미암아 교회 역시 그리스도의 은혜와 구원을 더욱더 완전하게 받았기 때문이다. 비록 이런 규정이[59(Q3)b] 고대인들에게 있었던 것과 같은 동일한 방법으로 우리에게 분명하게 설명되어 있지는 않을지라도, 그렇게 해야 한다. 옛 사람들에게 분명한 설명이 없었다면, 어떻게 바울과 모든 다른 사도들과 목회상담자들이 죄에 대한 이런 약을 하나님으로부터 온 것으로 그렇게도 진지하게 규정하고, 그 약의 치료하는 능력들 안에서 그렇게도 강하게, 그리고 그렇게도 효과적으로 그 약을 자신들에게 적용하고, 회개해야 하는 모든 사람들에게도 강력하게 진척시키고 독려했겠는가?

• 교회의 외적 실천들은 요약된 형태 속에서 주에 의해서 기초된 것이고, 또한 완전하게, 그리고 보편적으로 사도들에 의해서 기초된(angerichtet) 것이다.

교회의 모든 외적 실천들과 관련하여 우리의 주이신 예수께서 우리가 해야 할 모든 외적인 것의 아주 작은 것을 설명하셨다는 사실을 주의깊게 살펴보아야 한다. 우리는 오직 거룩한 세례와 주의 성찬과 회개(vom h. Tauffe, Nachtmal und der Büß)에 관해서 기록된 그의 명령을 가지고 있다. 그리고 여기에 대해 아주 짧게 기록되어 있다. 세례와 관련하여, 우리가 가지고 있는 유일한 명령 또는 설명된 것은 "(그러므로 너희는 가서, 역자 주) 모든 민족으로 제자를 삼아 아버지와 아들과 성령의 이름으로 세례를 베풀고"(마 28:19)라는 말씀이다. 우리가 성찬을 지킬 때, 우리는 주에 대한 기억 속에서 그것을 행해야만 한다. 똑같이 현재의 문제인 회개와 관련하여, 우리가 가지고 있는 모든 것은 목회상담자들이 슬퍼하고 고치기로 약속하는 모든 사람들의 죄를 용서해 주어야 한다는 내용이다. 그들이 땅에서 매는 모든 것은 하늘에서 매어지는 것이고, 그들이 땅에서 풀어주는 것은 하늘에서도 풀어지는 것이다. 그들이 사람들의 죄를 가지고 있으면, 그들은 유보되고, 그들이 그 사람들의 죄를[170] 용서하면, 그들이 용서된다. 그러나 사랑하는 사도들, 또는 사도들 안에 계시는 성령께서, 그리스도의 사역이 무엇을 요구하며, 그들이 어떻게 확장되고, 보여지고, 하나님의 사역으로 수용할 수 있게 만드는지에 관하여 이 속에서, 그리고 다른 교회의 규정들(ordnungen der Kirchen) 속에서 계속적인 교훈을 주셨다.

거룩한 세례의 경우, 세례가 성인들에게 집례 되어야 할 때, 성령은 [60(Q4)a] 사람들이 그들의 죄를 고백하고, 세상과 마귀를 단절하고, 그리고 인격적인 신앙고백에 의해 자기 자신들을 그리스도와 교회에 위탁해야만 한다고 명령하셨다. 이것이 사도들이 그렇게 했던 내용이다. 우리가 사도들의 행전에서 읽고 있는 것처럼, 사람들이 세례 받을 때, 그들은 확실히 이것을 성령의 감동하(aus eingeben des h. Geists)에서만 했다. 비슷하게 바울도 거룩한 성찬의 오용에 대해 정죄하고, 처벌했고, 그가 그들에게 썼을 때, 그가 약속한대로 그의 글에서와 마찬가지로 그가 나중에 그들에게 갔을 때도 그것에 대한 올바른 사용과 태도를 가르치고, 명령했다.

• 사도들은 세례, 성찬, 회개를 통해서 무엇이 행해지도록 명령했는가?

똑같은 방법으로 사도들 역시 참된 회개에 필요한 것이 무엇인지를 명령했다. 설명된 모든 것은 교회가 묶고, 죄 지은 것을 보유(保有)하면, 그것은 묶이고, 그 죄들이 보유된다는 사실이다. 그리고 교회가 풀고, 그 죄들을 용서하면, 그것이 풀리고, 그 죄들은 용서될 것이다. 그러나 교회가 어떤 종류의 사람들을 묶거나 풀며, 그들이 어떤 죄들을 보유하거나 용서해야 하는지, 그리고 그들이 그러한 사람들에게 무엇을 요구하고, 부과해야 하는지에 관해 주께서 이 모든 것에 대해 결정적으로, 그리고 분명하게 설명한 어떤 기록된 명령을 우리는 가지고 있지 않다. 그러나 우리가 바울 서신들에서 살펴보았다시피, 그들이 이것을 그리스도의 영에 의해서 이것을 어떻게 취급하고 있는지를 사도들의 행전에서 볼 수 있다. 그리고 그리스도의 성령께서 그들 모두를 인도하시고, 지도하고 계셨기 때문에, 다른 사도들도 의심의 여지 없이 동일한 방법으로 행동했을 것이다.

[60(Q4)b] 주께서 바울과 다른 사도들에게 그의 양들을 먹이고, 가장 신실하고 최선의 방법으로 그렇게 하라고 명령하셨다. 이것은 양들의 구원을 위해 봉사해야만 하는 모든 것을 행하고, 조직하고, 요구하기 위해 그들이 필요했던 모든 명령이다. 그러나 [171] 우리가 이미 언급한 것과 같이 양들의 구원을 위해 봉사했으며, 더욱 중한 죄를 지었던 사람들에 대한 이러한 처벌과 회개는 그들이 오래전부터 율법과 선지자들로부터 배웠고, 이미 사용되어왔던 것이다. 또한 그들은 그리스도의 교회를 통치하시는 성령에 의해 그것으로 인도되었다.

• 하나님은 모든 올바른 사람들 안에서 더욱 큰 죄들에 대한 회개를 불러일으키신다.

참으로 선한 시대를 거쳐서 가능한 적용되었던 특별한 교정과 처벌은 보다 심각한 죄를 지었던 사람들에게 매우 쓸모 있고, 유익했다는 사실을 성령께서 가르쳤던 사람들은 신약과 구약 속에 있던 하나님의 백성들이었다. 뿐만 아니라, 성령은 자연의 빛을 통해(durch das liecht der natur) 모든 사람들을 가르치신다. 만약 아들이 너무나도 심각하게 죄를 짓고, 제멋대로 그의 아버지를 멸시한다면, 자신의 길을 고치고자 하는 뜻과 의향과 함께, 그가 참으로 회개하고, 모든 행동과 태도에 있어 그의 범죄에 대한 자신의 슬픔을 증명해 보일 때까지, 아버지는 그의 아들을 치리(治理)하여, 잠시 동안 그에게 말을 하지 않고, 아마도 심지어 그를 쫓아내고, 그의 면전에 나타나는 것을 허락지 아니할 것이다. 그리고 그의 아버지가 동의하지 않는 모든 일에서 벗어날 수 있는 그의 길을 가게 하며, 그의 아버지를 기쁘게 해드릴 그런 일들을 하게 할 것이다. 그리고 만약 그 아이가 이 모든 일을 다 수행했고, 적당한 기간 동안 그의 회개를 보였을 때조차도, 그리고 많은 가난과 고통으로 오랫동안 고통을 당했을지라도, 아버지는 그의 사랑 [61(R1)a]과 호의로 그를 회복시키지 않을 것이다. 그때 그는 모든 겸손으로 나아와 그에게 강청해야 하며, 가끔 그를 위해 다른 사람들을 보내어 강청하게 하고, 진지하게 약속하고, 아버지가 원하는 것은 무엇이든지 하도록 시작해야 할 것이다.

• 회개의 엄격함을 통해 무엇이 성취되는가?

똑같은 방법으로 경건한 주인들은, 그들의 신하들이 심각하게 죄를 지었을 때, 그들의 신하들을 다스릴 것이다. 그리고 질서가 올바르게 잡힌 모든 공동체들 안에서 어떤 관점에서 심하게 잘못을 했던 사람들은 상응하는 회개를 해야 하고, 만족을 준비해야 하며, 그들의 개선의 증거를 보여야 한다. 사람이 그의 범죄로부터 돌아서고, 죄송하다고 말한다고 해서, 즉시 그 사람이 용서를 받는 것이 아니다. 왜냐하면 이 처벌과 치리와 회개는 사람들로 하여금 잘못을 저지르지 못하게 만들고, 비행은 그들의 육신으로부터 어느 정도 제거되고, 그리고 다른 사람들도 죄를 짓는 것이 억제되기 때문이다.

그러므로 하나님께서 백성들에게 유용하고, 유익한 이 치리와 처벌과 회개를 명령하셨기 때문에, 그것은 모든 경건한 아버지들과 치리수행자들과 통치자들에 의해서 수행된다. 그리고 그의 교회 안에서 백성들이 악한 모든 것을 피하고, 선한 모든 것으로 정돈되고, 이끌어지고, 촉진되기 위해 최선의 치리와 통치가 있어야 한다. 하나님께서 이스라엘 백성에게도 그것을 설명하시면서, 이 치리와 처벌과 회개를 명령하셨다. 그러나 우리가 위에서 사도 바울을 통해 보았듯이, 새 백성을 위해서 그것이 사랑하는 사도들[172]을 통해, 참으로 성령을 통해 제시되고 명령되었다. 우리가 앞에서 언급했던 공적 신앙고백과 회개가 거룩한 고대 교부들에 의해 그렇게도 진지하게 유지되었던 것은 다름 아닌 바로 하나님의 이런 명령과 성령이 제시한 질서의 결과이다.

[61(R1)b] 중한 죄를 지었던 사람이 회개를 통해 자신을 교회에 대한 만족을 주지도 않고, 그리스도와의 교제와 교회의 화해에 받아들여지는 경우에 고대 거룩한 순교자들과 교부들은 이것을 그리스도의 규정을 위반한 범죄요, 죄인과 교회 전체의 분명한 부패를 드러내는 것으로 간주했다. 우리는 키프리아누스와 다른 교부들 속에서 이것을 읽을 수 있다.

• 교회가 어떻게 묶는가?

주께서 교회에게 하늘 나라와 묶고 풀고, 그리고 죄를 보유하고, 용서하는 권위의 열쇠들을 부여하셨다. 그리스도의 구속을 멸시하고, 하나님의 진노와 영원한 저주에 빠졌던 죄인들로서 죄를 지었던 자들이 교회 앞에 나와 그들의 죄에 대한 회개를 명령하여 시행하도록 하고, 겸손함과 그들의 교만하고 악한 육신의 죽임과 함께 그들의 온 마음으로 은혜와 개선을 추구하도록 그들을 촉구하는 것이 다름 아닌 바로 죄를 묶는 것과 죄를 보유하는 것이 아니겠는가?

그리고 교회는 또한 하나님을 위해 이것을 행하고, 큰 진지성과 진리를 가지고 그것에 관여함으로써 죄를 풀거나 용서할 수 있다. 그들이 할 수 있는 한, 그의 죄에 대해 참으로 후회하고, 그의 길을 고치기 위해 그의 온 마음을 다해 헌신하는 그런 사람이 되도록, 그들이 할 수 있는 한, 그들이 인정할 수 있는 사람 이외에 교회는 어떤 사람의 죄도 풀거나 용서할 수 없다. 더욱 심각하고 더욱 큰 죄에 상응하는 이 참된 슬퍼함과 개선에 대한 위탁은 그가 지었던 죄로부터 방금 돌아섰다는 것과 "나는 죄송하다. 나는 그것을 다시는 행하지 않는다"라고 말하는 것만으로 증명될 수가 없다.

[62(R2)a] 만약 어떤 사람이(그리고 이것은 암브로시우스에 의해서도 사용되었던 한 실례이다) 인간적인 왕자를 괴롭히고, 그래서 그의 삶의 권리를 박탈하거나 그로부터 도망하거나 어떤 방식으로 그에게 불신실하게 하거나 그렇지 않을 경우 큰 비행의 죄를 지을 때, 그가 자신에게 전력하고, 시작해야 할 일은 무엇이겠는가? 그의 비행에 대한 참된 슬픔과 그의 길을 고치려는 확고한 의지를 증명하기 위해, 겸손함과 신앙고백과 간청과 탄원이 사람에게, 개인적으로, 그리고 그의 친척들을 통해 전달해야 할 것이다. 그의 잘못을 삼가고, "나는 그것을 다시는 하지 않을 것이다"라고 말하는 것만으로는 충분하다고 생각하지 않을 것이다.

[173] 그들이 전능하신 분, 그들의 하늘 아버지, 그리고 주이신 예수 그리스도, 그들의 유일한 구세주께 그렇게도 심하게 격노하였고, 또한 그의 교회를 그렇게도 해롭게 공격하여, 그들이 영원한 죽음에

해당되는 크고도 무서운 죄를 올바르게 인정하고 후회하는 사람들에 의해 호소되어지고, 실천되어져야 하는 것이 어떤 종류의 신앙고백과 후회함과 겸손해짐과 기도함과 탄원함과 자신들을 위탁하는 것과 자신의 약속이겠는가? 실제적으로 죄를 삼가고, "나는 죄송하다"라고 말하는 것이 충분하다고 생각하는 그 어떤 사람도 여태까지 없었다. 오히려 그것은 첫 아담처럼, 이스라엘의 자녀들처럼, 그들의 죄를 올바르게 인정하고 후회했던 사람들 가운데 모든 사람들처럼, 베드로와 참으로 회개했던 그리스도의 교회 안에 있는 모든 사람들처럼, 그리고 동일한 방법으로 바울이 고린도 사람들을 가르친 것처럼, 큰 공포와 두려움으로, 진지한 겸손해짐과 죽음으로, 탄식과 기도와 울부짖음과 탄원으로, 가장 큰 진지함으로 하나님을 기쁘게 해드리기 위해 고통을 당하고, 죄를 피하고, 견책을 받아들이고[62(R2)b], 인내하고, 그가 하나님을 기쁘게 해드리는 것을 소망함에 따라 모든 것을 행하거나 삼가는 것이다.

사랑하는 베드로에게도, 그가 주를 부인하는 것을 중단하는 것으로 충분하지 않았다. 그는 죄송해 하고, 그가 실패했던 장소에 더이상 오래 머물러 있지 않고, 밖에 나가 심히 통곡하고, 그렇게도 심각한 그의 죄에 대해 한탄하고, 슬퍼했다. 주님 자신이 그를 위로했을 때까지 말이다. 그리고 분명히 그가 울고 한탄하고 있는 동안, 그는 자신에게 어떤 작은 육체적 쾌락도 허락하지 않았을 것이다. 그들이 어떤 방면에서든 주님에 대하여 심각하게 분노했을 때마다, 그것은 이스라엘 백성에도 동일했다. 그것은 역시 다윗, 에스겔, 예레미야, 다니엘, 바울, 그리고 그들 자신들이나 다른 사람들의 심각한 죄를 한탄하고 탄식했던 모든 사람들에게도 동일했다. 성전에 있는 세리는 무엇이라고 말했던가? "지금 좋아요, 주여, 나는 더 나아져서, 죄를 멀리합니다."라고 하지 않았다. "세리는 멀리 서서 감히 눈을 들어 하늘을 쳐다보지도 못하고 다만 가슴을 치며 이르되 하나님이여 불쌍히 여기소서 나는 죄인이로소이다 하였느니라"(눅 18:13). 누가복음 7장(36절 이하)에 죄 있는 여성의 경우도 동일하다. 그녀는 그녀의 악한 삶으로부터 돌아서는 정도에서 그치지 않았다. 주께서 무자비한 바리새인들과 함께 계셨을 때, 주를 보기 위해 그 안으로 들어가서 거기서 모든 사람들 앞에서 울면서 그녀의 죄를 슬퍼했다. 그때 주께서 그녀를 용서하시고, 그녀에게 평안히 가라고 말씀하실 때까지 그렇게 했다.

그러므로 우리는 단순하게 다음과 같이 말할 수 있다. 사람들이 보다 더 심각한 큰 잘못이나 죄를 범했을 때, 그들은 그들의 죄에 대한 참된 인정을 통해 나아가서, 하나님의 자녀들로서의 올바른 영을 가지고, 항상 이런 탄식과 울부짖음과 기도와 탄원과[63(R3)a] 신앙고백과 회개가 있어야 한다. 그리고 더욱더 진지하게 죄를 생각하고, 죄로부터 물러나기 위해, 또한 심각하게 죄를 지었던 사람들 속에서와, 역시 이 회개를 통해 죄의 공포와 해악을 분명하게 인식하는 쪽으로 움직였던 다른 사람들 안에서 죄를 지으려는 모든 욕망과 해악을 행하는 악한 경향들을 완전히 정화시키고, 소각(燒却)하고, 불에 태워버리는 강력한 약이 바로 이것이다.

• 회개의 실천이 교회 안에서 준수되지 않기 때문에, 죄를 쉽게 지으려는 태도가 유행하고 있다.

그리고 아무리 그들이 무서운 죄를 지었을지라도, 죄에 대한 교정,

처벌이나 회개가 교회 안에서 없기 때문에, 젊은 사람들과 더불어 일반적으로 사람들이 모든 범죄들에 대한 그들의 태도에서 훨씬 더 많이 쉽게 죄를 짓게 된다는 사실을 누가 부인할 수 있겠는가? 수치와 부끄러움이 그 위치를 잃고, 가련한 사람들은 미친듯이 날뛰게 되었고, 바울이 불평하고 있듯이, 회개하지 않고, 자신들을 부도덕과 모든 허영에 집어던지고, 그들의 악독들과 부패한 본성의 행동들에 결코 만족하지 않고 있다.

• 교회 안에서 회개가 필요한 이유들에 대한 요약

우리는 지금 길게 충분히 다음의 사실을 입증했다. 우리가 언급해 왔던 죄에 대한 이 교정과 회개는 죄에 대해 필요하고, 유익하고, 효과적인 약이라는 사실과 그리스도의 양들의 더욱 악화된 상처들과 부상들을 싸매고, 치유하는 유일하게 올바른 방법이라는 사실과 은혜로우신 하나님과 자비하신 아버지 자신이 이 백성을 위해 이런 교정과 회개를 제정하시고 명령하셨다는 사실이다. 이 실천은 또한 그의 거룩한 사도들에 의해서 진지하게 요구되어지고, 실천되었다. 올바른 질서가 계속되는 동안, 이 실천이 그의 거룩한 교회에서 큰 열심과 진지성을 가지고 유지되었고, 교회에는 참된 감독들과 목회상담자들이 있었다. 그의 성령에 의해, 그는 항상 이것을 하도록 그의 참된 순종하는 자녀들에 의해 인도되었고, 그들에게 인도되는 것이 계속되고 있다.

[63(R3)b] 만약 다른 문제들에서 하나님의 거룩한 성경이 우리에게 권위적이라면, 지금 이것은 그 경우이며, 그렇지 않을 수가 없기 때문에, 어떤 그리스도인도 다음의 사실을 부인할 수가 없다. 교회에서

목회직으로 임명되고, 영혼의 중요한 의사들과 보호자들인 모든 사람들은 죄에 대한 일상적인 처벌과 회개에 대한 이 약을 교회에 다시 도입하고, 적용할 책임과, 하늘나라의 열쇠들을[175] 그들이 올바르게 사용하는 것을 회복시킬 책임이 있다. 그리고 다시 한번 회개를 통해 묶음의 참으로 유익한 실천을 수행하고, 화해를 통해 푸는 것을 실천해야 하지 않겠는가?

그러나 우리가 논쟁의 시작에서 지적한 것처럼, 죄지은 사람들에게 부과되어야만 하는 이 공적인 회개는 어느 정도 철저한 정화와 소각(燒却)과 불태움(purgierrens, etzens und brennens)이 요구되는 더욱 더 심각한 부상들과 상처들을 위한 약이다.

• 일상적인 작은 실수는 일상적 회개를 통해 뉘우쳐야 한다.

말씀, 기도, 그리고 교회의 규정들에 대한 우발적인 무시, 또는 태만한 대화나 어떤 것에 대해 너무나도 많은 욕심을 갖거나 그렇게 되려하는 것, 하나님께서 우리의 즐거움을 위해 주셨던 이런 것들에 대한 사용에서 너무 크지 않을 정도의 무절제와 같이 일상적으로 범했던 더욱 작은 범죄들이 있다. 위와 비슷한 것은 자기 이웃에 대해 큰 손해를 끼치지 않고 이웃에 대한 도움과 봉사에 대한 실패, 또는 자기 이웃에 대한 약간 화를 내고 악의를 품게 된 것 등이다. 이런 실수들과 죄악들은 정상적인 사람들 안에 하루에 몇 번씩, 일곱 번씩이라도 일어날 수 있다. 주께서 그들에게 마태복음 18장(22절)에서 일곱 번씩 일흔 번씩 용서받을 것을 말씀하신다. 그리스도인들은 그들의 자신이든지 공동체 모임에서든지 그들의 모든 기도들과 경건한 실천들 안에서 이런 죄들과 범죄들을 고백하고, 회개한다. 그리고 목회상담자들은 [64(R4)a] 그들의 신실한 권고에 의해 이런 일반적이고도 일상적인 신앙고백과 회개와 개선을 촉구할 때, 그들은 일상적인 덜 심각한 상처들을 가지고 있는 양들을 치료한다.

• 회개에 해당되는 죄들

그러나 슬프게도 많은 사람들 역시 거룩한 사도가 세 번째 성경 본문에서 말하고 있는 내적으로 더욱더 큰 부상들과 상처들에 빠져 있다. 그것은 크고도 지속적인 다툼, 시기, 분냄, 당짓는 것, 비방, 수군거림, 거만함, 혼란, 극심한 부도덕과 음란 등(고후 12:20-21, 역자 주)이다. 그리고 무엇보다도 무시하거나 심지어 경건한 실천을 욕하기까지 하고, 악한 맹세와 저주에 의해 하나님에 대한 더욱더 심각하고 의도적인 모욕들이 있다. 마찬가지로 통치자들과 손윗사람들에 대한 불순종과 멸시의 더 큰 형태들이 있다. 그리스도의 양들이 이같은 부상들과 상처들로 부상을 입을 때, 목회상담자들과 영혼의 의사들은 그것을 깨닫게 된다. 그것은 이 부상들과 상처들을 다루었던 것이 무엇인지를 우리가 보고 있는 바울의 이 성경 본문을 통해서 확인할 수 있다. 사도는 그들을 취급하기를 원하는바, 이같은 죄에 빠진 사람들은 그의 권면과 모범에 의해 그들이 회개하도록 촉구하고, 그들이 회개하도록 그들을 전진시키고, 독촉하기 위한 파격적인 도구들을 사용함으로써, 그들을 취급하기를 원했다는 사실은 분명하다.

그러므로 교회에 참된 목자들과 영혼의 의사들이 있을 때, 교회들은[176] 올바른 질서로 잘 서게 된다. 그들이 그리스도의 양들 안에서 발생한 내적 존재에 대한 이런 부상들과 상처들에 관해 그들은 침묵해서는 안 된다. 그들을 회개 없이 그냥 놔두면 안 된다. 부드러움은 그러한 사람들을 회개하도록 움직이게 하지 못한다. 그들은 바울이 그들을 더이상 오랫동안 아끼지 않았던 것처럼[64(R4)b] 그리스도의 능력을 보여주고, 겸손해짐과 죄로 인해 육신의 죽임을 가져오는 치명적인 방법들을 사용하고, 슬퍼함에 대한 어떤 중요한 증거와 그들의 길들을 개선하기 위한 의도를 요구해야 한다. 왜냐하면 그러한 목자들과 목회상담자들은 영혼 돌봄과 목회적 사역에서 그리스도의 참된 종들이기 때문이다. 교회들에 의해서도 그렇게 인식되어야 한다. 바울이 역시 그의 옛날 더 거칠었던 사람들을 다스리고, 명령했던 것처럼, 그리스도의 영께서 바울 안에서 일하시고 행동하신 것처럼, 그들(목자들과 목회상담자들, 역자 주) 안에서도 일하시고 행동하시지 않겠는가? 우리는 이미 이것을 보여주었다.

• 가장 심각한 잘못들

그러나 신앙의 고의적인 부인, 거짓 예배의 채택, 고의적이고도 사악한 신성모독, 거짓 교리를 통한 의식적인 유혹, 살인, 간음, 그릇된 판단, 거짓 증거와 그와 같은 것에 해당되는 더욱 심각하고 해로운 상처들이 여전히 있다.

이런 상처들은 교정과 회개에서 더욱더 큰 진지성과 열심까지 요구한다. 그것은 바로 바울이 부정직하게 그의 계모를 자기와 함께했던 한 고린도 교인의 경우에(이것은 그러한 상처들 중에 가장 심각한 것들 중에 하나이다) 고린도교회 교인들은 전혀 애통도 하지 않고, 회개도 실시하지 않았다고 불평하는 이유이다. 그리고 바울은 그가 그들에게 갔을 때 하나님께서 그러한 회개에 대해 그를 겸손하게 할 것인지를 두려워한다고 기록하고 있다. 왜냐하면 이전에 죄를 짓고, 회개하지 않는 사람들이 있었기 때문이다. 그들이 연루되어 있는 불결, 매춘, 부도덕 때문에 참으로 그들은 여기에 관계된 가장 큰 범죄에 연루되었다.

이런 경우 참된 목회상담이 그러한 심각한 회개를 요구하기 때문에, 사랑하는 사도는 [65(S1)a] 그 사람의 죄를 조금도 알리지 않는 상태를 취하고, 그 죄를 회개하지 않는 채로 두면서 그렇게도 심각하게 죄를 지은 사람들을 위해, 그 사람들과 함께 사도 자신도 회개하기를 하나님께서 원하셨다고 생각했다. 그리고 그렇게도 심각한 죄를 지었던 사람들이 이후에 그 죄로부터 돌아서서 길고도 엄격한 회개로 훈련되어, 그들이 올바르게 제어되고 있는 한, 다시 그들을 용서하고 교회공동체 일원으로 받아들이게 했다.

• 회개가 어떻게 적당하게 행해져야 하는가?

그러나 보다 더 심각하게 상처를 입히는 상처들이나 모든 면에서 가장 심각하고 가장 큰 상처를 입었을 경우에 과연, 얼마 동안 얼마나 엄격하게 사람들이 회개를 수행해야 하는지 해결해야 할 문제가 있다. 회개는 [177] 항상 부드럽게 행해져서 그것이 죄에 대한 참되고도 유익한 약이 되어야 하며, 상처를 더욱더 악화시켜서는 안 된다.

• 약한 양들은 온유한 회개를 통해 슬퍼하도록 도움을 받아야 한다.

회개가 오히려 해를 끼칠 수 있는 세 가지 방법들이 있다. 첫째, 회개의 엄격함이 사람들로 하여금 교회를 완전히 떠나게 하고, 교회의 치리를 다함께 거부할 때, 더욱 온유한 회개를 통해 그들이 그들의 죄와 참된 개선을 위해 적당한 후회와 슬픔으로 인도될 때이다. 회개를 전혀 시행하지 않는 것보다 더 나은 것은 약한 회개와 약한 개선이다.

• 회개하기를 거부하는 사람들은 어떻게 간주되어야 하는가?

그러나 더욱더 심각한 죄에 빠져 있으면서도 어떤 치리나 회개에 자신을 맡기지 않는 사람들이 있다. 이런 사람들은 또한 그들의 죄를 회개하지 않고, 교회의 참 목회자가 그들을 죄의 굴레로부터 벗어났으며, 그들을 그리스도의 교제에로 허락을 한다고 선언할 수 없을 정도로 그리스도와 그의 교회를 멸시하는 경우가 있다. 주께서 회개하고, 그리스도의 이름을 믿는 사람들만이 그들의 죄로부터 풀려날 수 있다고 명령하셨다. 교회로부터 그리스도의 말씀을 경청하지 않거나 수용하지 않는 사람들은 이방인들과, 교회로부터 배교했던 사람들로 간주되어야 한다.

회개의 이런 부과가 해를 끼칠 수 있는 두 번째 방법은 진정한 진지성과 양심에 대한 신실한 호소가 없는데도 회개가 부과될 경우이다. 마음에 우러나오는 진정한 회개와 삶의 개선이 없이 사람들이 외적인 치리로 받아들이고, 그것을 수행하는 그러한 방법에서이다. 방종한 감독들이 양심과 참된 신앙을 위해 슬퍼하는 것을 더이상 살피지도 않고, 외적인 행동들과 육신의 죽임만을 보고, 회개자의 상황에 대한 고려도 없이, 범죄들이 그 자체로 큰 것인가 작은 것인가에 따라 회개를 완전하게 결정할 때, 이 해로운 회개가 교회 안에서 유지되었다.

• 회개의 책들. 카렌. 해벌(解罰)(Büßbücher. Caren. Ablaß.)

모든 죄에 대한 특별한 회개를 부과하기 위해 해설하고 있는 책이
있는데, 바로 그들이 만든 회개의 책이다. 즉, 악의적 살인, 위증(偽證)
이나 이혼의 경우, 카렌(Caren)이라는 법전이 있다. 이런 경우 이 법에
의해 처음 연속적으로 40일간 빵과 물을 통해 금식하고, 그 다음 일주
일에 3일씩 금식(월, 수, 금)을 7년 동안 하고, 많은 다른 금욕들과 회개
들이 동반되었다. 또한 보다 덜 심각한 죄들에 대하여, 더 짧은 기간에
덜 엄격하게 금식하고, 삼가야 할 다른 일들이 있었다. 그러한 시간이
지난 후에 그들은 금식을 그만두고, 금식 대신 기도를 하였고, 가난한
사람들을 먹이거나 죄수들이나, 그 당시 수도승으로 불리워진 하나님
의 종들이나, 가난한 자들의 구제나 그외 여기까지 일들을 위해 거룩
한 제단에 두기 위한 헌금을 했다. 그 다음 차례에 해벌로[178] 이르
는 데, 해벌은 부과된 회개가 교회에 의해서 제거되는 것이나 다름이
[66(S2)a] 없다.

• 감독들이 아첨꾼이 되었기 때문에, 회개의 올바른 실천과 감독
사역 전체가 쇠퇴하게 되었다.

감독들의 방종(방탕)을 통해 오용(남용) 뒤에 또 오용이 뒤따르는
일이 발생했고, 증가했다. 그리고 그때 감독들은 죄를 위해 회개뿐만
아니라, 일시적인 처벌을 규정하기 시작했다. 그들은 이미 교회 안에

서 보다 궁정(뜰)에서 그 장소를 발견하고, 영혼의 돌봄보다는 차라리 세상 정부에 대한 책임을 스스로 지기 시작했다. 이것은 프랑크족과 샤를마뉴 때 시작되었고, 그의 계승자들은 그리스도의 탄생 이후약 800년과 그 후 계속적으로 통치하고 있었다. 그때부터 회개와 영혼 돌봄의 다른 실천들이 증가하여 최고도에 도달하였다. 회개에 관한 한, 공적 회개는 고의적 살인자들, 강도들, 방화범들, 이단들(이단들 모두는 아니다)에게 요구되었다. 그런 그들의 방종한 삶으로부터 돌아서기를 원하지 않는 방탕한 여성들 이외에 아무에게도 부과되지 않는 상황에 도달했다. 그럼으로써 영혼의 약보다는 쓸모없는 의식(儀式)이 더욱더 많아지게 되었고, 회개는 어느 정도 사라지는 지경에까지 이르렀다. 회개의 실천으로서 남겨진 모든 것은 다양한 기도의 고백들, 미사들, 성지순례들, 그리고 아마도 금식과 구제헌금으로 백성들에게 부과되었다. 안타깝게도 아버지 고해자들(고해성사자들)과 회개자들 속에 분명하게 남아 있는 것처럼, 참되고도 신실한 회개에 대한 강조는 없었다.

회개의 유익한 실천에 대한 반전(反轉)과 완전한 폐지는 모두 목회상담자들이 참된 신앙과 마음에 우러나오는 회개를 강조하기보다는 차라리 외적인 활동들에 더 많은 강조와 주장을 하는 데서부터 시작되었다.[66(S2)b] 그러나 외적인 활동들이 아무리 심각한 문제로 받아들였을지라도, 이런 외적 활동들은 사람에 의해 시작되었기 때문에, 오직 참된 회개와 삶의 개선은 사람들 안에서 참으로 불타는 사랑과 하나님의 뜻에 일치하는 삶을 살고자 하는 열망과 죄를 미워함과 모든 죄의 욕구들과 욕망들을 십자가에 못 박고, 죽이려는 열심이 일어나고 불이 붙는 결과로 참 신앙 안에서 자신들을 완전히 그리스도이신 주께로 헌신하는 사람들에 의해서만 시작될 수 있다. 그러나 슬프게도 이런 신앙, 사랑과 열심은 많은 사람들 안에서 발견되지 않았다. 이것이 바로 암브로시우스가 타락했다가 참으로, 그리고 온전하게 회개를 했던 사람들보다도 죄짓지 않은 채로[179] 남아 있는 사람들을 발견하는 것이 더 쉽다고 기록하고 있는 이유이다.

• 회개를 부과함에 있어서 고대 교부들이 취한 조심성

사도들 시대부터 사랑하는 교부들은, 후대에 방탕한 감독들 경우와는 달리, 죄에 따라서만 회개를 추산(推算)한 것이 아니라, 죄지은 사람들과 그들이 처한 상황을 고려했다. 그들은 각자의 상황들과 기독교적 삶의 강도를 고려하고, 무게를 측정한 후, 죄지은 사람들과 교회 전체가 거기서 죄에 대한 더 많은 적대심을 갖게 하고, 죄된 욕구들과 욕망들로부터 더욱더 자유하게 하고, 모든 경건성 안에서 더 많은 열정을 갖도록 도와주기 위해 회개의 기간과 수준을 규정했다(cf. Humillima poenitentia, August. ad Macedonium Epist. 54.).

또한 이것이 바로 사랑하는 교부들이 중요한 회개를 부과하지도 허락하지도 않았던 이유이다. 그들은 이 중요한 회개를 새로운 세례로 간주하고, 사람의 생애에서 한 번 이상 죄로부터 하나님에게로의 완전한 전향(轉向)으로 간주하여, 아우구스티누스가 마케도니우스에게 편지를 쓰고 있듯이, 경건에 이르는 참된 갱신을 일으키지도 촉진시키지도 못하는 이런 회개를 실시하는 것을 금지시켰다.

• 회개의 올바른 사용

 또한 회개의 두 번째 문제, 그리고 모든 것 중에서 가장 위험한 것은 하나님께서 자신의 교회가 그것을 사용하도록 규정하시고 명령하셨던 그런 올바른 방법으로 회개가 사용되지 않고, 위선적인 외적 의식(儀式)으로 오용되고, 변경되었을 때이다. 다시 말하면, 사람을 더욱더 깊은 곳으로 이끌기 위해 그의 악행을 깊이 생각하고, 하나님의 선에 대한 심각한 공격과 그 자신의 행하지 않음의 관점에서 그것이 무엇을 의미하는지를 자세히 살피면서 믿어야 한다. 그 결과 그는 하나님의 은혜와 죄에 대한 적대감을 더욱더 간절하게 바라게 되고, 자신을 더욱더 진심으로 완전히 하나님께 맡기며, 하나님을 더욱더 열정적으로 사랑하며, 자신이 용서받았다는 사실을 더욱더 인식하게 된다. 그리고 그는 모든 악한 욕망들과 욕구들을 자신 속에서 십자가에 못 박고, 죽여 버리며, 하나님의 뜻과 기쁨을 위한 모든 열정을 일깨우고, 불을 붙인다[고후 7:(10f)].

 회개에서 세 번째 문제는 그것이 너무나도 엄격하게 시행된 나머지, 사랑하는 바울이 고린도 사람에 대해 염려하는 것과 같이 되어, 회개자들이 너무나도 큰 슬픔과 절망에 빠지는 경우다.[180] 참된 회개는 그리스도에 대한 참된 신앙으로 귀결되어야 한다. 그러므로 은혜에 대한 소망이 남아 있어야 한다. 우리를 향한 하나님의 크고도 표현할 수 없는 자비가 너무나도 심하게 공격당하고, 오용되었기 때문이다. 비록 두려움과 떨림이 여전히 있을지라도 말이다. 그러나 이것은 사람(회개자)을 절망에 빠뜨리기 위한 것이 아니라, 그 사람이 더 큰 비전과 인식과 소망과 그리스도이신 예수 우리 주 안에 있는 하나님의 선하심의 사랑을 가지게 하기 위함이다.

• 만약 회개가 적당하게 적용될 수 있으려면, 큰 지혜와 영적인 민첩성이 필요하다.

[67(S3)b] 왜냐하면 너무나도 많은 위험이 회개에 결부되어 있기 때문에, 사람들이 참되고도 어린이 같은 신앙과 참 신앙에 일치하는 삶의 개선을 행사하도록 원인을 제공받고, 감동되고, 일어나고, 진척되게 하는 그런 방법으로 적절한 회개가 부과되기 위해, 유용하고 필요한 모든 일에서처럼, 큰 부지런함과 참된 영적 민첩성이 필요하다. 그리고 어느 누구도 참회의 첫 번째 위험인 교회로부터 완전히 추방되어서는 안 되며, 참회의 두 번째 위험인 회개의 외적 모습에 의해 위선자로 놀도록 가르쳐져서도 안 되며, 참회의 세 번째 위험인 절망에 빠지게 해서도 안 된다.

• 영혼 돌봄과의 연계성 속에서 아무리 큰 위험과 오용이 있을지라도, 회개는 여전히 본질적이며, 참된 그리스도인들에 의해 무시되어서는 안 된다.

이것이 바로, 그들이 영혼의 돌봄과 약이나 건강을 준비할 수 있도록 이 직무를 성취하는 사람들을 위해 날마다 기도하는 것처럼, 우리가 앞 장(章)들에서 언급했던 참으로 적합한 장로들을 준비한 교회들 속에서 최고의 부지런함과 진지함이 가장 필요한 이유이다.

왜냐하면 비록 그러한 위험이 영혼을 위한 이 약에 결부되어 있고,

마귀는 거짓된 교회의 목회자들을 통해 심각하고도 지속적인 오용을 가져왔을지라도, 하나님의 참된 자녀들은 본질적이고도 유익한 것으로 인식하지 못하도록 하는 그러한 심각한 멸시 속에 그들의 하늘 아버지가 계시도록 방치해서는 결코 안 될 것이기 때문이다. 하나님께서 그들에게 주셨고, 그들에게 그렇게도 진지하게 명령하셨고, 성령을 통해 그의 옛 백성과 새 백성 속에서 그 자신의 위대한 영적 선함에 이르도록 그렇게도 진지하게 사용하셨던 회개의 이 질서를 자녀들은 회복시켜야 한다.

그러나 교회의 오래된 적(適)은 영혼의 이 거룩하고도 복된 약(藥)과 회개의 실천을 그렇게도 오랫동안, 그리고 그렇게도 거칠게 [64(S4)a] 공격했기 때문에, 이 규정은 우리 상황에서 가치가 없으며, 그러므로 우리 교회 안에서 실천되지 않아야 한다는 의견을 가지면서도, 주의 규정을 멸시할 의사가 없는 선한 마음을 가진 사람들이 있다. 여기에 대한 반대에 대해 간단하게 살펴보자!

• 첫 번째 반대: 만약 죄인이 그의 죄를 뉘우친다면, 그는 용서 받아야 하고, 회개에 대해 더이상 무엇이 필요하겠는가?

첫째로 그들은 다음과 같이 말한다. 불경건한 사람이 그의 죄로부터 돌아서서 선한 일을 행할 때, 그가 지었던 죄가 기억되지 않을 것이라고 하나님은 선지자 에스겔을 통해 선언하셨다. 이것은 하나님께서 마태복음 18장(15절)과 누가복음 17장(3절)[181]에서 그의 백성에게 명령하셨던 내용이다. 만약 죄인이 와서 그가 그의 죄에 대해 죄송하다고 말하면, 그들은 그를 용서해주어야 한다. 죄인이 죄 용서함을 받고, 회개하고, 은혜를 바란 이후에 무엇이 필요한가? 과연 거기서 필요한 것이 많은 양의 교정과 회개란 말인가?

• 회개란 과거의 죄를 위한 약(藥)이 아니라, 현재와 미래에 대한 약이다.

답변: 죄의 용서를 얻기 위해 참회가 필요한 것이 아니다. 왜냐하면 죄는 이미 하나님의 자비에 의해 용서받았기 때문에 그리스도의 보혈을 통해서만 용서된 과거의 죄를 속죄하기 위한 것이 아니다. 그러나 교정과 회개는 죄가 더 잘 인식되어지고, 죄를 피하고, 그리스도의 은혜가 더욱 소중하게 여겨지기 위해 요청되며, 이 은혜가 헛되이 받아들여지지 않고, 죄지은 후 즉시 죄를 지으려는 사람에게 주의를 환기시키기 위해 교정과 회개는 보다 부지런히 사용될 필요가 있다.

• 만약 우리가 우리 교회에서 회개의 실천을 갖는다면, 죄에 대한 더 큰 혐오감이 있을 것이다.

하나님의 일들과 인간적 방법들과 어리석음들에 대한 이해가 그렇게도 부족하지 않은 자가 이것을 인식할 수 없다고 하겠는가? 거룩한 사도들이 가르치고, 고대에 올바르게 조직된 모든 교회들 안에 있는 거룩하고[68(S4)b] 복된 실천처럼, 더 큰 죄가 진지한 회개에 종속될 때, 하나님의 모든 교회 안에, 슬프게도 우리가 지금도 우리 자신들 속에서 구별하는 죄에 대한 보다 더 큰 진지한 피함과 미워함과, 참되게 기독교적으로 살아가는 것에 대한 아주 다른 열심이 생길 것은 자명하다.

• 아담과 인간 종족 전체의 회개

아담이 그의 죄로부터 벗어나, 하나님의 은혜를 구하자마자, 아담은 용서를 받았고, 하나님은 더이상 그의 잘못을 매지(계속 언급하면서 질책하지, 역자 주) 않으셨다. 그러나 하나님은 회개와 개선의 관점에서 그와 그의 모든 자손에게 죽음과 그렇게도 큰 비참과 슬픔을 부과하셨다.

• 이스라엘 자손들과 모세와 아론의 회개

동일한 방법으로 이스라엘 백성들이 그들의 죄를 인정하고, 하나님의 은혜를 구했을 때, 하나님은 그들을 용서하셨다. 그러나 여전히 항상 엄격한 회개를 그들에게 부과하셨다. 여호수아와 갈렙만을 제외하고, 이집트로부터 나온 모든 사람들이 죽을 때까지, 하나님은 그들에게 40년 동안 광야를 돌게 만드셨다. 비슷하게, 하나님께서 모세와 아론의 죄를 용서했을지라도, 하나님께서 그들을 약속된 땅으로 들어가는 것을 허락지 않으셨다.

• 모세와 미리암의 누이의 회개

모세의 누이인 미리암이 그의 오빠인 모세와 그의 직분에 반대하는 말을 했을 때, 주께서는 그녀에게 한센병이 걸리게 하셨다. 그녀는 곧 자신의 죄를 인정하고, 은혜를 구했다. 그리고 모세는 그녀를 위해 주께 간구했다. 그때 "여호와께서 모세에게 이르시되 그의 아버지가 그의 얼굴에 침을 뱉었을지라도 그가 이레 동안 부끄러워하지 않겠느냐 그런즉 그를 진영 밖에 이레 동안 가두고 그 후에[182] 들어오게 할지니라 하시니."(민 12:24) 라고 말씀하셨다. 그녀가 자신의 죄로 슬퍼하자마자 주께서 그녀를 용서하셨다는 사실은 의심의 여지가 없다. 그러나 하나님은 여전히 그녀를 7일 동안 회개하기를 원하셨다. 그리고 하나님은 분명하게 이것을 그녀 자신의 선과 모든 백성들의 선을 위해서 사용하기를 원하셨다.

• 만족이란 무엇인가?

지금 우리가 위에서 언급했던 다윗과 다른 사람들을 어떻게 취급하셨는지에 대한 내용은 다음과 같다. 사도들과 거룩한 교부들, 참으로 그들 안에 계시는 성령께서 죄지은 자들을 동일한 방법으로 취급하셨다. 회개는 과거의 죄에 대한 만족이 아니라, 현재와 미래의 죄에 대한 약(藥)이다. 왜냐하면 회개는 남아 있는 욕망들과 죄된 욕구들을 정화시키고, 정결하게 하기 때문이다. 그러므로 미래의 범죄들에 대해 보호할 목적으로 의도된 것이다. 이것이 바로 고대인들이 회개와 만족에 대하여 기술한 방법이다. 만족은 죄의 원인들을 근절하는 것이고, 죄를 유발하는 문을 닫는 것이다.

이런 이유 때문에 영혼의 의사들은 무엇보다도, 그들이 참으로 그리스도를 신뢰하고, 그들의 죄에 대해 슬퍼하고 뉘우칠 때, 은혜를 찾는 사람들에게 그들의 죄의 용서와 함께 분명하게 위로를 해야 한다. 그러나 주께서 그들 역시 회개를 통해서 묶고, 회개의 끈을 풀어서, 이런 방법으로 뉘우치고, 자신들의 길을 고치기 위해 자신들을 위탁하는 사람들을 해방시키기 위해, 영혼의 의사들 역시 교회 안에서 묶고, 풀도록 그의 영혼의 의사들에게 명령하셨다. 그들이 풀어주고자 하는 사람들이 어떤 의식 있는 관리가 그의 지상의 주인의 명령으로 그가 가두었던 사람들을 구금(拘禁)으로부터 해방시키는 데 해야만 하는 것보다 덜 진지함을 가지고 그들의 죄를 후회하고, 자신들의 길을 고치는 데 자신들을 투신하면서 그같은 문제를 취급하는 것이 그들에게 어떻게 올바르겠는가?

그것은 주인에게 복종하는 이들이 그들의 주인에게 심각하게 죄를 짓고, 그 결과 그들의 생명이 위험에 처하게 되었기에 주인은 그들이 다음과 같이 할 것이라는 확신에[69(T1)b] 기초하여 그들을 용서해 달라는 그들의 요구에 양보하는 것과 같다. 다른 사람들이 비슷한 범죄와 불순종으로부터 멀리 떠나도록 하기 위해, 종들은 그들의 길을 고치고, 동시에 회개의 어떤 형태에 의해 그들의 회개와 그들의 길의 개선이 다른 시민들의 좋은 예로써 그들이 증명하기를 원한다. 그리고 그때 그러한 주인은 그의 관리에게 다음과 같이 명령한다. "그들의 불순종에 대해 뉘우치고, 그들의 길을 개선하기를 원하는 사람들을 너희는 용서해야 하고, 그들에게 삶을 허락해야 한다. 그러나 동시에 너희는 다른 사람들에 대한 실례로서 그들에게 어떤 벌을 주어야 한다. 그러면 그들이 그들의 죄와 범행에 대해 참으로 후회하고 있다는 사실이 보여질 수 있다."

만약 그가 그의 주인에게 진실로 순종적이기를[183] 원한다면, 그의 주인의 명령으로 이 사람들을 용서하면서, 동시에 회개의 어떤 형태를 그들에게 부과하고, 그들이 참으로 그들의 길을 개선하는 쪽을 기울었는지를 살펴보는 것이 이 관리에게 필요하지 않겠는가? 그리고 그들의 길을 개선하기를 원했던 모든 사람들이, 주인이 그렇게 하기를 동의하자마자 용서받고, 관리가 그들에게 그것을 알리자마자 그들은 그 사실을 완전하게 확신할 것이다. 그리고 이것이 바로 우리가 이것과 모든 종류의 처벌과 심지어 사형집행의 경우처럼 교정 처벌로 간주하는 이유이다.

여러 곳에서 지적한 것처럼, 죄에 대해 슬퍼함과 죄에 대해 거부하는 경향에 대한 교회 안에서의 모든 것은 가장 부지런히 유지되고, 실천되어야만 함에도 불구하고, 과연 이 교정과 치리와 회개가 왜 그리스도의 교회 안에 가장 진지하게 유지되고, 실천되지 않아야만 [70(T2)b] 하는가? 그리고 우리가 죄를 뉘우치고, 그리스도에 대한 신앙 안에서 그의 은혜를 구한다면, 하나님의 모든 냉대가 제거되고, 죄에 대한 완전한 용서가 우리에게 허락된다 할지라도, 이 치리가 과연 시행되어야 하는가? 그러나 이것과 참된 기독교적 교제에 의해 요구된 모든 다른 것들 안에서 오해와 공격은 다음의 사실로부터 온다. 즉, 슬프게도, 우리는 그리스도인들이 서로 교제하는 것이 어떤 교제인지, 그리스도 안에 있는 참 신앙으로써 영혼의 참된 돌봄과 복음에 대한 순종이 얼마나 멀리까지 확장되어야 하는지에 대해 우리는 충분하게 알지도 못하고 고려하지도 않는다는 사실이다.

• 두 번째 반대: 회개하는 자들로부터 그리스도의 위로를 보류하는 것은 옳지 않다.

두 번째 반대는 다음과 같다. 비록 심각한 죄에 빠지고, 하나님의 교회를 지독하게 욕을 먹인 사람들에게 잠시 동안 교회 치리와 회개의 어떤 행태를 부과하는 것은 그들 자신들에 대한 경고로써, 그리고 다른 사람들의 유익을 위해서 아마도 옳을 수 있다. 그러나 그들이 그들의 죄를 회개했을 때, 그들을 성찬으로부터 배제시키는 것은 이치에 맞지 않는다. 왜냐하면 참으로 그들의 죄를 회개한 사람들은 위로를 받아야 하기 때문이다. 그리고 성찬 안에 있는 주와의 교제는 우리의 죄가 그리스도이신 주에 의해서 지불된 특별한 위로를 가져온다. 어떤 사람도 참으로 그리스도 안에 있는 것 이외에 어떤 화해(화목)도 이룩할 수 없다. 그러한 사람들을 그리스도의 교제로부터 배제시킬 것이 아니라, 그들에게 용기를 주는 것이 훨씬 더 큰 유익이 된다.

• [184] 죄짓고 회개한 사람들은 그들이 완전한 회개로 촉구되는 그러한 방법 속에서 위로되어야 한다.

대답: 기독교 치리에 관계된 이 문제와 다른 모든 문제들에서 우리의 이성에 따라서가 아니라, 하나님의 말씀에 따라 그 일을 처리해야 한다. 참으로 회개하는 사람들은 그리스도와의 교제로부터 배제될 것이 아니라, 그리스도와의 교제로 참여하도록 위로받고, 격려 받아야 하는 것이 옳다. 성찬 안에서 그리스도의 교제가 큰 위로와 함께 배분된다는 사실도 역시 맞는 말이다. 그러나 만약 어떤 사람이 처음에 죄의 부패함을 인정하고 느끼지만, 깨어진 마음과 통회하는 정신을 갖고, 경건한 고통과 슬픔으로 가득 채워져 있지 않다면, 그리스도의 위로가 올바르게 그리고 유익하게 배분되지 않는 것도 맞는 말이다. "하나님의 뜻대로 하는 근심은 후회할 것이 없는 구원에 이르게 하는 회개를 이루는 것이요"(고후 7:10)라고 거룩한 사도가 말했다. 그리

고 우리도 위에서 인용한 바가 있다.

　이것이 바로 우리의 하늘 아버지께서 또한 명령하셨던 이유이다. 죄를 심각하게 지은 사람은 먼저 겸손해지고, 교정 받고, 회개 처분을 받고, 그리고 그 후에 경건한 고통과 슬픔으로 가득 채워져야 할 필요가 있다는 사실을 우리는 이미 적당하게 증명했다. 그들이 절망하지 않고, 자비의 모든 소망을 포기하지 않도록 하기 위해, 그들을 위로하는 것도 필요하지만 그러나 그럼에도 불구하고, 회개를 촉구하는 것은 그들이 너무나도 불경한 방법으로 우리에 대한 하나님의 진지한 친절과 그의 아들에 의해 제공된 구원을 그렇게도 가치 없게 여겼다는 사실을 슬퍼하고, 애통하기 위함이다.

　• 죄지은 사람들 속에 그들이 그리스도 안에 가지는 소망이 크면 클수록, 그들은 더욱더 진지하게 회개하고, 더욱더 즐겁게 자기 자신들을 회개에 위탁시킨다.

　어떤 사람이 하나님의 자비에 대한 보다 확고한 소망을 갖고, 그리스도의 구원에 더욱더 견고하게 세워지는 한, 이런 후회와 슬퍼함 자체는 더욱더 진지하게 보일 것이다. 왜냐하면 어떤 사람이 하나님의 자비와 그리스도의 구원에 대한 소망을 더욱더 가질수록, 그리고 그리스도이신 우리 주 안에 더욱더 완전하게 살면 살수록, 그는 그리스도의 영을 통해 하나님의 친절과 그리스도의 구원을 또한 더욱더 분명하게 높이고, 귀하게 생각하며, 더욱더 경건한 마음의 소유자가 될 것이기 때문이다. 이런 사실로부터 그것은 다음의 결실을 맺게 된다. 그는 더욱더 개인차원과 모든 신자들 앞에서 그가 죄 안에서 그리스도의 교제로부터 도망가게 하는 죄와 하나님의 친절과 그리스도의 구원에 대한 멸시와 사탄과의 교제를 피하고, 한탄하고, 십자가에 못 박는다. 그때는 심각하게 그의 아버지를 모욕했던 아들처럼, 참으로 그의 아버지의 사랑과 뜻으로 돌아와 그의 아버지와 경건한 형제들 앞에서 더욱더 겸손해지고, 그의 죄를 더욱더 진지하게 한탄하고, 고치고, 그의 아버지와 형제들의 용서와 친절을 더욱더 의식하는 이런 방법으로, 그의 죄는 그를 더욱더 날카롭게 찌를 것이다. 그러므로 회개하는 모든 그리스도인은 교회의 모든 교정과 겸손하게 함에 자신을 더욱더 진심으로 즐겁게 맡기면 맡길수록, 그는 하나님의 자비와 성도들의 참 사랑[185]을 깨닫고, 더욱더 강력하게 그리스도의 영에 의해 감화 받게 된다. "내가 하늘과 아버지께 죄를 지었사오니 지금부터는 아버지의 아들이라 일컬음을 감당하지 못하겠나이다. 나를 품꾼의 하나로 보소서"(눅 15:18f)라고 말하면서 아버지께 모든 처벌과 치리를 맡기면서, 참으로 그의 아버지의 집, 곧 교회로 돌아오는 탕자와 다를 바가 없다. 그의 아버지를 향해 더욱더 친절하면 친절할수록, 죄에 대한 그의 고백은 더욱더 마음에서 우러나오는 것이 될 것이다. 죄가 그의 안에서 죽고, 또한 그는 죽음으로부터 그리스도의 부활 속에서 그리스도와 하나가 되고, 그 자신의 의를 갖는 것이 아니라, 하나님의 의를 가지기 위하여, 그러한 사람은 그의 육신 속에서 그리스도와의 교제를 경험하기를 소원하고, 그의 죽음 안에서 그리스도와 같이 되기를 원한다. [빌 3(:9-11)]

그러므로 죄 짓고, 회개한 사람들은 그리스도의 교제에 참여하여 위로받고, 격려 받아야 하지만, 그들의 하나님 안에서 위로받고, 예수 그리스도의 참된 참여자가 되는 그런 방법으로 해야 한다. 그리고 이것은 죄에 대한 겸손해짐과 슬픔이 교회에 의한 완전한 용서와 성도의 완전한 교제에 선행해야 한다는 사실을, 그리스도이신 우리 주 안에서 보는 것처럼, 요구된다. 우리가 다윗과 베드로와 고린도 사람과 참된 회개의 모범들로서 우리 앞에 제시된 모든 사람들의 경우들 속에서 본 것처럼, 참으로 심각한 죄로부터 돌아선 사람들이 참여하기를 원하는 하나님 안에서의 참된 위로와 그리스도와의 교제는 자기 겸손과 애통함이 있은 후에야 주어진다. 우리는 돌아온 탕자의 비유 속에서도 그것을 본다. 즉, 그의 아버지가 탕자에게 달려 와서, 그의 목을 껴안고, 값비싼 옷을 입히고, 그를 위해 잔치를 배설하기 전에 탕자는 고통을 당하고, 오랫동안 굶주리고, 그의 아버지 앞에 가기 전 자신을 겸허하게 하고, 자신을 모든 치리에 복종시켰다.

지금, 성찬은 가장 높은 용서와 완전한 평화와 그리스도와 모든 그의 지체들과의 완전한 교제가 주어지고 분배되는 가장 영광스럽고도 기쁜 기억과 주님과의 교제이기 때문에, 성령은 이를 명령하셨고, 교회 안에서 항상[72(T4)a] 유지되었다. 회개한 사람들은 죄를 위한 참된 속죄만을 운반하는 그리스도와의 교제 안으로의 참여가 촉구되어야 한다. 그러나 교회가 완전히 그들을 용서하고, 그들의 죄를 용서하도록 [186] 하기 위해서는 참된 겸손 안에서 그들의 회개를 증명하는 그 시간까지 그들은 성찬으로부터 배제되고, 멀리 떨어져 있어야만 한다.

동일한 방법으로 고대의 회개자들도, 그들이 그들의 회개와 정화(淨化)를 성취하기 이전까지, 더 큰 감사제 참석이 허락되지 않았다. 비록 이 감사제 속에서 그들이 성찬식에 참여하는 것만큼 그렇게 영광스럽고, 실제적으로 참여하게 된 것은 아닐지라도 말이다. 이 성찬은 참으로 그리스도 안에서 한 몸과 하나로 연합되는 그리스도의 지체들을 위해 명령되었다. 그러나 회개에 묶여 있고, 아직도 교회에 의해 용서받지 못한 사람들은 수용되지 않았다. 그 회개를 보여줄 어떤 것도 없으면서, "나는 나의 죄를 회개한다"라고 말하자마자 어떤 사람을 용서하는 것은 올바른 것이 아니다.

비통하게 울고 있는 베드로처럼, 죄를 슬퍼하며, 자신의 눈물로 주의 발을 닦던 여인과 같이, 그리고 그렇게도 오랫동안 힘들게 비참 속에서 회개하고, 완전히 부서진 마음과 회개하는 정신을 가지고 아버지께 나아오며, 공개적으로 그의 죄를 고백하고, 한탄했던 탕자와 같은 이들을 교회는 지체 없이 용서하고, 그리스도의 성찬에서 그들을 금지시켜서는 안 된다. 그녀가 주 안에서, 신랑 안에서 모범과 명령을 가지고 있는 것처럼 말이다.[72(T4)b] 그러나 그의 말로만 그리스도의 은혜를 소원하는 모든 사람들은 이 길에서 그들의 회개를 증명하는 것이 아니다.

우리가 앞에서 한 예로 사용했던 경건한 관리(fromme amptman)는, 그의 주인이 그들 자신을 복종하고, 그들의 길을 고치는 사람들에게 화해하는 사람들에게 호의를 보여줄 것을 명령했을 때, "나는 나의 길을 고친다"고 말하는 모든 사람에게 주인의 일시적인 은혜를 곧바로 나누어 준 것이 아니다. 회개와 개선을 위한 그의 소원을 교회에 증명하는 그런 방법 속에 아직도 있지 않으면서, "나는 나의 죄를 회개하며, 나는 나의 삶을 고치기를 원한다"라고 말만 하는 모든 사람에게 그리스도의 영원한 은혜를 즉시 약속하는 것은 그리스도의 신실한 목회자들(den getrewen dieneren)에게 얼마나 적합하지 않은 것인가! 하나님의 청지기들과 목회자들(Gottes haushalter und diener)은 진리와 모든 진지성을 가지고 하나님의 일을 취급해야만 한다. 얼마나 오랫동안 가장 친절하고 자비로운 사도가 그리스도의 사람이 회개하도록 요구했는가? 우리는 위에서 이미 언급했다. 얼마나 오랫동안 아우구스티누스가 황제 테오도시우스에게 회개를 요구했는가?

• 그리스도의 성찬은 가장 높은 은혜의 수단(die höhiste begnadigung)이다. 그러므로 회개가 아직도 인식되지 않은 사람은 성찬에 동참해서는 안 된다.

성찬 속에서 완전하고도 가장 높은 죄의 용서와 죄지은 자들에 대한 용서가 분배되기 때문에, 신실한 목회자들은 그들의 회개와 참되고도 분명한 증거들을 가지고 그들의 길을 개선하려는 소원을 교회에 보여주지 않으면, 그 어떤 사람의 죄도 용서해서는 안 된다.[187] 암브로시우스는 그의 『회개에 관하여』(Von der Buß)라는 책에서 다음과 같이 기록하고 있다. 그들이 자신들의 죄로부터 돌아서자마자 주의 성찬에 곧바로 참여하도록 허락되어지기를 원하는 사람들은 자기 자신들을 풀기보다는 장로들을 매기를 더욱더 원하는 사람들이다. 왜냐하면[73(V1)a] 그렇게 부적절하게 너무 성급한 시간의 시행과 용서에 의해, 이런 장로들은 하나님께서 제정하신 회개의 약을 그들에게 올바르게 적용하지 못함으로써 스스로 죄를 짓고, 다른 사람들의 죄에 동참하게 되기 때문이다.

• 죄는 알려졌으나 회개는 알려지지 않는 사람들이 함께 동참하는 성찬에 의해 행해진 심각한 해악(害惡)

만약 사람들이 성찬은 그것을 원하는 사람은 그 누구든지 제한해서는 안 된다고 여기면서도, 가장 높은 그리스도의 교제와 하늘 평화에 참여하는 것이 무엇인지에 대한 관심이 없다면, 그 사람들은 그리스도에 대한 그들의 지식이 여전히 약하며, 그리스도의 나라에 관해 충분하게 가르침 받지 못했다는 사실이 분명하다. 하나님의 교회에 심각한 모욕을 주는 원인을 제공하는 불쌍한 사람들이 얼마나 많은 지를 우리가 자주 보는 것은 너무나도 슬프다. 이웃과의 적대 관계에서 살거나 큰 내분과 비방 및 중상모략과 다른 악명 높은 잘못들을 통해 많은 사람들에게 죄를 짓고, 손해를 끼치거나 거친 성적 부도덕과 하나님에 대한 심각한 신성모독과 멸시에 깊이 빠졌던 사람이면서도, 어떤 회개나 회개의 표지도 없이 심지어 그들이 교회를 반대하여 지었던 그들의 죄를 인정조차 하지도 않는 사람이 있다. 참으로 슬프게도 심지어 이런 죄로부터 돌아서지도 않고, 또한 그들의 이웃에 대한 인식도 없는 사람도 종종 있다.

만약 사랑하는 바울이 고린도교회 사람들에게 편지를 했듯이, 그러한 문제를 취급할 바울이 우리에게 편지를 쓴다면, 그가 고린도교회 사람들에게 했던 것 이상으로 우리의 부풀어 오른 교만과 불쌍한 상처 입은 양들을 치료하는 책임에 대한 우리의 소홀함에 대해 우리를 얼마나 신랄하게 비난할 것인가? 그리고 거룩한 순교자 키프리아누스가 박해에 굴복했던 자들을 너무나도 빨리 용서하고, 주의 식탁에 허락했던 그의 백성들을 비난했던 것 이상으로 그는 우리가 주의 몸과 피에[73(V1)b] 대해 죄를 짓고 있다고 선언하고, 우리를 그리스도의 목자들이 아니라, 도살자들이라고 더욱더 혹독하게 비난할 것이다.

참으로 우리가 부분적으로 지적했다시피, 적그리스도는 지금 여러

세기 동안에 교회로부터 모든 치리와 회개를 제거해 버렸다. 만약 우리가 복음적 개선을 시작하기를[188] 원한다면, 우리는 모든 치리와 회개를 회복시키고, 통회에 대한 그들의 부족 때문에 평화를 가질 자격이 없는 사람들에게 성찬이나 다른 것들을 통해 평화를 주거나 평화에 대한 약속을 해서도 안 된다. 우리는 끝까지 남아 있지도 않는 페인트로 벽을 칠하고, 거짓의 보호의 받침대(쿠션)와 베개로 백성들의 팔과 머리를 받쳐주는 불경건한 사람들의 손들을 강하게 해서는 안 된다. 그러므로 주께서 에스겔서 13장(18절 이하)에서 거짓 선지자들에게 약속하시는 하나님의 참을 수 없는 화와 무서운 진노가 우리 위에 임하지 않도록 해야 한다.

• 주의 성찬에 참여하기 전 누구든지 자신을 살펴야한다는 사실을 전제로 하여, 목회상담자들이 그러한 점검을 요구하지도 않고 독려하지도 않아야 한다고 생각하는 것은 사실이 아니다.

"사람이 자기를 살피고, 그 후에야 이 떡을 먹고"(고전 11:28)라고 바울이 기록하고 있다는 사실로부터 어떤 사람이 이 주제에 대하여 제기하는 다른 반대가 있다. 그들은 거기서 자신을 점검하기를 원하지 않는 사람은 스스로 모험을 감행하는 것이라고 거기에 있는 사람들이 말하고 있다고 그들은 말한다. 그러나 이 사람들은 사도가 자신을 살피도록 모든 사람에게 요구하고 있다는 사실을 근거로 바울이 목회상담자들과 목회사역을 실행하거나 이 점검에 대한 어떤 기여를 하는 사람들을 원하지 않는다라고 결론을 내리면 안 된다라는 사실도 고려해야만 한다.[74(V2)a] 또는 사람들 스스로 자신들을 살피지도 않고, 교회를 심하게 공격할 때, 목회상담자들은 바울 자신이 그렇게도 진지하게 고린도전서 5장(11절 이하)에서 요구하고 명령하고 있는 바로 그 일, 즉 회개하지 않는 사람들은, 그들이 자신을 참된 회개와 개선에 위탁하고, 우리가 앞에서 이미 지적한대로, 이것을 교회의 만족으로 증명하기 이전까지, 교회로부터 추방되어야 한다는 사실을 무시하고 있다.

이런 문제는 다음과 같은 경우에 발생한다. 우리가 기독교 교회와 성도의 교제가 무엇을 전제하고 있으며, 목회직, 영혼 돌봄, 기독교 치리(권징)가 무엇을 전제하고, 그들 안에서 무엇을 성취하는지에 대한 지식이나 숙고가 부족할 때이다. 사탄은 양들과 목자들 사이, 병자와 의사 사이, 교사와 학생 사이에 이제까지 갈등을 증폭·조장하고, 유지하기 위해 하지 않았던 그 어떤 일도 남겨두지 않았다. 그 결과 만약 주의 말씀이 들려지게 되면, 그것이 올바르게 이해되지 않게 하고, 기독교적 삶의 위장(僞裝) 하에 있는 사람들은 두려움과 치리와 열심이 없이 육신 가운데 계속적으로 살 것이다.

• 통치자들에 의한 처벌이 그 문제를 취급하기 때문에, 교회의 처벌과 치리는 더이상 필요하지 않다고 하는 반대의견

세 번째 반대: 비록 심각하게 죄를 짓고, 회개의 기간에 다시 은혜를 소망하는 사람들에게 치리를 부과하고, 이 회개 기간 동안 그들을 성찬으로부터 배제시키는 것은 참으로 좋은 일일지라도, 더 심각한 악들을 처벌하고, 악행들을 관용하지 않는 기독교 통치자들을 가지고 있는 그런 도시들과 공동체 속에서 교회의 처벌과 치리는 필요 없다.

그리고 대부분의 사람들의 경우에 있어, 당국의 처벌이 교회의 처벌이나 치리보다 더욱 많은 것을 성취하고 있기 때문이다.

• 시민정부의 사역과 목적은 무엇인가?

이 반대를 기대하는 사람들은 통치자들의 정부와 기독교 회중 안에서의 장로들에 의한 영혼 돌봄 사이에 존재하는 차이가 얼마나 큰지를 충분히 알지도[74(V2)b] 고려하지도 않는다. 통치자들은[189] 모든 영혼들(사람들)에 대하여 가장 높은 세속적인(신체적) 권위(den leiplichen gewalt)를 가지고 있으며, 통치자들은 이 세속적인 권위에 의해 가르침, 치리, 법, 그리고 모든 종류의 상과 벌을 통해 정돈하고, 준비함으로써, 안에서나 밖에서나, 그들이 통치하는 사람들에게 모두 그들의 역할을 다해야 하며, 공동체 전체와 그곳에 살고, 거기에 속하는 모든 사람들이 고상하고도 거룩한 삶을 살도록 하고, 그렇게 함으로써 어떤 사람도 방해하거나 해하지 않도록 해야 한다. 공동체 안에 있거나 그 가운데 있는 사람들은 다른 사람을 공격하거나 해롭게 해서는 안 될 뿐만 아니라, 그 어떤 사람도 부도덕하거나 방종한 삶을 통해 공동체에 해를 입혀서는 안 되며, 다른 사람들을 섬기는 데 부적당해서는 안 된다.

• 통치자들은 치리를 행사하는 권위를 항상 가지면서 사람을 가르치는 역할을 위해 특정한 사람을 임명한다.

통치자들은 그들의 시민들의 글쓰기 훈련과 몸과 정신(마음)의 모든 좋은 기술들과 기능들의 가르침과 연마하는 것을 자신들이 직접 맡지는 않고, 모든 일에 선천적으로 특별히 재능과 기능과 경험이 있는 사람들에게 이런 일을 위임하고, 말뿐만 아니라, 필요할 경우, 치리와 처벌의 수단을 통해 올바른 가르침을 유지하기 위해 가르칠 수 있는 사람들에게 권위를 부여한다. 선한 통치자들은 또한 모든 경우에, 가장 큰 부지런함으로, 특히 모든 것이 나오고 얻어지는 종교를 통하여 백성들에게 경건을 가르칠 종교 과목을 위해 특별한 사람들을 임명해야 한다.

• 종교의 가르침은 역시 그것의 치리와 처벌을 요구한다.

그리고 종교의 이런 가르침은 사람들의 부패한 상태와 본성으로부터 벗어나 경건하게 살게 하고, 그들을 완전하게 바꾸고, 갱신하게 하게 하는 것을 지향함으로, 경건의 이런 가르침은 그 어떤 다른 가르침 [75(V3)a] 이상으로 두려움과 치리를 더욱더 요청하게 된다. 그리고 모든 정직하고, 지혜롭고, 경건한 통치자들은, 심지어 이방인들 가운데서조차, 거룩한 종교의 목회자들과 경건한 삶의 교사들, 즉 복된 영생의 목회자들과 교사들이, 경건 안에서 진전되어야만 하는 모든 사람들을 치리하고 처벌할 영적 두려움과 권위를 갖출 것을 참으로 명령하고 준비하는 것을 항상 즐거워했다.

그러므로 우리의 사랑하는 하나님께서 통치자들을 주셨을 때, 통치자들 중에 경건, 공동평화, 유용성, 치리, 선한 방법들에 대한 반대를 언어와 행동이나 무위(無爲; 나태함)를 통해서 보여 주었던 모든 사람들을 진지하게 처벌했던 통치자들을 우리는[190] 지상에서 결코 그렇게 많이 갖고 있지 않다. 플라톤이 가르치는 것처럼, 그들 역시 가르침의 신실한 유지와 처벌에 대한 경고를 보았으나, 무엇보다도 가장 본질적인 것은 그리스도의 말씀을 통해 아버지 같은 치리와 교정이 교회 안에 있는 장로들에 의해 소유되고, 행사되었다는 것이다. 또한 사람들이 죄를 지었을 때 성령의 권위가 그리스도이신 우리 주에 대한 신앙을 통해 참된 회개와 확고한 개선이 하나님의 자녀들 속에서 일깨워지고, 성취되기 위해 각각의 가련한 양심의 어리석음에 따라 측정되고 적용되었다는 사실이다.

• 통치자들에 의한 처벌은 또한 성숙한 그리스도인들을 위한 영혼의 약과 양심이다. 영혼의 최고 의사이신 그리스도께서 그의 백성을 위해 통치자의 치리와 함께 영적인 치리도 명령하셨다.

경건한 사람들은 시민 통치자들의 처벌을 하나님과 그리스도이신 우리 주로부터 비롯된 것으로 받아들일 것이다. 그리스도이신 우리 주만이 하늘과 땅의 모든 권세와 통치를 가지시고, 행사하시고, 그들 자신의 양심에 효과를 일으키기 위해 그러한 처벌을 허락하신다. 바울의 말에 따라 그들은 양심을 위해 권위들에 복종하기 때문에(롬 13:5), 그들은 동시에, 그들이 그리스도 안에 있는 자비 안에서 처벌받고, 약속받았을 때, 우리의 하늘 아버지께서 그를 향한 모든 사람들에게 약속하셨던 용서를 기억해야 한다. 그러나 통치자들에 의한 처벌의 수용과 사용이라는 거룩한 이 정신은 많은 사람들 속에서 발견되지 않는다. 그리고 만약 기독교 교회 안에서 상처 입은 모든 양들이 묶어지고, 치료되어, 즉 신앙하는 참된 회개와 삶의 개선으로 회복된다면, 이것은 오직 복음과 교회의 영적 사역을 통해서 참으로 일으켜질 것이다. 그러므로 시민적 권위의 일반적 치리와 처벌보다 훨씬 더 위에, 비록 이것이 처벌을 적용하는 데 참으로 기독교적이고, 또한 부지런하고, 열심이 있을 때조차도, 그리스도의 교회들은 자신의 치리와 처벌을 가져야 한다는 것은 본질적이다. 치리와 처벌은 하나님의 엄격한 처벌과 우리의 죄를 위한 우리 주이신 예수 그리스도의 만족을 분명하고도 강요적으로 기억하면서, 그리스도이신 우리 주의 이름으로, 그분의 인격으로, 그분의 능력으로 보여주어야 한다. 그리고 또한 주께서 그의 교회에게 지상에서 묶고, 그리고 풀라는 진지하고도 위로를 주는 명령으로부터 하늘에서 묶어지고 풀려야 한다.

그리고 치리에 대한 주된 이유는 다음과 같다. 우리 주 예수, 교회의 머리이신 유일한 왕께서, 우리가 이미 살펴본 것처럼, 그의 교회를 위한 이 치리와 회개를 명령하셨다. 잘못된 것을 처벌함으로써 통치자들의 직무를 신실하게 수행하는 통치자들이 그리스도인들일 때[76(V4)a], 그의 이 사역이[191] 배제되어야 한다고 말한 곳은 그 어디에도 없다. 오히려 그가 경건한 통치자들의 치리와 교정과 병행하여 고대 사람들을(구약시대, 역자 주) 위하여 교회가 치리와 교정을 명령했던 것처럼, 그는 또한 거룩한 사도 바울을 통해 분명하게, 그리고 공개적으로 참으로 성령을 통해 우리에게 증명했다. 성령께서 사도들의 시대뿐만 아니라, 순교자들과 거룩한 교부들의 시대에도 영혼의 이 약에 대해 그렇게도 강조하셨고, 이러한 교회의 치리와 교정이 더욱더 진지하게 유지되고, 실천되는 것은 성령의 뜻이다. 이런 관점에서 그는 우리가 구약의 성도들이 계속적으로 했던 것보다 영혼에 대한 모든 상처들을 치유하는 데 더욱더 부지런하고 열심을 내어야 할 것을 우리에게 올바르게 요구한다. 그리고 만약 교회가 올바른 진지함을 가지고 이것을 수행한다면, 영혼의 최고 의사이신 주께서 성공과 크고도 놀라운 열매를 가지고 그것을 축복하신 것이다.

이것으로부터 우리는 통치자들에 의해 수행되는 치리와 교정, 그리고 목회상담자들에 의해 수행되는 치리와 교정 사이에 존재하는 차이점을 알 수 있다. 비록 시민적 권위가 더욱더 큰 부지런함을 가지고 잘못된 것을 경고하고 처벌하는 자신의 직무를 수행할 때조차도, 여전히 열쇠에 관한 그의 명령에 일치하게 그리스도의 이름으로, 그리고 그의 성령에 의해 실천되는 교회의 치리와 교정이 있어야 할 필요성은 여전히 존재한다.

그러므로 그리스도의 교회들이 올바르게 돌보아지고, 하나님의 나라가 모든 질서 안에 서 있을 때, 통치자들은 법과 경고와 처벌과 말과 그리고 다른 처벌들의 수단들을 통해, 소유와 명예 또는 사람과 모든 죄와 범죄와 특별히 우리의 거룩한 종교에 악영향을 미치는 사람들로부터 사람들이 벗어나게 하고, 죄의 뿌리를 뽑아야 하며, 처벌받지 않은 사람이 누구든지 간에 어느 장소에서든지 허락되어서는 안 될 것이다. 그러나 동시에 그들은 또한 모든 부지런함으로 영적으로 묶고 푸는 일이 목회자들에 의해 수행될 수 있는 영혼을 위한 교회 치리와 악을 증진시켜야 한다. 이런 교회적 치리는 더욱더 정확하게 양심에 적합할 뿐만 아니라, 그 자신의 명령과 마찬가지로 우리 주이신 예수 그리스도의 성령을 통해 그 자신의 영적 성공과 열매를 갖게 된다. 이것들이 바로 하늘의 나라에 들어가는 열쇠들이다.

• 네 번째 반대: 오늘 시대에 교회 치리를 재도입하는 것은 실천적으로 불가능하다.

네 번째 반대가 죄지은 사람들에 대한 교회 치리와 교정이 불가능하다는 측면에서 제기되었다. 교회가 그들의 치리와 교정[192]을 가지고, 모든 방면에서 그것이 사도적 교회 안에서처럼, 육신의 죽음을 부과하고, 그리스도의 성찬으로부터 배제시키고, 치리와 일치하는 모든 것을 수행하는 것 자체는 교회를 위해 좋은 것이라고 그들은 말한다. 그러나 사람들이 그렇게도 오랫동안 교회의 교황적 목회자들에 의해 부패하였기 때문에, 이런 방법으로 하는 모든 치리와 순종을 포기하였고, 교회 치리를 재도입하려는 소망 속에서 사람들은 상처 입은 양들을 치유하기보다는 그리스도와의 교제로부터 상처 입은 양들을 더욱더 많이 쫓아냈다고 생각했다. 그래서 이런 방법으로는 우리가 위에서 언급했던 회개의 첫 번째 잘못된 오용으로 빠질 수 있다는 우려가 있다.

그들은 계속해서 다음과 같이 말한다. 우리의 교회 안에서 지금 세례 받고 그리스도인이 되려고 작정한 사람들이 있는 곳마다, 사도들과 순교자들의 교회에서 있었던 치리와 회개를 실천할 수 있는 기회가 없다. 회중의 숫자가 작고, 그리스도인들이 되기를 원하는 사람들이 박해에 의해 함께 갇혀 있고, 겸손과 정적 속에 갇혀 있다. 만약 사람들이 그것에 대해 심각하게 생각하지 않는다면, 아무도 신앙고백을 하려 하지 않을 것이기 때문이다.

그럼에도 불구하고 우리는 그리스도께서 명령하셨던 회개만을 원하고, 그것은 항상 가능하고, 당연하다고 본다. 이런 반대들 중에 첫 번째에 대한 대답은 얼핏 보기에 그렇게도 부패하고, 불순종적인 사람들에 대한 교회의 치리는 불가능하고, 당연하지도 않고, 나아가 사람들을 교회로부터 더욱더 완전히 쫓아내는 것 같을 수 있다. 그러나 우리의 대답은 다음과 같다. 우리는 주께서 우리에게 그렇게 수행하도록 명령하셨던 것 이외에 그 어떤 치리나 회개도 교회에 재도입할 생각이 전혀 없다. 주의 질서와 명령이 있는 곳마다 그의 성령과 도움이 또한 존재한다. 당연히 그의 도움으로만 모든 것들이 가능하다. 우리는 이런 회개와 교회의 치리가 그러한 영적 지혜와 정도(正道) 속에서 행해져야만 한다는 사실을 이미 보여주었다. 또한 죄지은 사람들은 교회로부터 완전히 쫓겨나거나 회개에 대한 위선적인 모습이 나타나지도 않았고, 심지어 절망 속으로 던져지지도 않았으며, 그 대신 교회 안에서 보전되고, 성장하게 되었다는 것을 증명했다. 또한 우리가 여기서 말하는 그 치리는 바로 때가 차서 적절한 질서와 함께 회복될 수 있는 치리를 고대하는 것이다. 우리는 그리스도께서 이런 사역에 의해 요구하신 그런 특별한 질서와 경우로 갑작스럽게 돌아서서 기독교적 회개에 대해 아직도 아무것도 모르는 그런 사람들에게 회개를 부과하거나, 사람들이 아직도 죄에 대한 유익한 약으로써 인정되거나 사용할 수도 없는 그와 같은 어떤 파격적인 방법을 규정하는 것도 아니다. 그러나 신자들이 주 안에서 하나가 되고, 자신들을 그의 규율에 위탁하기를 원한다면, 적절하고도 잘 의도된 목회자들을 임명하고, 그들을 그리스도의 목회자들과 도구들로서 인정하고 고려한다는 사실은, 누구든지 쉽사리 찾아볼 수 있다. 그리고 이런 목회자들은 우리가 이미 그리스도의 가르침과 명령이 보여주었듯이, 모든 신실함과 참된 기독교적 겸손을 가지고 이 사역을 수행하기를 소망했다.

[193] 그러한 교회들과 회중들 속에서 하나님의 모든 자녀들은 진심 어린 마음이 담긴 감사함을 가지고 오히려 교회 전체와 그리스도이신 우리 주 자신의 이 신실한 목회자들과 청지기들의 손 안에 있는 모든 교정과 회개에 의해 제시된 영혼의 복된 약을 받아들일 것이다. 이런 방법으로 그들은 참되고도 복된 회개와 개선으로 크게 격려가 되고, 그들 중에 그 어떤 사람도 교회로부터 쫓겨나지 않고, 복받게 될 것이 다. 그리고 교회의 이런 사역 속에서 말씀하시는 주와 그의 교회를 청 종하지 않는 사람들이 있을 때, 작은 누룩이 반죽덩어리 전체를 발효 시키지 않도록 그리스도이신 우리 주를 멸시하는 이 불순종하는 자들 과 그들의 구원은 교회로부터 배제시키는 것이 바로 그리스도의 다른 모든 지체들이 원하는 바이고, 소원이 될 것이다. 이 교회의 치리는 선 이외의 어떤 것도 가져오지 않으며 해를 주지 않고, 가능하며 당연하 고, 확실하게 불가능하거나 해를 주는 것이 아니다.

여전히 교회 치리를 혐오하는[78(X2)a] 사람들 모두가 아주 자주 다음과 같이 말할 것이다. 우리는 주 안에서 어떤 친교를 여태껏 갖지 않았다. 그리고 사람들은 이런 방식으로 자신들을 순종에 위탁할 준 비가 되어 있지 않다. 여기에 대해 우리는 다음과 같이 대답한다. 성령 께서 여태껏 우리의 것으로 만드시고, 우리에게 여전히 부족한 것을 우리에게 제공하시고, 우리가 여태껏 갖지 않은 것을 우리에게 주시 도록 우리의 전심을 다해 그에게 요청해야 한다. 우리는 그리스도의 영께서 모든 사람들을 요구하시고, 또한 그의 자신의 것 안에서 성취 하신다는 사실을 가장 부지런히 가리킬 더 큰 책임을 지고 있다. 그리 고 우리는 그리스도에 반대하여 싸우지 않기 위해, 그리스도 자신이 우리가 원하지도 요구하지도 않는 그 자신의 큰 은혜로 우리의 영혼을 위한 약으로 우리를 도와주시기를 원하실 때, 우리는 아무것도 부족하지 않고 실패하지 않았다고 말해서는 안 된다. 또한 우리가 여전히 너무나도 많은 올바른 기독교 질서를 가지고 있다는 그 이유로 인하여, 우리가 이미 올바르게 질서 잡힌 교회이며, 하나님의 백성이라고 생각하지 말자!

우리는 참으로 그리스도인들이 되기를 원할 것인지의 여부를 단번에 결정할 필요가 있다. 만약 우리가 그리스도인들과 주의 양들이 되기를 원한다면, 우리는 참으로 그의 음성을 듣고, 우리 자신을 부인하고, 우리 자신을 그에게 위임함으로써, 마침내 위에서 언급된 그같은 그와의 교제 안에 우리가 함께 동참하는 그런 방법으로 그가 우리 안에 사시고, 우리는 그분 안에 살 것이다. 우리는 주께서 요구하시는 대로 장로들을 선택할 필요가 있고, 그 후에 우리는 주께서 우리에게 하도록 명령하셨던대로 그들 안에 계시는 그리스도의 사역을 인정하고, 수용하고, 적용할 필요가 있다. 만약 우리가 모든 열심을 가지고, 이것을 위해 기도하지 않고, 우리의 모든 마음으로 갈구하지 않는다면, 우리 스스로가 참 기독교 신앙과 정신[194]을 가지고 있다는 자부심을 가질 위치에 있지 않으며, 기독교 치리와 회개에 대한 방해요소를 시대나[78(X2)b] 교황적 부패나 교황적 부패에 반대하는 가르침과 기독교 자유에 대한 가르침의 탓으로 돌릴 것이 아니라, 우리 자신 가운데서 우리의 불신앙과 거짓 위선으로 돌려야 한다. 마치 우리의 기독교 신앙과 존재에 대해 많은 것을 만들고도 실제적으로 아무것도 가지고 있지 않고, 신앙의 올바른 방법으로 모든 것이 정돈되는 것을 전혀 원하지 않는 사람들처럼 말이다. 그리고 주께서 영생을 약속하시고, 제공하시고, 우리에게 분여하시기를 원하신다는 사실에도 불구하고, 그때 우리는 주의 말씀과 명령을 멸시하고, 그것을 공허하고도 해로운 것으로 간주한다.

기독교 백성의 부패와 불순종으로부터 오는 그렇게도 수많은 논쟁은 교황주의자들에 의해 발생했고, 그 결과로 기독교적 치리가 선(善)보다는 해를 더 끼치며, 그것을 수행하는 것은 불가능한 것으로 주장되었다.

이 논쟁들에 대한 두 번째 것에 대해 이제 대답하기로 하자! 그리스도인들은 지금 너무도 많고, 너무 섞여 있다는 사실로부터, 교회가 작고 그리스도인들의 숫자가 적을 때, 너무나도 많은 그리스도인들이 그들 안에 섞여 있지 않았기 때문에 사도들과 순교자들 시대에 있었던 교회 치리에 대한 동일한 기회가 있을 수 없다고 주장한다. 이런 반대에 대한 우리의 답변은 다음과 같다. 그리스도인들의 숫자가 많을 때나, 혹은 그리스도인들이기를 주장은 하지만, 참으로 그렇지 않는 사람들이 모든 상황 속에서, 그리고 교회의 사역들 속에서 많다는 사실에 의해서든지, 교회의 시작 이래로부터 성령께서 일하셨던 것처럼, 성령은 그의 백성 안에서 그의 사역의 수행이 방해되도록 내버려 두시지 않으신다. 그들이 지금보다도[79(X3)] 백성의 숫자가 더 많았을 때도, 그리고 그리스도의 양 무리 가운데 사악한 염소들이나 약하고 병든 양들이 더욱 거의 없을 때도, 성령께서 교회 안에서 치리와 회개의 이 사역을 꾸준히, 그리고 진지하게 계속적으로 수행하셨다.

바울의 시대에서조차, 사도가 골로새서 1장(6절)에서 자랑하듯이, 거룩한 복음이 세계 전체를 통해 꽃을 피웠다. 그리고 그 후에 발전이 계속되었다. 콘스탄티누스 시대로부터 복음은 너무나도 뚜렷해져서, 세계 전체를 걸쳐 367년 그리스도의 해에 모든 우상의 신전들이 문을 닫고, 모든 우상적이고도 모든 이방의 거짓 예배가 가장 엄격한 처벌 하에 금지되고, 교회들은 모든 나라에 세워졌다. 로마 제국이 그 당시에 확장되었던 만큼, 그리고 그 이상으로 더욱더 넓은 범위까지 말이다. 그리고 [195] 그 당시에 시리아, 이집트, 아시아 전체와, 일리리카, 그리스, 이탈리아의 전체, 독일의 많은 부분, 고올(프랑스), 스페인, 아프리카의 전체는 여전히 로마 제국에 속해 있었다. 밀라노에서 암브로시우스는 아마도 우리의 그 어떤 교회에서 보다도 가질 수 없는 더 많은 사람들을 그의 교회 안에서 가지고 있었지만, 그는 그의 교회 안에서 회개의 실천을 유지할 수 있었다. 그 결과 우리가 위에서 재검토했다시피, 심지어 테오도시우스 황제조차도 자신을 회개에 복종해야만 했다.

크리소스톰은 한때 콘스탄티노플에서의 설교에서 10만 명으로 추산했던 그의 백성을 가졌다. 그리고 그 당시 모든 감독들이 했던 것처럼, 그는 여전히 치리와 회개를 유지했다. 비록 그가 회개의 수단에 의해 참된 개선에 대한 독려 속에서 더욱 열심이 있고, 그리고 더욱 신중한 사람이었을지라도 말이다.

참으로 어떤 사람은 이 점에 관해 말할 수 있다. 이런 열심은 일반적으로 교회에 속한 것이 아니라, 이 특별한 감독들에게만 속한 것이다.[79(X3)b] 그러나 교회사를 읽고, 거룩한 교부들의 문헌들 속에서 이 관습이 기술되었다는 사실을 보았던 사람은 이 교회 치리가 암브로시우스, 크리소스톰, 그리고 다른 사람들과 같이 더욱더 견고하고 진지한 정신을 가진 감독들에 의해서 뿐만 아니라, 일반적인 치리는 교회의 죄에 대한 약으로 어디서든지 실천되었다는 사실을 안다. 우리가 앞에서 지적했던 것처럼, 치리대신 법으로 바꾸기를 원했던 이 방종한 감독들의 출현 이전까지, 회개와 엄격함의 이런 규정이 계속되었다는 사실에 의해 이것 또한 분명하게 증명된다.

그러므로 선한 양심을 우리에게 줄 수 있고, 주의 상한 양들을 위한 이 유익한 약인 그리스도의 이 규정과 치리를 무시할 어떤 구실도 수많은 백성 가운데서 우리는 발견할 수 없다. 사랑하는 거룩한 고대 교부들의 문헌들을 읽는 사람은 누구든지 그들의 시대에 교회들이 지금보다도 더 많은 사람들을 가졌으나, 그럼에도 불구하고, 치리의 시행과 회개의 규정에 대한 열매를 맺을 정도로 유지했다는 사실을 부인할 수 없다. 만약 참으로 그리스도께서 그들 안에서 하셨던 것처럼, 우리 안에 살아 계시면, 우리는 그들을 감동시키셨던 동일한 성령에 의해 감동을 받기 때문에, 우리는 지금까지 우리와 함께 명백해진 것 이상으로 더 큰 진지함으로 회개를 통해 영혼의 이 약을 갈구(渴求)해야 할 것이다.

• 그리스도인의 약함이 회개의 실천에 그 어떤 방해가 되지 않아야 한다.

우리가 교회에 많은 사람들을 가지고 있다는 사실로 인하여 이 문제에 대한 우리의 부주의성(seumig)에 대한 구실을 발견할 수 없듯이, 우리가 그리스도인들 가운데서 약하고 연약한 많은 사람들, 또는 참으로 그리스도인들이 아닌 많은 사람들이 있다고 할지라도 그 어떤 구실도 발견할 수 없다. 왜냐하면 사도들[80(X4)a], 순교자들, 거룩한 교부들의 교회들 속에서도 곡식 가운데 잡초도 많고, 양들 가운데 염소들도 많았지만, 그러나 그들은 회개와 치리라는 영혼을 위한 이 약을[196] 충성스럽게, 그리고 진지하게 실천했기 때문이다. 논쟁들과 분열과 토론과 파당과 심각한 부도덕성에 기인한 심각한 결점들과 관련하여 고린도전서 1장(10절 이하), 4장(6절 이하), 5장(1절 이하), 6장(1절 이하), 11장(17절 이하), 고린도후서 12장(20절 이하), 12장(13장, 역자 주)(2절)에서 고린도 사람들을 고발하고 있다. 테르툴리아누스와 모든 고대인들이 그랬던 것처럼, 심각한 고소들과 관련하여 거룩한 순교자 키프리아누스는 이 백성들을 비난하고 있다.

이것으로부터 우리는 백성들의 숫자가 큰 경우나 우리의 백성들 중에 많은 사람들이 병들었다는 사실이 교회 안에서 치리와 회개를 회복하기 위한 가장 진지한 노력을 기울이지 않을 어떤 구실도 제공할 수 없다는 사실을 확인할 수 있다. 그리고 참으로 바로 이런 요소들이 우리에게 가장 큰 고소와 정죄를 제공한다. 그리스도의 양들이 많으면 많을수록, 그들은 스스로, 그리고 또한 더 위험하게 그들과 섞여 있는 염소들에 의해 상하고, 상처입게 된다. 이것에 의해 그들은 매일 더욱더 큰 부상을 입고, 상처를 입을수록, 모든 그리스도인들과 그들 속에 계시고, 그의 양이 돌보지 않은 상태로 방치되기를 원하지 않으시는 우리의 주이신 그리스도, 선한 목자가 내주해 계시는 모든 사람들에게 더욱더 필요하다. 주께서 영혼의 의사들로 임명하셨던 가장 특별한 사람들은 영혼을 위한 이 약이 한번 더 올바르게 인정되고, 규정되고, 수용되도록 더 큰 부지런함과 진지함을 가지고 관심을 기울이고, 노력해야 한다. 세상적인 통치자들이 도시, 마을, 군대 또는 해군 속에서든지 통치할 많은 사람들을 가질 때, 그 공동체가 요구하는 복지처럼 각 상황 속에서 관리들과 훈육가들에 대해 더욱더 관심을 기울여야 할 것이다. 하나님의 고대 백성들(구약, 역자 주)은 숫자가 매우 많았으나, 각 지파, 각 일가, 각 가정마다 그 자신의 통치자들과 관리들을 가졌다. 천 명, 백 명, 십 명을 위한 각 대장들이 임명되었고, 모두가 서로 돌보고, 모든 양들에게 올바르게 돌봄이 이루어졌다. 이런 세속적인 필요성(또는 참으로 가끔 대부분의 경우에 보이는 단순한 안달은 슬프게도 우리의 왕자들이 서로 서로에 대항하여 벌이는 전쟁의 배후에도 있다)은, 비록 많은 사람들이 연루되어 있을지라도, 모두가 돌봄을 받고, 모든 사람의 육체적 필요들이 돌보아지는 그런 방법으로 사람들에게 일들이 배정되고, 규제된다. 기독교적 삶을 살고, 그리스도의 가련한 양들을 치료하기 위한 영원한 필요성에 의해 우리는 더욱더 강요받아야 하지 않겠는가?[197]

이것이 옳다고 말할 수 있다. 비록 단순한 일반적인 의미에서 하나님에 의해서 명령된 것처럼, 이것이 모두 가능하고 간단할지라도, 그러나 당신은 어디서 그렇게도 많은 기술 있는 영혼의 의사들을 발견하게 되는가? 그 대답은 다음과 같다. 만약 현 시대에 우리가 많은 그리스도인들을 가진다면, 주께서 그의 영으로 준비시키고, 능력 있게 하신, 영혼을 위한 이 약의 사역에[81(Y1)a] 적합한 많은 사람들 또한 있을 것이다. 일단 한 번 우리는 이것을 할 수 있도록 그에게 요청한다. 그러나 만약 우리가 극소수의 그리스도인들을 가진다면, 그때 우리는 영혼의 의사들을 그렇게 많이 필요하지 않을 것이다. 모든 시(市)와 공동체 속에서 세속적인 일의 관점에서 자신들이 사용되도록 허락할 사람들을 당신은 발견할 것이다. 만약 우리가 영혼의 구원을 촉진시키기 위해 자신들이 사용되기를 허락하는 사람들을 그리스도인들 중에서 더 많이 발견하지 못한다면, 그리스도의 공동체가 다시 한번 올바르게 서지 못할 것이다. 그렇다면 더욱 우리는 우리 자신들을 그에게 위탁하지 않겠는가?

그러므로 우리 교회 속에서 많은 그리스도인들은 방해하지 않고, 오히려 상처 입은 모든 양들에 대한 적당한 돌봄을 준비할 것을 독려받고 있는 것은 분명하다. 그들이 많은 심각한 상처들로 고통당하고 있다는 것이 결코 단점이 아니다. 그들이 아무리 약하고, 상하고, 상처입었을지라도 그들은 여전히 그리스도의 양우리 안에 있는 양이고, 양우리에 있는 동안, 그들은 그의 음성을 듣고, 복음에 대한 순종 안에서 보전될 수가 있다.

그러므로 영혼의 이 약(藥)만이 우리가 위에서 말한 대로 온건하게 그리고 부지런히 규정되고, 적용된다면, 이것은 유일한 결과일 것이다. 왜냐하면 이것은 단지 해롭거나 불가능한 것이라기보다는 차라리 큰 경건과 개선을 가져오는 그리스도의 사역이고, 명령이기 때문이다. 슬프게도 우리 교회들 안에 그리스도의 이름으로 헛되이 증거하는[81(Y1)b] 많은 사람들이 있는 상황이 계속 되도록 해서는 안 될 것이다. 왜냐하면 그들의 공적인 죄와 심각한 죄 때문에 회개로 부름받아야 하는 사람들은 그리스도이신 우리 주와 목자의 음성을 듣지도 않고[198], 교회 속에서 그들의 죄에 대한 적절하고도 유익한 처벌을 수용하지 않으며, 그리스도의 양우리 안에서 여태껏 있지 않으면서도 자기 자신들을 그리스도와의 교제에 위탁하지도 않는다.

이것은 다음을 의미한다. 상한 양들을 위한 이 약은 그들에게는 주어질 수가 없다. 먼저 모든 부지런함이 주의 말씀을 통해 그들을 그의 양우리 안으로 인도하는 데 사용되어야 한다. 다시 말하면 그것이 그리스도와의 참된 교제와 복음에 대한 참된 순종 안으로 자신들을 위탁하도록 하는 데 사용되어야 한다. 우리는 여기서 이미 양우리 안에 있고, 자신들을 그리스도의 말씀에 위탁하는 상처 입은 양들에 대해서 언급하고 있다. 이 점에서 이것은 주의깊게 고려되어야 한다. 아직도 그리스도와의 교제 안으로 자신을 위탁하지 못한 사람의 경우에는, 먼저 앞서 기술한 영혼 돌봄의 사역이 수행되어야 한다. 회개의 약(藥)은 그들이 완전히 자신들을 그리스도의 교제에, 그리고 복음에 대한 순종에 위탁할 때까지 그러한 것을 위해 처방되어질 수가 없다.

이것으로써 교회 치리와 회개에 반대하여 제기된 주된 반대들에 대해 충분하게 설명했다. 그러므로 우리는 마침내 우리가 그렇게도 오랫동안 몰두했던 이 장(章)에 대한 결론을 내릴 수 있다. 우리는 이것에 대해 길게 언급했다. 왜냐하면 기독교적 치리와 회개에 대한 올바른 이해를 가진 사람들이 여전히 극소수에 불과하다는 사실을 매일 의식하기 때문이다.

그러나 이 속에 있는 문제, 많은 사람들과 심지어 하나님을 경외하는 사람들이[82(Y2)a] 교회의 치리에 대해 제기하는 또다른 문제가 여전히 남아 있다. 마치 주께서 우리에게 은혜를 주시는 것처럼, 우리는 이것 역시 취급해야만 한다. 즉, 그들의 의견 속에 이런 교회 치리와 회개로부터 교황적인 폭력과 독재가 성장했다는 주장이 있다. 참으로 그들은 다음과 같이 말한다. 사제들이 왕들과 황제들과 모든 통치자들을 설득해야 하기 때문에, 이들은 모든 일에서 그들에게 순종적이게 되고, 종속되어야만 했고, 그들은 모든 통치자들과 권위에 대한 힘과 허세(과시)와 폭력에 대하여 이런 지위로 인해 자신을 쉽사리 높일 수 있었다.

이 문제에 대한 우리의 대답은 다음과 같다. 첫째, 우리는 백성이 자신을 모든 일에서 사제들이나 어떤 다른 사람에게 복종해야 한다고 가르치지 않고, 오직 그리스도와 그의 말씀에만 복종하라고 가르친다. 그리고 통치자들이 그를 위해 살도록 전심으로 원할 때, 그들은 곧 치리 속에서 교회의 장로들이 그리스도의 사역이나 그들 자신의 비행을 수행하기를 원하는지 여부를 인정할 것이다. 그리고 그들이 그들 안에서 오류를 분별할 때, 그들은 그들의 의도를 무시하는 데 만족하지 말고, 그들을 가장 엄격하게 처벌해야 한다. 왜냐하면 모든 영혼들이 주된 처벌을 위해서조차도, 칼을 지니고 있는 명령받은 통치자들에게 복종해야 하기 때문이다(롬 13:4). 둘째, 만약 우리의 통치자들이 성령의 규정대로, 우리가 위에서 기술했던 방법대로 장로들이 선택되고, 간주되었다는 사실을 확신한다면, 그들의 손에 의한 폭력이나 독재에 대한 두려움은 거의 없을 것이다. 또한 성령의 이런 규정과 사역이[199] 악독하거나 해로운 어떤 것으로 인도되어서는 안 된다. 셋째, 사제들의 폭력과 독재가 교회의 치리와 회개의 규정으로부터 성장했다고 말하는 것은 교회의 치리와 회개의 규정에 대해 폭력을 가하는 것이다.

만약 당신이 사제들과 교황이 이 큰 권력을 얻었던 올바른 이유를 알기를 원한다면, 그것은 다음과 같다. 우리 자신의 시대보다도 더 일찍이 또는 더 위대한 정도로 그들 가운데 아무도 없던 고대 프랑크족들 중에 위대한 군주들은 교회에 많은 소유들을 주고, 감독들에게 이 소유들에 대한 능력을 넘김으로써 그들의 죄와 사악함에 대해 하나님께서 보상하실 것으로 간주했다. 그때 그들은 이 동일한 감독들을 왕실로 데려가서, 우리가 강력하게 발견하고, 황제(황실)법과 회의 규정들 속에서 진지하게 제시된 공적 교회법을 깨뜨렸다. 그 일 후에 감독들이 능력 있는 남작들이 되고, 황실에서 힘을 얻게 될 때, 굉장히 많은 소유와 확장된 권력을 축적하기를 원했던 사람은 주교직 또는 관구직(Bisthumben)을 얻으려 힘썼다. 그리고 그 후 오래지 않아 왕들과 황제들은 돈과 호의와 그들의 가족의 지체들의 유익에 대한 대가로 이 관구직을 수여하였다. 이런 방법으로 관구직은 때가 되어 세속적인 군주들의 관구가 되었다. 이런 성직 매매는 처음에 유행하여, 프랑크 왕들의 경우에 가장 노골적이 되어, 프랑크족의 왕들은 어떤 다른 사람들보다도 먼저 감독들을 남작들에 임명했다. 이것이 바로 그레고리우스가 그의 문서들 속에서 그들을 자주 비난했던 이유이다. 여기서 그는 그들에게 이런 이유에 대해 썼다. 그는 힐덴브레흐텐(Hildenbrechten) 왕, 뢰테렌(Leutheren) 왕(다른 방법으로 Lotharium 또는 Clotharium으로 알려짐), 디트리헨(Dietrichen) 왕, 디트프레헨(Diethprechen) 왕[83(Y3)a], 브룬힐트(Brunhild) 여왕에게 썼다. 우리는 그리스도의 출생으로부터 계산하여(A.D.) 592년에 교황이 된 그레고리우스의 서신들 가운데 이 작품들을 여전히 가지고 있다.

• 우리가 올바르게 평가해야 하는 것처럼, 만약 우리가 새 사냥꾼으로 알려진 황제 헨리 I세를 고려할 경우, 그는 참으로 그 이름의 네 번째 인물이다.

때가 되어 왕들과 황제들의 이 성직매매가 그러한 노골적인 형태를 취하게 되었을 때, 그들은 거의 모든 고위 성직자직을 돈이나 호의(명예)의 답례로 수여했고, 특별히 독일 여러 주들에서 감독들이 가장 강력한 남작들이 되었을 때, 이 두 이익집단들은 갈등에 들어갔다. 그리하여 처음에는 황제의 권위를 손상시켰고, 그 다음에는 다른 군주들의 권위를 손상시켰다. 그것의 진정한 시작은 황제 헨리 IV세부터이다.

• 교황 그레고리 VII가 황제 헨리 IV세를 어떻게 파멸시켰는가?

교황 그레고리 VII세가 공적인 성직 매매의 심각한 책임을 황제에게 전가시켰고, (그가 다른 경우에는 찾지 않았던) 세부목록을 제시하여, 감독들과 고위성직자들을 선출한 교회에 지정된 권한이 교회로 회복되어야 하고, 이 유해한 성직 매매와 사제들의 모든 악들을 처벌하고 개선할 경건한 지도자들이 임명되어야 함을 사람들에게 이해시켰다. 그는 그의 정직을 통해 황제에 반대되는 의견 일치를 얻어내었다. 황제의 악행 때문에, 많은 감독들의 큰 권력과 이 황제에 대한 사실상의 모든 사제들의 증폭된 특별한 반감에 의해 기회가 주어졌다. 그때 제국 안에서 독일 감독들의 힘이 지금보다도 더욱더 커지게 되었다.

• 교황의 권력이 어떻게 성장 했는가?

일단 이 교황은 그렇게도 능력 있고, 용감하고, 위대한 황제를 교황의 자비 밑에 굴복시키는 위치로 가져가는 데 성공했다. 다른 교황들도 이 교황의 예를 뒤따랐으며, 이런 방법으로 그 당시에도 결코 약하지 않았던 교황의 권력들이 더욱더 커지게 되었다. 그리스도께서 지상에서 가졌던 모든 것이 그의 손에 주어졌으며, 그리스도의 대리자들로서 그들은 모든 왕국들과 힘들을 자신들의 소유로 삼아 마음대로 처분함으로써 세계 전체를 지배하는 군주들 위에 올려놓을 수 있었다. 그리고 교황은 지상에 있는 어느 누구도 문제시할 수 없는 완전한 권위를 가지게 되었다. 자신을 위해 이것을 주장했던 절망적인 보니파키우스 VIII세 뿐만 아니라, 다른 교황들도 그러하였다. 알렉산더 VI

세 역시 앵글족에 대한 지배를 행사했다.

[201] 그러므로 역사를 올바로 보고 진리에 따라 판단하는 사람은 소위 사제들의 부적절한 힘과 독재의 원인과 기원이 결코 교회의 치리와 회개의 규정 때문에 기인하는 것이 아니라, 바로 이 문제들 속에서 발견된다는 사실을 인정하면서 우리에게 동참해야만 한다.

첫째 이유인 동시에 가장 주된 이유는, 우리의 부모들과 우리가 그리스도이신 주의 나라를 참으로 사랑하지 않고, 또한 우리의 전심을 다하여 절대적으로 그를 신뢰하지 않으며, 회개나 개선 없이 우리의 죄를 그와 화해하기를 원하고, 인간의 일들을 통해서 우리가 그렇게도 많이 가졌던 것을 포기해버리고, 그 자신에 속한 것을 그에게 드림으로써 그를 매수하는 가운데 있는 우리의 모든 죄에 대한 하나님의 응당한 진노 때문이다.

둘째 이유는 프랑크족 왕들과 황제들과 그들의 뒤를 계승하는 역시 다른 왕자들과 군주들과 영주들(능력 있는 사람들)이 교회에 너무나도 많은 땅과 사람들을 주어서, 또한 그 후에 감독들에게 권력을 완전히 넘겨주었기 때문이다.

[84(Y4)a] 셋째 이유는 감독들을 너무나도 강력하게 만들었던 황제들이 감독들을 황실로 불러들이고, 그들을 제국의 왕자들로 승격시켰기 때문이다.

넷째 이유는 황제들이 자신들 스스로를 가장 큰 정도로 성직 매매에 연루되는 것을 허락했고, 그들 자신들이 그것을 발행했기 때문이다. 황제 헨리 IV세의 경우 모든 고위성직들이 판매된 지점에 이르러 그 내용을 읽으면 너무나도 끔찍하기까지 하다. 그리고 이런 이유 때문에 제국의 권위가 교황에 의해 축소되기 시작한 것은 참으로 전혀 기적이 아니다. 더구나 이 황제는 브레멘(Bremen) 대주교에 의해 사악하고도, 비행적인 사람으로 성장했고, 많은 측면에서 짐이 되기에 충분했다.

• 만약 기독교적 치리가 유지되었다면, 소위 제사장들은 이처럼 독재자들이 결코 되지 않았을 것이다.

확실히 만약 황제들이 그들의 직무들을 올바르게 유지하고, 교회의 목회자들에 대한 그들의 권위를 행사하면서, 그들의 직무들을 신실하게 보호하고, 교회의 소유들을 신실하고 가치 있는 목회자들에게 위탁했더라면, 그 결과 감독들이 그들로 인해 걱정거리가 되지 않고, 교회의 사람들을 황실로 불러들이지 않고, 감독들과 백성 전체에게 교회 치리를 신실하게 권면했더라면, 그때 감독들은 권위에 복종하는 채로 남았을 것이고, 그들의 사역 안에서 올바르게 지켜질 수 있었을 것이다.

그때 그들은 옛 감독들이 했던 것처럼, 왕들과 힘있는 사람들에게 기독교적 교정과 개선을 적용했을 것이다. 그리고 왕자들이 심각하게 이탈할 때, 밭, 목장, 땅과 사람들을 답례로 그들을 사면하지 않았을 것이고, 테오도시우스 황제 [202]처럼, 그들이 참된 회개아 개선을 보여주었을 때만, 그들을 사면해 주었을 것이다. 이런 방법으로 두 직분들(통치자 직분/황제와 목회자 직분/교황, 역자 주)은 그들의 비참한 [84(Y4)b] 혼란으로부터 안전하게 보존되었을 것이다. 통치자들은 그들의 올바른 사역들 속에 있는 감독들과 목회상담자들을 유지하며 격려하고, 그 반대로 목회상담자들과 감독들은 통치자들을 위해 동일한 일을 했을 것이다.

• 황제들과 왕들이 감독들로 하여금 처음에는 하나님을 멸시하고, 나중에는 그들 자신들을 멸시하게 만들었는가?

황제들 자신들이 먼저 감독들에게 통치할 땅과 사람들을 주고, 이 땅과 사람과 모든 교회 소유에 대한 완전한 권위를 허락했다. 그리고 그때, 그들이 지금 너무나도 크고 많은 교회 재산들을 또한 즐기기 위해, 이것은 정확하게 제국의 유익을 위해서가 아니라, 그들 자신의 과시와 영광을 위해, 가끔은 선한 목적도 없이, 그들은 전쟁 문제와 매우 약삭빠르고도 불명예스러운 일들에서 감독들을 제국의 왕자들로 삼고, 황실에서 그들을 이용했다. 또 그들은 교회의 불경건과 공개적 성직매매와 부패의 온갖 종류들에 자신을 연루시키는 가운데 옆에서 지원해주고, 심지어 코덱스(Codex)와 노벨라이(Novellae)에 상세하게 설명되어 있듯이 그들 자신들의 법에 대한 완전한 모순과 범법(犯法) 속에서 그들을 도와주고, 그들과 공모하였다. 그러므로 우리의 모든 죄 때문에, 주께서도 이 황제들과 왕들을 폐하셨다. 왜냐하면 그들은 그리스도의 교회들과 그들의 주이신 그리스도에 대하여 그들의 후원을 너무나도 오용하였기 때문이다. 그들은 그의 교회로부터 주와 교회를 향해 명분과 충고와 도움을 제공하도록 한 그들의 목회자들을 없애버렸다. 그대신 이러한 목회자들로 하여금 그 일을 대신하게 했는 데, 이 목회자들은 불충하고, 위증과 신성모독의 죄를 지은 자들, 다시 말하면 도적들, 하나님의 강도들, 영혼의 살인자들이 되었다. 이 모든 명칭들을 그들에게 부여하는 자는 내가 아니라 이전에 여러 해

동안 그들 자신들의 영적 법과 거룩한 교부들이 부여한 것이다. 그의 정의로운 심판 속에서 우리의 사랑하는 하나님은[85(Z1)a] 소위 이런 제사장들이 황제들과 왕들과 군주들을 향해 불충하고, 위증하고, 반동적이도록 허락하셨으며, 제국의 부동산들을 사유화하고, 훔치도록 허락하셨다. 그들은 왕들과 황제들에게 약속했던 맹세들과 의무들로부터 신하들이 벗어날 수 있게 했으며, 그들의 군주들에게 했던 서약들과 맹세들을 지켰던 모든 사람들을 추방하고, 끔찍한 시민 전쟁과 폐허를 불러 일으켰다. 그리고 그때 왕국들 전체와 공국들을 통합하고, 제국으로부터 독일 도시 속에 있고, 제국 안의[203] 감독들에 의해 소유된 몇몇 유명한 도시들을 빼앗았다. 이 도시들은 제국의 도시들도 아니었고, 제국의 통치 밖에 있는 도시들이었다.

그리고 이 심각한 타락이 어떻게 교회 안에서 고착화되었는지를 생각하는 어떤 그리스도인에게도 다음과 같은 사실을 알아보는 것은 쉬운 일이다. 사제들의 독재와 폭력과 허식에 원인을 제공한 것은 다른 그 어떤 원인들보다도 교회 치리가 주된 원인이다. 그들 가운데, 특히 교회의 목회자들과 다른 사람들 가운데서 그렇게도 완전히 타락해버렸던 것이 바로 교회 치리인 것이다. 참으로 다름 아닌 바로 이것(교회 치리의 부재, 역자 주)이 백성들의 모든 계층을 그러한 배교와 잘못으로 인도하는 문을 마귀에게 열어 준 것이다. 그리스도의 구원의 나라가 모든 곳에서 동요(動搖)됨과 함께, 적그리스도의 독재가 이것에 의해 모든 곳에 고착화되었다.

그러므로 제사장들의 독재에 의해 압제를 받고 있는 모든 사람들을 위해 주께[85(Z1)b] 기도하자! (그리스도인들은 그리스도의 나라가 증가하는 것만 사랑하고 사모하기 때문에, 모든 그리스도인들이 가장 심각하게 압제받고 있는 것처럼) 교회 치리가 곧 우리에게 회복되어 교회의 소유와 능력이 그리스도의 나라에 진실하지 않게 섬기는 그 어떤 사람에게도 위탁되어서는 안 된다.

그리고 그때 사제들은 전적으로 임명된 권위에 복종할 것이며, 땅과 백성들에 대한 통치권을 왕자들과 군주들과 그밖에 하나님께서 부르신 사람들에게 넘길 것이며, 그 반면에 제사장들은 교회들을 돌볼 것이다.

십일조와 다른 고대의 고유한 교회 소유들은 교회의 복된 구축과, 과부와 고아와 궁핍 중에 있는 사람들의 유지와, 터키로부터 온 죄수들의 석방과, 사람들의 일반적인 곤궁들과 필요들을 위해 참으로 신실하고도 검증된 집사들의 사역을 통해 사용되어야 할 것이다. 그리고 만약 어떤 사람이 어떤 길에서 부족하다면, 이 치리는 그를 그의 길들을 개선하도록 인도할 것이며, 교회는 즉시 그의 봉사들을 시행할 것이다.

교회 치리와 질서가 언급될 때, 우리가 그들의 권위를 축소하기를 원하는 것으로 두려워하고, 또 새로운 사제들은 옛 사제들처럼 그들의 주인들이 되기를 원하는 것으로 두려워하는 사랑하는 군주들에 의해 기독교적인 고려가 여기에 주어지면 좋을 것이다. 이 소책자 제2장은 그리스도의 나라에 관해서 다음과 같은 내용을 유지하고 있다. 교회가 있는 모든 곳에 우리 주 예수 그리스도의 능력이나 권위 이외에 어떤 다른 능력이나 권위도 어렴풋이 보이거나 발견되어서는 안 된다. 이것이 바로 우리가 즐겁게 따라갈 정책이며, 이것은 사제들이나 어떤 다른 사람에게도 적그리스도적 권위를 위한 그 어떤 기회도 주지 않는다.

[204] 이 항목(제9장, 역자 주)에 대한 설명이 너무나도 길게 기술되었기 때문에, 나는 지금 그것을 다음과 같이 짧게 요약하고자 한다.

상처 입은 모든 양들, 즉 그리스도인들이고[86(Z2)a], 양우리 안에 있고, 복음에 대한 순종 가운데 계속적으로 있으면서도 의식적인 죄에 빠진 사람들은 충고와 도움을 받아 생활의 참된 회개와 개선을 통해 그들은 다시 건강하고 좋게 된다. 즉, 참되고도 거룩한 기독교적 삶으로 돌아온다.

이런 충고와 도움(disen raht und hilff)은 서로에 대하여 모든 그리스도인들에게 나타나야 한다. 왜냐하면 그리스도이신 주께서 그의 모든 백성 안에서 이 충고와 도움을 준비하시기 때문이다. 그러나 더 큰 부지런함이, 주께서 통치자들처럼 교회 안에 영혼의 돌봄을 수행하는 사람들, 그의 양들에 대한 영혼의 목자들과 의사들로서 특별히 임명하신 사람들에게서 요구된다.

그리고 비록 통치자들은 최고 목자들일지라도, 그들의 정부 전체는 그들의 신하들이 기독교적인 삶을 살고, 각 사람은 자신의 직무와 소명을 가지는 것처럼 공동체 안에서의 봉사의 모든 형태들 속에서 이 목적으로 독려되도록 보살펴지는 쪽으로 지향되어야 한다. 왜냐하면 기독교적 삶을 통해서만 우리가 선하고도 복된 삶을 살 수 있기 때문이다. 그리스도의 말씀의 특별한 사역과 교회의 영적 권위를 가지는 사람들은 바로 목회상담자들이다. 왜냐하면 그들은 특별히 이것을 위해 임명되고, 하늘의 문을 닫고 여는 열쇠들의 영적 명령을 받았기 때문이다.

그러나 죄인들에게 보여지고, 주어져야 할 영혼을 위한 이런 약과 이런 충고와 도움, 상하고 상처 입은 양들의 올바른 싸매어줌과 치유는 죄를 지었지만, 여전히 교회에 대한 순종 가운데 있는 사람들이 참된 신앙의 회개와 참된 개선으로[86(Z2)b] 감동되고 가능해지는 그러한 방법으로 그들의 죄를 상기시켜야 한다.

덜 심각한 죄의 경우에, 목회상담자들과 영혼의 특별한 영적 의사들은 말씀의 교정을 통해서만 그들을 치유해야 한다. 그러나 심각한 죄의 경우, 죄지은 사람들이 그러한 처벌에 의해 인도되고, 강요되며, 그러한 사람의 개선을 위하여 더 깊은 회개와 더욱더 진지하고 열심히 자신을 부끄러워하도록, 말씀을 통한 가장 부지런한 권면과 병행하여, 역시 육신의 자발적인 죽임과 그의 성찬으로부터의 일시적인 배제도 있어야 한다. 그러나 그렇게 하는 동안에 어떤 사람도 기독교적 치리를 무서워 피하지 않고, 절망하지도 않고, 외적 죽음을 통한 회개의 효과 없는 모습에 유혹되지 않도록 하기 위해 적절성 또는 온유함(dei maß)이 사용되어야 한다.

[205] 이것은 바로 다음과 같은 이유를 가진다. 죄들이 올바르게 인식되어지고, 미워지게 되며, 주의 은혜와 죄 용서가 더욱더 소중하게 평가되고, 열렬하게 요청되기 위해, 비록 죄의 심각성이 역시 진지하게 지적될지라도, 그리스도를 통해 하늘 아버지로부터 오는 용서의 위로와 모든 은혜와 함께, 그리스도의 말씀을 통해 이런 기억이 항상 일어나야만 한다. 이런 이유 때문에 철저한 교정이 가끔 사용되어야 하며, 그것은 말만으로 되는 것이 아니라, 육체적인 죽임과 처벌을 통해서 이루어져야 한다.

그리고 이것은 하나님께서 옛 백성과 새 백성 모두에게 이것을 명령하셨기 때문이다. 선지자들, 사도들, 순교자들, 그리고 거룩한 교부들의 문헌들에서 증명되듯이, 그들이 그의 규정을 올바르게 준수했을 때, 하나님께서 항상 그들 가운데서 그것을 유지하시고, 행하셨다. 우리는 단지 앞에서 언급했던 문서들을 올바른 기독교적 부지런함을 가지고 고려하는 것이 필요할 뿐이다.

• 우리가 "나는 그것을 더이상 하지 않을 것이다"라고 어떤 사람에게 말하는 것으로 충분하지 않다.

[87(Z3)a] 이것이 이 장(章)(제9장, 역자 주)의 핵심이다. 그리스도인들이기를 원하는 모든 사람들에 의해 기독교적 방법으로 그것이 고려되어지도록 주께서 허락하소서! 그리고 내가 유지해야만 하는 두 가지 일들이 있는 데, 그것은 이 모든 진리와 그리스도에 대한 본질적인 교리를 오해하고, 의심을 품는 것보다 더 사탄을 즐겁게 하는 것은 아무것도 없기 때문이다. 내가 여러 번 설명했던 첫 번째는 다음과 같다. 더욱더 큰 범죄를 행한 다음 "나는 죄송하다. 나는 그것을 더이상 하지 않기를 원한다"라고 그가 말한다고 해서, 그 사람을 그의 죄로부터 완전히 풀어주고 그를 성찬에 허락하는 것은 충분한 이유가 될 수 없다.

그러나 경건한 독자는 내가 또한 여러 경우에 있어 '만약 그가 참된 회개에 대한 어떤 표징들도 보여주지 않는다면'이라는 말을 첨가했다는 사실을 주지하기 바란다 경건한 목자와 의사는 이런 방식으로 불쌍한 죄인이 자신들과 교회를 속이는 시도를 하지 않도록 확신시켜야 한다. 신실한 아버지나 어머니는 "아무것도 나와 함께 더이상 잘못이 없을 겁니다"라고 말할 때, 이것이 참으로 그런 경우인지를 확신하지 않는 한, 이 말만으로 결코 만족하지 않을 것이다.

물론 그의 행동들이 반대 상황을 보여주지 않는 한, 우리는 그 자신의 선언에 기초한 그의 양심의 문제에서 모든 사람이 믿기를 원한다. 더욱 크고도 더욱 심각한 죄의 경우, "나는 죄송하다. 나는 그것을 더 이상 하지 않기를 원한다"라고 그의 마음으로 말하는 어떤 사람은 이 말과 함께 또한 그의 회개에 대한 많은 진지한 증표들을 준비해야 할 것이다. 그는 또한 그의 회개를 통해 교회를 만족시키고, 그가 그의 죄를 통해 손상을 입혔던 사람들에게 개선될 것을 원하면서 큰 겸손과 정신의 진지함을 가지고 자신을 교회의 치리에 복종해야 할 것이다.

지금 교회는 그들의 말에만[206] 근거하여 성인들에게 거룩한 세례를 베풀지 않기 때문에, 그들을 얼마 동안 점검한다. 그들의 삶이 좋아질 때까지, 그들이 믿는 그리스도 안에 있는 모든 은혜의 시작을 보여주는지의 여부를 보기 위해 세례를 연기한다. 그렇다면, 그가 말했던 내용뿐만 아니라, 그가 행했던 내용에 의해서도 그의 불신앙에 대한 오래고도 본질적인 증거를 보여줄 때, 행위의 증거를 요구하지도 않고, 그들의 말에 기초하여 교회가 어떤 사람에게 성찬을 즉시 왜 시행해야만 하는가? 이 성례는 세례와 마찬가지로 거룩하다. 이 성례는 세례처럼 동일한 큰 진지성과 진리를 가지고 시행되어야 한다.

거룩한 고대 교부들과 마찬가지로 여기서 유지되어야 하는 두 번째 일은 다음과 같다. 나는 주께서 그의 교회에 허락하셨던 묶음을 회개의 묶음과 동일시했다. 경건한 그리스도인들은 주께서 그의 교회에게 명령하셨던 묶음이 다름 아닌 바로 죄의 유보와 그들로부터 죄를 용서하지 않음이나 죄의 용서라고 생각해야 한다.

그러므로 그들을 용서하고, 그리스도와의 완전한 교제로 그들을 회복시키는 것을 허락하기 전, 교회는 그들의 더 큰 죄로 말미암아 교회에 가져다 준 큰 손해에 대하여 그들의 책임을 요구하고, 증진된 참회에 의한 그들의 회개의 증거를 요구해야 하는 것이 당연하며 옳은 일이다.

그리고 그들이 이런 방법으로 회개를 할 때까지는 아직 그들의 죄를 완전히 제거했다고 볼 수 없다. 그 정도까지 해서는 죄인이 아직 그들의 굴레 안에서 벗어났다고 볼 수 없기 때문이다. 왜 이렇게까지 하는가? 우리가 앞에서 언급한 바대로, 왜냐하면 그리스도의 명령과 규정에 따라 이것을 해야 하기 때문이다.

누구든지 회개와 만족을 위한 이런 일시적인 묶음은 또한 주께서 교회에 명령하셨던 묶음 안에[88(Z4)a] 포함된다는 사실을 잘 알 수 있다. 그리고 그들을 하나님의 교회로부터 완전히 배제하고, 그들을 영원한 죽음에 묶음으로써, 교회에 의한 이런 묶음은 믿지 않고, 회개하지 않는 사람들을 하늘로부터 완전히 배제하는 것에 있을 뿐만 아니라, 다음과 같은 일시적인 묶음도 있다.

그것은 일시적으로 신자들을 교회의 천국 교제로부터 배제시키고, 얼마 동안 그들을 그리스도인들의 교제로부터 떼어두고, 오직 일시적인 회개에만 묶는 일시적인 묶음도 있다. 우리가 진리 안에서 견고하고, 우리 자신을 그의 목장과 피난처에 올바르게 위탁하는 것을 주여 허락하소서! 충고하시고 도와주소서! 아멘.

제 10 장

약한 양들을 어떻게
강하게 할 수 있는가?

• 마음이 약해서(겁이 많아서) 사악한 자들의 손에 크게 고통을 당하는 자들은, 주께서 그의 도움으로 가까이 계신다는 사실에 의해 강해져야만 한다.

i. 사 35 [:3f]

"너희는 약한 손을 강하게 하며 떨리는 무릎을 굳게 하며 겁내는 자들에게 이르기를 굳세어라, 두려워하지 말라, 보라 너희 하나님이 오사 보복하시며 갚아 주실 것이라 하나님이 오사 너희를 구하시리라 하라."

• [207] 그리스도이신 주께서 모든 것이 되시며, 모든 것을 행하신다는 신앙은 모든 사람의 경우에 강해질 수 있게 하며, 성 베드로 자신이 실패했기 때문에, 주께서 그의 형제들을 강하게 하라고 그렇게도 끝까지(끈질기게) 그에게 명령하셨다.

ii. 눅 22 [:31f]

"주께서 말씀하셨다.[88(Z4)b] 시몬아, 시몬아, 보라 사탄이 너희를 밀 까부르듯 하려고 요구하였으나 그러나 내가 너를 위하여 네 믿

음이 떨어지지 않기를 기도하였노니 너는 돌이킨 후에 네 형제를 굳
게 하라.”

• 그리스도에 대한 그들의 이해에서 여전히 약하고, 우둔한 사람
들의 양심은 보다 잘 이해하는 쪽으로 진실하게, 그리고 매우 친절
하게 인도되어야 한다.

iii. 롬 14[:1]
“믿음이 연약한 자를 너희가 받되 그의 의견을 비판하지 말라.”

• 어떤 사람들은 잘 질서잡힌 삶의 관점에서 병들고 약하며, 다른
사람들은 하나님에 대한 그들의 신앙과 소망의 관점에서 병들고 약
하다.

iv. 살전 5[:14]
“또 형제들아 너희를 권면하노니 게으른 자들을 권계하며 마음이
약한 자들을 격려하고 힘이 없는 자들을 붙들어 주며 모든 사람에게
오래 참으라.”

이 성경본문들로부터 우리는 그리스도의 양들의 약함과 병듦이 무
엇이며, 어떻게 누구에 의해서 이들이 치료받고, 약한 양들이 강해질
수 있는지를 배운다. 우리는 이미 병들고, 약한 양들이 어떤 자들인가
에 대해 간략하게 제시했다. 그러나 우리가 인용한 성경본문들은 네
가지 종류의 약함에 대해 말씀한다.

• 십자가 아래에서의 약함

그리스도의 이 양들의 첫 특징은 십자가와 박해 아래에서나 다른 사건이나 공격을 통해서 소심하고, 약해진 사람들의 특징이다. 이런 약함은 첫 성경본문 전체 속에서 기록되어 있고, 넷째 성경본문 속에서는 약한 자들을 격려하는 말씀이 기록되어 있다.

• 그리스도를 고백하는 데서의 약함

두 번째 약함은 그리스도에게 견고하게 붙어 있지 않고, 자신들이 그리스도 안에서만 모든 좋은 일을 가진다는 사실을 항상 충분하게 고려하지 않는 사람들의 특징이다.

그 결과 세상의 호의와 냉대, 유익들과 손해들, 즐거움과 슬픔, 명예와 수치는 쉽사리 그들로 하여금 그리스도에 대한 신앙고백으로부터 유혹하여 떠나게 하며, 그들이 참된 기독교적 삶을 살아가는 것을 방해한다. 둘째 성경본문들이 이러한 약함에 대하여 말씀하고 있다.

• 그리스도에 대한 이해에서의 약함

세 번째 약함은 아직까지 그와 같이 간주될 수 없고, 모든 시간과 식품을 주를 위해 사용할 수 없는 로마에 있는 사람들과 같은 사람들의 약함을 말한다. 이들은 아직도 그리스도의 구원을 이해하지 못하고, 기독교적 삶에 속하는 이 모든 일들에 대한 지식에 충분하게 도달하지 못했으며, 여전히 그리스도에 대한 신앙과 일치하지 않는 모든 종류의 일들에 집착하고 있는 사람들이다. 그러므로 우리 시대에 이런 유형의 약한 사람들은 평상의 의식(儀式)들과 외적 실천들에 너무나도 많이 주의를 여전히 기울이는 사람들이다. 이 모든 약함은 그리스도이신 우리 주를 이해하는 데 어리석음으로부터 온다. 이런 약함은 세 번째 성경본문에 기록되어 있다.

• 무질서한 삶에서의 약함

네 번째 약함은 자신들이 행동하고 자신들이 허락하는 일들 속에서[208] 그리스도이신 주를 충분하게 바라보지 않고, 주의 뜻에 대한 자신들의 고려(考慮)가 너무나도 약한 나머지 육신의 정욕과 욕심에 쉽사리 굴복하는 사람들의 약함이다. 왜냐하면 그들은 그들의 소명과 그리스도의 규율에 따라(nach irem berůff und der ordnung Christi) 열심히 살지 않고, 다른 사람의 유익과 발전(nutz und der besserung)을 위해 봉사하지 않으며, 방탕하고, 무질서하고, 세상적으로(farlessig, unordenlich und weltlich) 살아가기 때문이다.

• 삶의 모든 부족은 신앙의 부족으로부터 온다.

이제 이 모든 약함과 병듦은 하나님에 대한 신앙과 경외와 관계된 어리석음으로부터 온다. 왜냐하면 만약 어떤 사람이 그리스도이신 우리 주에 대한 믿음 안에 참으로 기초되어 있고, 그의 모든 말씀들을 믿고, 항상 그 말씀들을 묵상한다면, 그 사람은 전심(全心)으로 주를 사랑하는 것 이외의 어떤 것도 행할 능력과 욕심을 가지지 않을 것이며,

또한 무엇보다도 먼저 주를 모욕하는 모든 일들을 혐오하고, 피할 것이기 때문이다. 그리고 만약 어떤 사람이 참으로 복음을 믿는다면, 그 사람은 악을 피하게 하고, 선한 모든 것을 부여하시면서, 우리를 아버지와 화해시키시는 분은 오직 그리스도이신 주뿐이며, 지금부터 영원까지 우리를 심판하시고, 저주하실 분은 오로지 주뿐이라는 사실을 조금도 의심하지 않기 때문이다.

우리의 본성과 존재는 무엇보다도 우리가 가장 선한 것으로 소망하는 그 한 분을 위해 살고, 그 한 분을 즐거워하는 것을 바라고, 우리가 가장 큰 능력을 가지고 있는 것으로 인식하는 그 한 분을 무엇보다도 경외하고 존경하는 그와 같은 방법으로 창조되었다.

그러므로 참으로 기독교적으로 살아감 속에서 잘못되거나 정도를 벗어난 것은 항상, 그리스도인들이 그리스도이신 우리 주께 자신들을 어떻게 헌신해야 하는지를 충분하게 알지 못하고, 자신들이 해야만 하는 것을 진지하게 숙고하지 않는 결과에서 온다. 곧 이 모든 것은 신앙의 부족 때문에 발생한다.

• 예배와 관련하여 여전히 오류 속에 있는 사람들은 전적으로 그리스도를 여전히 이해하지 못한다.

예배와 관련하여 여전히 잘못을 범하고, 다양한 의식(儀式)들과 실천들이 예배를 위해 본질적이라고 생각하는 사람들의 경우, 신앙에서 약하고, 세 번째 성경본문에서 기록되었던 로마에 있는 사람들처럼, 비록 그런 의식들과 실천들이 주에 의해서 요구되지 않았는 데도 불구하고, 그들은 여전히 복음을 올바르게 알지 못하며, 그리스도 안에서 그들을 위로해 줄 수 있는 그 무엇을 전적으로 모르고 있다. 다시 말하면, 다음과 같은 사실이 중요하다.

주께서는 그의 공로에 의해서만 구원을 가져다주시며, 그들이 이 사실을 견고하게 믿고 인정하는[90(a2)a] 것 외에 그 어떤 것도 그들로부터 요구하시지 않는다. 그러므로 그들은 주에 대한 감사함으로부터 그들의 이웃이 동일한 신앙으로 용기를 얻고, 그 신앙 안에서 보존되고 강화되도록, 그들의 이웃들에게 모든 것이며, 모든 것이 되는 것이다.

• **기독교적 삶 속에서의 모든 약함은 신앙의 약함으로부터 온다.**

그러나 십자가 아래서 연약하고 겁이 많게 된 사람들, 일상적인 일들에 너무나도 많이 빠져 있는 사람들의 경우, 그 결과 그들은 그리스도에 대한 그들의 신앙고백과 그들의 이웃에 대한 유익한 봉사와 그러한 봉사를 위해 필요한 치리(권징, 훈련)와 거룩함으로부터 멀리 떨어져 있다. 또는 다른 어떤 사람들은 첫째, 셋째, 넷째 성경본문들 속에서[209] 기술된 그와 같은 일들에 빠진 사람들이 되어 약하고, 부주의하다.

이런 사람들은 우리의 참된 유익과 행복과 명예를 소원할 수 있는 모든 것을 우리에게 주시고, 성취하시는 존재 자체이신 바로 그 한 분이 그리스도이신 우리의 주(主)만이라는 사실을 공통적으로 충분하게 생각하지 않는다. 왜냐하면 우리가 이제까지 원하거나 소원하는 모든 것을 우리에게 주시고, 성취하시며, 존재 자체이신 그 한 분이 바로 그리스도이신 주라는 사실을 참 믿음을 가지고 항상 고려하는 사람은 누구든지 역시 모든 고난들(alle leiden)도 그의 복에 기여할 것이며, 반면에 그것이 비록 선하게 보일지라도, 자신이 그리스도로부터 떨어져서 즐기고, 그리스도를 해치는 모든 것은 영원한 죽음으로 인도하는 독(毒)이라는 사실을 알고 숙고할 것이기 때문이다. 그러므로 이런 사람은 어떤 고난들 속에서도(in keynem leiden) 두려워하거나 약해지지 않는다.

비록 어떤 사람이 많은 죽음들의 고통을 당하고, 지상에 있는 모든 즐거움과 소유와 명예를 빼앗겨버릴지라도, 그것 때문에 사람이 말이나 행위로 그리스도를 고백하고 그리스도를 찬양하는 일을 빠뜨리거나 이런 일들을 하는 데 게으를 경우, 세상에서 일어나는 어떤 일도 그 사람에게 그렇게도 끔찍하고, 그렇게도 달콤한 일은 없을 것이다.

• 약한 양들이 일반적으로 어떻게 강하게 될 수 있는가?

그러므로 기독교적 삶 속에 있는 모든 병듦과 약함은[90(a2)b] 신앙의 약함과 신앙의 우둔함으로부터 온다. 그리고 신앙은 하나님의 말씀으로부터 오고, 하나님의 말씀에 의해서 강화되고, 용기를 얻게 된다. 그러므로 약하고 병든 양들을 아주 강하게 하는 것은 그들을 신실하게 출발하게 만들고, 그들로 하여금 하나님의 말씀을 경청하게 하고, 하나님의 말씀 안에서 그들의 즐거움을 갖도록 하는 하나님의 말씀에 달려 있다.

그리고 오직 모든 경건과 복은 주의 거룩한 복음에 대한 올바른 이해에서 파생되기 때문에 이를 증진시키기 위해, 주께서 교회의 거룩한 모임들과 실천들(heyligen Kichenversamlungen und übungen)을 제정하셨고, 그의 백성들이 극단적인 혐오감을 가지고 모든 다른 일들을 피하고, 약하고 어리석은 양들과 관계하여 마음에서 우러나오는 존경심을 가지고 자신들을 교회의 모임들과 실천들에 헌신할 것을 명령하셨다. 가장 중요하게 행해져야만 하는 일은 그들이 모든 부지런함으로 교회의 모임들에 참석하고, 하나님의 말씀을 열심히 경청하고, 거룩한 성례전(die heyligen sacramenta)을 받으며, 교회의 모든 실천들에 대해 열심을 보이고, 존경심을 보여야 한다는 사실을 그들에게 지적하고, 그들에게 경고하는 것이다.

또한 말씀이 하나님의 말씀의 씨앗(den samen göttliche worts)을 질식시키는 세상적 염려들과 쾌락들의 가시밭들 속에 떨어지지 않도록, 그리스도의 양들도 그러한 세상적인 일들과 쾌락들로부터 진지하게 벗어나서, 하나님의 법 안에서 특별한 기도와 끊임없는 묵상으로 독려(督勵) 받아야 한다.

이것이[210] 더욱 자유롭고, 더욱 순전한 마음과 더욱 투명하고 [91(a3)a] 효과적인 이해를 가지고 그리스도 예수이신 우리의 주님의 거룩한 복음을 듣고, 보전하는 것을 도울 것이다. 그리고 그들이 행동하거나 고난을 당하도록 부름 받은 모든 일들 속에서 그 말씀을 생각하고, 그 말씀과 일치 속에서 그들이 행하거나 허락하는 모든 일들을 조직하고, 성취하면서, 그들의 모든 계획들 속에서 하나님의 말씀을 더욱더 고려하는 데 도움을 줄 것이다.

• 사람들이 교회의 실천들에 대해 해이해질 때, 그들의 기독교적 삶 속에서 약함이 발견된다.

이것은 그리스도의 약하고 어리석은 양들을 강하게 하는 주요하고도 일반적인 방법이다. 그러므로 하나님의 교회와 거룩한 모임들에 참석하는 데 부지런하지 않고, 자신들을 교회의 복된 실천들, 찬양들, 기도들, 일반 구제들, 성례전 등에 대해 냉담한 태도를 보이는 사람들이 있는 곳에서, 가장 중요한 일은 그러한 사람들이 이런 경건한 실천들을 즐거워하고, 애정을 갖도록 만드는 일이다.

왜냐하면 비록 어떤 사람은 아직도 어떤 특별하게 무질서하게 살고 있는 것이나 십자가 아래 있는 어떤 특별한 소심함이나 세상을 너무나도 높게 평가하고, 그리스도를 너무나도 낮게 평가하는 것이 눈에 띄지 않을 수 있을지라도, 이런 약함들은 의심의 여지없이 고역들이나 반대들이 생기자마자 곧 드러나고 돌발할 것이기 때문이다.

이런 것들은 역시 일반적으로 그들의 기독교적 이해 속에서 처음에는 이 방향에서 다음에는 저 방향에서 잘못을 저지르는 행동들로 나타난다. 왜냐하면 그들은 그리스도의 마음을 가지려고 참으로 사모하지 않기 때문이다.

지금 우리가 만나 볼 그리스도의 양들의 약함의 특별한 정도들과 형태들은 우리가 인용했던 성경본문들 속에 제시되어 있다. 이런 사람들은 사도가 우리에게 경고하고 권면하도록(gouqetein) 하는 사람들로서 무질서하게 사는 사람들이다. 우리는 그리스도에 대한 이해에서 신앙이 약한 사람들의 용기를 앙양(昻揚)시켜 주어야지, 그들의 사상과 양심에 대해 자세하게 조사해서는 안 된다.

• 무질서하게 사는 사람들을 어떻게 강하게 할 수 있는가?

[91(a30b)] 만약 어떤 사람이 그의 전심으로, 그의 전체 영혼으로, 그의 전력으로 그리스도에게 붙어 있지도 않고, 그의 이웃에 대한 모든 경건과 거룩성과 사랑을 개발하지도 않고, 무질서하게 살아갈 때, 그의 정신도 그의 양심도 올바르지 않다.

그러므로 그러한 사람들은 하나님의 말씀을 통해 그들의 실패들과 오류들, 그들의 마음과 양심의 어리석음에 대해 지적을 받아야 하며, 그리스도이신 우리 주께로 돌아와 인도함을 받음으로써, 그들은 주로부터 올바른 정신과 양심을 받는다. 이런 방법을 통해서만 그리스도와 떨어진 모든 이익과 모든 즐거움과 모든 수고와 모든 명예가 독(毒)과 죽음이며, 그리스도 안에 있는 모든 손실(損失)이 참이며, 영원한 이익이며, 즐거움과 명예라는 사실을 볼 수 있고, 인정할 수 있게 된다. 비록 사람들이 세상의 시각에서 고통과 궁핍을 동반하는 축복이 가난과 궁핍과 약함과 멸시받는 것으로 간주될지라도 말이다.

• [211] 겁 많고 소심한 양들이 어떻게 강하게 될 수 있는가?

십자가와 고난이 그들에게 너무나도 무거운 나머지 소심하게 된 사람들은, 그들 위에 하나님의 선하심과 그리스도의 구원을 전달해 줌으로써 친절한 위로로 신실하게 격려를 받아야 한다.

그 결과 그들은 그들을 향하신 우리의 사랑하는 하나님의 의도가, 하나님께서 그들에게 보내신 모든 고통 안에서도 하나님은 완전히 우리를 사랑하시는 아버지 같으시며, 신실하시다는 사실을 믿고, 인정할 수 있게 된다. 그들은 항상 그들의 죄들과 모든 불행들에 대해 생각하는 것을 중단하게 되고, 하나님의 자비와 그리스도 예수의 구원에로 고양되어야만 한다.

• 약한 양들은 그리스도에 대한 이해 안에서 어떻게 강하게 될 수 있는가?

하나님에 대한 예배에서 어느 정도 여전히 실수하는 사람들은 모든 친절함으로 취급받아야 하고, 그들에게 많은 여유가 주어져야 하고, 어떤 일에 대한 그들의 생각을 물어보아서는 안 되고, 아직도 그들을 혼란하게 하고, 그들을 강하게 할 수 있는 어떤 사실과도 아무 관계가 없는 시기에 맞지 않는 논쟁들을 통해 그들에게 큰 짐을 지게 해서는 안 된다. 그들이 그리스도를 그들의 구세주로 부르고, 하나님의 교회에 참석하고, 주의 말씀을 들으려고 했다는 사실로도 우리는 하나님을 찬양해야 한다. 그리고 첨가적으로, 우리는 다음과 같은 사실을 통해 끊임없이 그들을 강하게 하고, 격려해야 한다.

그리스도이신 주께서 그의 고난을 통해서만 우리를 위해 우리의 죄 용서를 이룩하셨다는 사실, 우리의 모든 부지런함과 예배는 우리의 악한 욕구들과 욕망들을 죽이며, 하나님 찬양과 우리의 이웃을 위한 복지를 위해 우리의 전체의 삶을 드리는 방향으로 인도되어야 한다는 사실, 우리는 영과 진리 안에서 예배드려야 한다는 사실, 또한 우리의 모든 외적 활동들은 우리의 이웃을 더 낫게 함과 거룩성과 의(義) 안에서 하나님께 예배드리는 방향으로 정향되어야 한다는 사실이 그것이다. 그리고 이런 인식이 사람들 중에 증가될 때, 그들이 여전히 잘못을 저지르고 있는 곳에서도 불신앙에 대한 환상들이 자동적으로 사라질 것이다. 그리고 이런 방법으로 그들 역시 날마다 그리스도 교리(진리)에 대한 순수하고도 완전한 파악을 더욱더 가능하게 되고, 그것을 파악하는 데 적합하게 될 것이다.

• 주께서 바라시는 이상으로 세상에 대해 어느 정도 더 큰 애착을 가진 사람들을 어떻게 강하게 할 수 있는가?

세상에 대한 애착과 미움을 너무나도 높게 평가하는 곳에 있는 사람들은 그리스도이신 우리 주와 주의 말씀을 충분히 즐겁게 인정하지도 찬양하지도 않는다. 우리는 그들에게 다음의 사실을 분명하게 각인시켜야 한다.

즉, 아버지는 그리스도이신 주에게 하늘과 땅의 모든 권세를 주셨다는 사실, 그리스도만이 모든 선한 것을 우리에게 주실 수 있고, 주시며, 악한 모든 것을 없애버리신다는 사실, 그리고 세계 전체는 아무것도 아니며, 세계 전체는 자기 스스로 아무것도 할 수 없다는 사실이다. 또한 그 날에[92(a4)b] 그리스도께서 음란한 이 세상에서 여기서 그를 인정한 사람들은 하늘 아버지와[212] 천사들 앞에서 그를 인정하실 것이요, 이 세상 앞에서 그를 부인한 사람들을 부인하신다는 사실이다.

• 약한 양들은 누구에 의해서 강해질 수 있는가?

바로 다음에 언급하는 이것은 약하고 병든 양들이 강해지고 위로받을 수 있는 방법이다. 이것은 모든 그리스도인들에 의해서 행해져야만 한다. 그리스도께서 그의 모든 지체들 안에서 살아 계시기 때문에, 그리스도 역시 그 자신의 이 목회적 사역을 모든 사람들 안에서 행사하실 것이다. 그러나 영혼을 돌보는 사람들(dei seelsorger)은 이 목적을 위해 특별히 임직(임명)되었기 때문에, 그들은 다른 사람들 앞에서 영혼 돌봄의 이 사역을 추구해야 하며, 그것을 가장 충성스럽게 수행해야 한다.

통치자들(die obren)은 교회들이 영혼을 돌보는 자들을 모시고 있는지 살펴보아야 한다. 영혼을 돌보는 자들은 이 일에 능숙하고, 열심이 있으며, 모든 약하고 어리석은 양들 안에서 이 사역을 수행하고, 병들고 병약한 양들을 돕고, 강하게 하는 이 사역 속에서 최고 목자(목자장; dem ertzhirten)이신 그리스도의 사역을 부분적으로 행사하면서 온갖 충성으로 양들을 격려해야 한다.

그러므로 우리가 말했던 것처럼 이 모든 것은 그리스도의 거룩한 복음을 통해 사람들이 잘 교육받고, 그리스도이신 우리 주 안에서만 모든 것을 추구하도록 상기시키고, 그리스도 안에 있는 모든 것들로 만족하는 것을 보는 쪽으로 정향되어 있다. 약하고 병든 양들이 강하게 되는 방법처럼, 영혼 돌봄의 네 번째 사역(werck)에 대해 너무나도 많이 언급되었다.

제 11 장

건강하고 강한 양들을 어떻게 보호하고, 목양할 것인가?

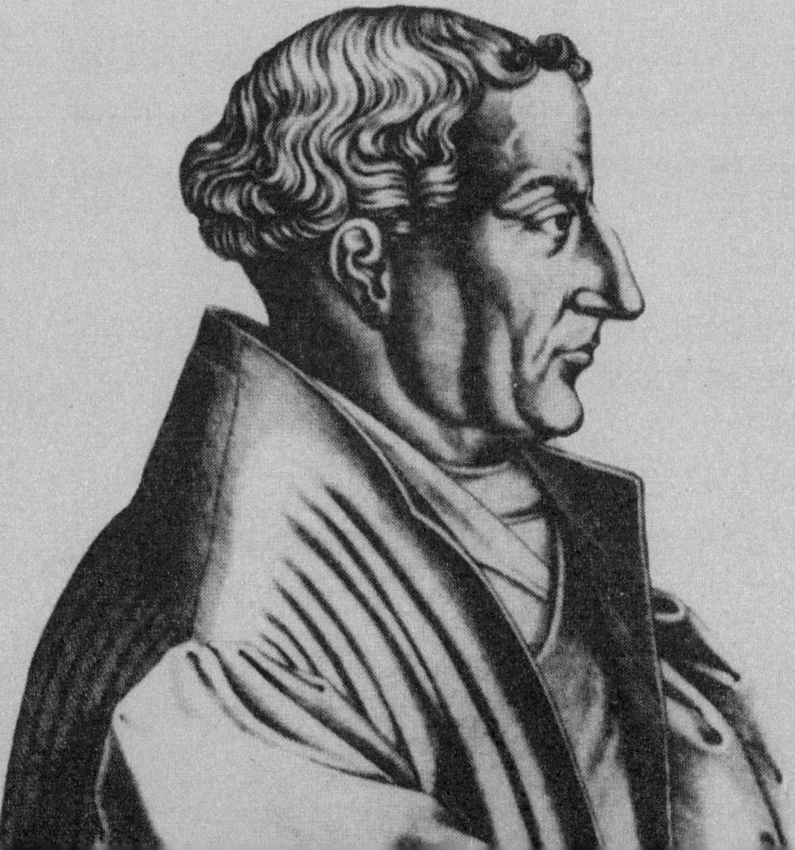

M a r t i n   B u c e r

• 이 사역에서 그리스도이신 우리 주의 사랑이 가장 높은 정도에서 보여주신 방법대로 그리스도의 양들은 먹여지고, 보호되며, 그들에 대한 적절한 돌봄과 필요가 동반되며, 그들은 모든 가해(加害)로부터 방어받아야 한다.

i. 요 21[:15-17]

"그들이 조반 먹은 후에 예수께서 시몬 베드로에게 이르시되 요한의 아들 시몬아 네가 이 사람들보다 나를 더 사랑하느냐 하시니 이르되 주님 그러하나이다 내가 주님을 사랑하는 줄 주님께서 아시나이다 이르시되 내 어린 양을 먹이라."

• 장로들은 양떼들의 주들이 아니라, 그리스도의 목회자로서 부지런한 돌봄과 자원하여 탐욕으로서가 아니라, 공손함과 친절함으로 선한 모범을 보이면서 그리스도의 양들을 먹여야 한다.

ii. 벧전 5[:1-4]

"너희 중 장로들에게 권하노니 나는 함께 장로 된 자요 그리스도의 고난의 증인이요 나타날 영광에 참여할 자니라 너희 중에 있는 하나님의 양 무리를 치되 억지로 하지 말고 하나님의 뜻을 따라 자원함으로 하며 더러운 이득을 위하여 하지 말고 기꺼이 하며 맡은 자들에게 주장하는 자세를 하지 말고 양 무리의 본이 되라 그리하면 목자장이 나타나실 때에 시들지 아니하는 [213] 영광의 관을 얻으리라.[93(b1)b]"

• 그리스도의 양들을 올바르게 먹이는 것은 가장 높은 확고한 진지성과 이것에서 도움을 줄 모든 것에 대한 신실한 선포를 필요로 한다. 곧, 가르침과 일반적인 증언, 그리고 하나님에 대한 특별한 회개와 그리스도에 대한 신앙이 그것이다.

iii. 행 20[:18-21]

"오매 그들에게 말하되 아시아에 들어온 첫날부터 지금까지 내가 항상 여러분 가운데서 어떻게 행하였는지를 여러분도 아는 바니 곧 모든 겸손과 눈물이며 유대인의 간계로 말미암아 당한 시험을 참고 주를 섬긴 것과 유익한 것은 무엇이든지 공중 앞에서나 각 집에서나 거리낌이 없이 여러분에게 전하고 가르치고 유대인과 헬라인들에게 하나님께 대한 회개와 우리 주 예수 그리스도께 대한 믿음을 증언한 것이라."

• 그리스도의 양 떼들의 목자들은 늑대들이 침범하지 못하도록 그 어떤 것도 숨기지 않고, 최고의 용감성을 가지고 양떼들을 지키며, 신실하게 하나님의 모든 결의(뜻)을 선포해야 한다.

iv. 행 20[:26-28]

"그러므로 오늘 여러분에게 증언하거니와 모든 사람의 피에 대하여 내가 깨끗하니 이는 내가 꺼리지 않고 하나님의 뜻을 다 여러분에게 전하였음이라 여러분은 자기를 위하여 또는 온 양 떼를 위하여 삼가라 성령이 그들 가운데 여러분을 감독자로 삼고 하나님이 자기 피로 사신 교회를 보살피게 하셨느니라."

• 경건한 목자들은 그들 자신들과 그리스도의 진리를 사람들에게 위탁하기 위해 모든 일을 행하고, 모든 일에 고통을 당해야 한다. 그들 모두가 그들 자신의 하나님의 부름과 일치되게 살도록 하기 위해, 목자들은 일반적으로 뿐만 아니라, 특별하게 각인에게 경고하고, 위로하고, 증언하면서 어머니와 똑같이, 그녀의 어린 아이들을 돌보는 유모처럼, 또는 그의 아들을 돌보는 아버지처럼 되어야 한다.

v. 살전 2[:5-12]

"너희도 알거니와 우리가 아무 때에도 아첨하는 말이나 탐심의 탈을 쓰지 아니하는 것을 하나님이 증언하시느니라 또한 우리는 너희에게서든지 다른 이에게서든지 사람에게서는 영광을 구하지 아니하였노라 우리는 그리스도의 사도로서 마땅히 권위를 주장할 수 있으나 도리어 너희 가운데서 유순한 자가 되어 유모가 자기 자녀를 기름과 같이 하였으니 우리가 이같이 너희를 사모하여 하나님의 복음뿐 아니라 우리의 목숨까지도 너희에게 주기를 기뻐함은 너희가 우리의 사랑하는 자 됨이라 형제들아 우리의 수고와 애쓴 것을 너희가 기억하리니 너희 아무에게도 폐를 끼치지 아니하려고 밤낮으로 일하면서 너희에게 하나님의 복음을 전하였노라 우리가 너희 믿는 자들을 향하여 어떻게 거룩하고 옳고 흠 없이 행하였는지에 대하여 너희가 증인이요 하나님도 그러하시도다 너희도 아는 바와 같이 우리가 너희 각 사람에게 아버지가 자기 자녀에게 하듯 권면하고 위로하고 경계하노니 이는 너희를 부르사 자기 나라와 영광에 이르게 하시는 하나님께 합당히 행하게 하려 함이라."

• 건강한 양들이 사악한 염소들이나 비열한 양들에 의해 감염되지 않도록 하기 위해 그러한 염소들과 비열한 양들은 교제로부터 부지런히 그리고 신속히 쫓겨나가야 한다.

vi. 고전 5[:2]

"그리하고도 너희가 오히려 교만하여져서 어찌하여 통한히 여기지 아니하고 그 일 행한 자를 너희 중에서 쫓아내지 아니하였느냐."

vii. 고전 5[:6-7a]

"너희가 자랑하는 것이 옳지 아니하도다 적은 누룩이 온 덩어리에 퍼지는 것을 알지 못하느냐[94(b2)b] 너희는 누룩 없는 자인데 새 덩어리가 되기 위하여 묵은 누룩을 내버리라."

[214] viii. 고전 5[:11-13]

"이제 내가 너희에게 쓴 것은 만일 어떤 형제라 일컫는 자가 음행하거나 탐욕을 부리거나 우상 숭배를 하거나 모욕하거나 술 취하거나 속여 빼앗거든 사귀지도 말고 그런 자와는 함께 먹지도 말라 함이라 밖에 있는 사람들을 판단하는 것이야 내게 무슨 상관이 있으리요마는 교회 안에 있는 사람들이야 너희가 판단하지 아니하랴 밖에 있는 사람들은 하나님이 심판하시려니와 이 악한 사람은 너희 중에서 내쫓으라."

• 사람들은 어떤 양들을 건강한 양들이라고 부르는가?

건강하고 강한 양들이 어떤 양들인지에 대하여는 위에서 언급하였다. 비록 모든 결점들과 약함들로부터 자유로운 사람들은 아무도 없을지라도, 교회 안에 남아서 교회의 거룩한 실천들과 그들의 모든 기독교적 삶 속에서 부지런하고 유능하기 위해 교회 안에서 자기 자신들을 보여주면서 하나님을 경외하는 가운데 살아가는 사람들이, 건강하고 강한 양들로서 묘사될 수 있다.

• 건강한 양들을 보호하는 이런 사역은 영혼을 돌보는 자들에 의해 일반적으로 그리고 특별하게 어떻게 수행되어야 하는가?

주께서 명령하셨던 대로 온유함과 질서를 가지고 하는 것이 올바른 것처럼, 이들 건강한 양들은 보호되고, 먹여져야 한다. 다시 말하면, 모든 유해(有害)한 것으로부터 보호되고, 모든 필요한 것이 공급되어야 한다. 우리가 이미[95(b3)a] 주의 사역의 다른 과제들과 관련하여 설명했던 것처럼, 주의 모든 지체들은 각각 자신의 소명과 능력에 따라, 주의 이 사역 속에서 봉사해야 한다. 각 그리스도인은 그의 능력의 최선을 다하여 다른 사람을 돕고, 충고해 줌으로써, 각 사람은 모든 악에 대해 보호되고, 선한 모든 것을 제공받게 된다. 그러나 원칙적으로 이런 일에 집중할 수 있는 사람들은 가족의 아버지들, 도제(徒弟)들의 스승들, 무엇보다도 시민 통치자들처럼 다른 사람들에 대한 어떤 권위를 가지고 있는 사람들이다. 그러나 우리는 교회의 목회자들에 의해서 실행되어야 하는 영혼 돌봄과 영적 목회직의 사역(der seelsorge und dem dienst des geystlichen hirtenampts)을 여기서 특별히 취급하고 있기 때문에, 교회의 장로들에 의해 수행되어져야만 하는 (양들의, 역자 주) 보호와 먹임에 관해 말씀하고 있는 이 성경본문들과 관련시켰다. 이것은 거룩한 베드로와 바울과 관련된 것으로서 그들이 둘째와 셋째 성경본문들에서 이 과제에 대해 충고했던 사람들과 같다.

우리가 이 성경본문들을 올바르게 볼 때, 그들은 이 사역에서 요구되어지는 모든 것과 그것이 어떻게 올바르게 수행되어져야 하는지를 매우 분명하게 우리에게 가르쳐 준다. 첫째, 우리는 이 돌봄과 먹임의 목적과 목표(das end und zil)가 무엇인지 여기서 볼 수 있다. 둘째, 우리는 이 목적과 목표를 어떻게 그리고 무엇에 의해서 수행해야 하는지를 볼 수 있다. 셋째, 우리는 이 과제를 잘 수행하고, 그들의 의도된 목표를 달성하기 위해[215] 목자들과 영혼을 돌보는 자들이 어떻게 갖추어져야 하는지를 볼 수 있다. 넷째, 우리는 이 속에서 어떤 동기들이 추진되고 관계되는 자를 볼 수 있다.

• 그리스도의 양들을 올바르게 먹이는 목적

이 사역(werck)에 대한 모든 것이 이 사역의 목적과 목표(dem end

zil dises wercks)로부터 알려지기 때문에, 우리는 무엇보다도 먼저 이 목적과 목표를 점검해 볼 필요가 있다[95(b3)b]. 이 목적과 목표는 네 번째 성경본문 전체 속에서 충분히 제시되어 있다. 그러나 바울은 네 번째(다섯번 째, 역자 주) 성경본문 속에서, 우리를 그의 나라와 영광으로 부르셨던 하나님의 은혜와 부르심에 따라 살고 생활할 것을 말하면서, 어느 정도 더욱 명료하게 그것을 제시하고 있다. 왜냐하면 이것은 그리스도의 양들을 온전히 보호하는 것과 먹이는 것의 목적과 목표이기 때문이다. 그들은 그리스도 안에서 보호되고, 성장해야 되며, 그들을 그의 나라와 영광으로 부르셨던 하나님의 은혜에 따라 살아야 한다. 그것은 바로 다음의 내용을 말한다. 그들은 하나님의 자녀들과 그리스도의 지체들에 합당한 것처럼, 흠이나 점이 없이, 모든 거룩성과 의(義) 안에서, 결점 없이, 그리고 모든 선한 일들의 열매들로 가득 차서 하나님의 자녀들과 하늘의 하나님 나라의 지체들로서 살고, 행동해야만 한다.

이 목적과 목표를 충성스럽게 수행하기를 원하는 목회상담자들(영혼을 돌보는 자들; seelsorger)은, 그들의 목양(먹임)에 대한 이 목적과 목표를 성취하는 그와 같은 방법으로, 이 모든 것을 즉시 인식하고, 그리고 또한 이것을 올바르게, 그리고 효과적으로 수행하기 위한 올바른 지식과 온유함(중용, 절제)을 사용할 것이다. 그 결과 이 방법 안에서 그들은 양들이 모든 방면에서 올바른 기독교적 삶에로 인도되는 가운데 보전되고, 보호받을 뿐만 아니라, 끊임없이 성장하고 발전하도록 그리스도의 양들을 효과적으로 목회할 수 있을 것이다.

• 신앙의 특징과 본질

우리가 역시 이미 보여준 것처럼, 주의 나라와[96(b4)a] 주의 영
광을 위해 주의 은혜로운 부르심과 일치하게 살아가는 것은 우리 주
예수 그리스도에 대한 참되고 살아 있는 신앙 안에서 완전한 삶을 살
고 있는 것을 보여준다. 이 신앙으로부터 모든 치리(권징, 훈련), 인내
와 사랑, 그리고 완전한 기독교적 삶과 모든 선행들이 성장하고 만개
(滿開)하게 된다. 이런 신앙은 참으로 우리 안에서 살아 있고, 활동적
이기 때문에, 우리의 본질 전체와 능력과 행위들이 관계되는 한, 이 모
든 일들 속에서 우리의 창조주 하나님, 우리 자신과 모든 피조물들의
영원한 선(善)이신 하나님께 완고하게 반대편에 서서 영원히 살아가
고, 그리하여 하나님에 의해 영원히 거부당하고, 저주받은 사람들처
럼, 우리는 하나님의 진노와 냉대(冷待) 아래에 있다는 사실을 알고,
참으로 주목할 것이다. 그러나 우리 주 예수 그리스도의 만족(滿足)과
공로(die gnûgthuung und den verdienst)를 통해, 우리의 하늘 아버지
는[216] (오직 선하신) 그의 뜻에 반대된 이 모든 완고함과, 이 악의 뿌
리로부터 발생하여 매일 성장하는 이 큰 불의와 죄와 범죄들을 은혜
롭게 용서하시고, 그것을 더이상 고려하지 않기를 원하신다. 그리고
하늘 아버지는 또한 그의 성령과 지성과 선한 의지를 우리에게 부어
주셔서, 우리는 항상 새롭고도 경건한 삶을 사모하고 추구하려고 노
력하게 된다. 그리고 미래에 우리에게 오는 것이 달든지 쓰든지, 선하
든지 악하든지 간에, 그는 모든 것을 우리의 몸과 영혼에(an leib und
seel) 좋도록 만드실 것이다.

이것으로부터 우리는 진심으로 우리 자신의 부패된 본성과 우리의

완고한 사상들과 탐욕과 욕심들에 의해 고통을 받고 실망하여 큰 슬픔을 느끼게 된다. 그대신 우리는[96(b4)b] 그리스도인 우리의 주 그분 안에서 우리의 모든 기쁨과 위로와 확신을 갖는다. 왜냐하면 이 신앙을 통해 그가 우리 안에 사시고, 우리는 그분 안에 살고, 그리고 그의 성령(sein geyst)은 우리를 인도하시기 때문에, 우리를 통해 그의 거룩한 이름이 크게 되며, 그의 나라가 확장되어야 한다는 유일한 소원을 가지고, 우리는 더욱더 우리의 모든 자연적이며, 어리석고도 사악한 욕심들과 욕망들과 고의적 계획들을 십자가에 못 박아 죽이고, 참된 사랑 속에서 우리의 이웃에 대한 봉사와 그리스도에 대한 예배에 우리의 전체의 삶을 던져 불 태우고 헌신하기를 원하며, 그렇게 하기 시작한다.

지금 이 기독교적이며 경건한 삶이 전적으로 그리스도이신 주에 대한 참되고 살아 있는 신앙으로부터 흘러나오기 때문에, 다음의 사실이 분명하게 보여질 수 있어야 한다. 만약 그리스도인들이 보전되고, 보호되고, 용기가 북돋아질 수 있다면, 무엇보다도 그들이 신앙에서 건강하여, 그들의 모든 계획들과 결정들과 행동들이 신앙과 그리스도에 대한 살아 있는 지식으로부터 나와서 그들은 항상 그리스도께서 우리를 위해 무엇이 되었으며, 무엇을 하셨으며, 무엇을 주셨는지를, 그리고 그가 우리를 위해 무엇이 되기를, 무엇을 하기를, 무엇을 주실 것인지에 대해 잘 계산하고 고려해야 한다는 사실이 확실해져야 한다.

그러므로 바울이 신자들을 위하여 기독교적 삶 안에서 발전하도록 기도할 때, 그는 그들이 영적 지혜와 계시와 지식과, 조명과 이해와 통찰을 증가하고, 발전시키고, 그것들로 가득 채워져서, 그 결과 그들이 그리스도에 의해 우리를 위해 이룩하셨던 우리의 소망과 풍부한 유산이 무엇인지를 인식하고, 느끼고, 결론내릴 수 있도록 기도드린다. 하나님께서 기뻐하시고[97(c1)a], 참으로 유용하고, 선한 그 무엇으로부터 따라 나와서, 그들은 흠 없이 의의 모든 열매들로 가득차서 그들의 부르심과 주를 찬양하는 데 일치하게 살아갈 수 있게 된다[엡 1(:16ff); 빌 1(:9ff); 골 1(:9ff)]. 이런 방법으로 하나님의 말씀을 들음으로부터 오는 신앙은[롬 10:17) 처음에 거듭나게 하고, 그리고 그 후에 성장하고, 강하게 만든다. 그리고 영혼의 참된 돌봄과 올바른 목양(먹임)의 이 목적을 응시함으로써 우리는 두 번째 관점을 배운다. 곧 우리는 어떤 수단들에 의해 이 목적에 도달하고, 이 사역을 성취할 것인가? 이것은 바로 그리스도의 건강한 양들이[217] 거룩한 복음 안에서 더욱더 완전하게 가르침 받고, 하나님의 모든 결의(뜻; aller raht Gottes))가 가르침과 권면과 확신과 어떤 다른 것에 의해 그들에게 항상 신실하게 선포되어지기 위해 경건한 영혼을 돌보는 자들(목회상담자들)이 필요한 모든 것을 하도록 돕는 모든 것이다. 그 결과 신자들 안에 있는 그리스도에 대한 지식이 성장하고 더욱 강하게 될 수 있을 것이다.

또 그리스도의 양들 속에서의 이 사역이 보다 잘 성취되기 위해, 양들은, 일반적(전체적)으로 뿐만 아니라 개별적으로, 모든 세상적이고도 육신적인 일들과 탐욕들로부터 모든 영적이며 하늘의 행동들과 활동들로 전환되기 위해, 모든 수단들과 가장 큰 부지런함과 열심을 가지고 격려 받고, 인도되고, 발전되어야 한다. 이것을 위해 우리는 세 번째와 다섯 번째의 성경본문들 속에서 바울의 실례를 제시했다. 바울은 도움이 되는 어떤 것도 먹이지 말라고 명령하는 그리스도의 양들로부터 물러서 있었다. 그리고 그는 회중 속에서 모든 사람들과 함께, 그리고 특별히 그들의 집에서 각자에게 개별적으로 그들에게 하나님의 뜻을 선포했고, 가르쳤고, 위로했고[97(c1)b], 권면했고, 확신시켰다. 이런 가르침은 어떤 사람이 그리스도인이 되어가고 기독교적 사람으로 살도록 하기 위해, 그를 더욱더 격려하고, 하나님의 일들을 올바르게 이해할 수 있게(gouqetein) 하기 위해 필요한 모든 것을 포함하는 교훈의 형태이다. 증언(das bezeugen)은 신앙하는 마음이 가장 열렬하게 찾아지고, 움직여지는 가장 진지한 권면이다. 이것은 바로 바울이 끊임없이, 밤낮으로, 눈물로 분투노력했던 그것이다. 그러한 것은 바로 하나님을 향한 회개와 우리 주 그리스도에 대한 신앙에 대해 그들에게 가르치기 위해 바울이 그의 모든 힘과 모든 노력들과 수고들을 희생하여 증명했던 진지성과 관심이다.

• 그리스도에 관한 교리는 강단(설교단)에서 뿐만 아니라, 가정과 개별적으로 각 사람에게 선포되어야만 한다.

그러나 이 문제에서, 세 번째와 다섯 번째의 성경본문들 속에 있는 바울의 범례를 따르면, 그리스도에 관한 교리는 교회의 공적 모임에서 뿐만 아니라, 집과 개별적으로 각 사람에게도 신실하게 선포되어야 한다는 사실에 특별히 주목해야 한다. 그러므로 세 번째 성경본문에서 바울은 "나는 그리스도에 관한 교리를 일반적으로, 그리고 공적 모임(δημοσία)에서 뿐만 아니라, 개인적으로 집에서부터 집으로(κατ οἴκους) 여러분에게 선포하고 여러분에게 가르쳤다"(행 20:20, 역자 주)라고 말하고, 그 후에 "3년 동안 나는 밤낮으로 여러분을 경고하는 것을 결코 멈추지 아니했다"(행 20:31, 역자 주)라고 말한다.[218] 그리고 다섯 번째 성경본문에서 "자녀들의 아버지처럼 나는 여러분들 중에 각자에게 경고했다"(참고, 살전 2:7; 역자 주)라고 바울은 말한다. 그리스도의 거룩한 복음의 교리는 영원한 구원의 교리이다. 그리고 우리의 부패한 본성 때문에, 우리가 배우는 데 이것보다 더 어렵고도 더 성가신 것은 없다. 이런 이유 때문에 이 교리는 사람들이 지금까지 사용할 수 있었던 가장 신실하고, 가장 진지하고, 일관성이 있는 가르침과[98(c2)a] 교훈과 권면을 필요로 한다. 그러나 다른 교훈과 권면을 사람들이 개인적으로 받아들이게 되는 데 이런 다른 교훈과 권면이 무엇인지는 누구나 잘 알고 있다.

이런 이유 때문에 기독교적 교리와 권면은 회중의 모임과 강단에서만 제한되어서는 안 된다. 왜냐하면 그들이 일반적인 적용을 위해 공적 모임에서 가르침 받고, 충고 받는 것을 받아들이기를 원하고, 그것을 그들 자신들에게보다는 다른 사람들에게 더 많이 적용하는 많은 사람들이 있기 때문이다. 그러므로 사람들이 개별적으로 그들의 집 안에서도 그리스도 속에서 교훈 받고, 가르침 받고, 인도되어야만 하는 것은 본질적인 일이다. 이런 이유 때문에 교회들은 현명하게도 넓게 활동하였고, 그리스도이신 주 안에서 있는 사람들 각각에게 회개와 신앙을 가르치기 위해 개인적 접근방법을 보유하고 있었다. 그리스도의 모든 목회자들이 공적으로 그리고 일반적 설교를 통해서 뿐만 아니라, 집에서 집으로 각 사람에게 그리스도의 교리를 전달하고 배분하는 것을 방해하기를 원하는 사람들은 성령을 반대하고, 교회의 개선을 반대하여 싸우고 있는 것이다. 바울의 경우, 이것은 분명하게 보여질 수 있는 성령의 사역이다. 그리고 만약 성령께서 사랑하는 바울을 통해 그의 교회의 개선을 위해 일하셨다면, 왜 성령께서 그렇게 부름 받았고, 명령 받았던 그의 모든 다른 도구들인 사람들을 통해서도 일하시지 않겠는가?

또한 그리스도의 교리가 매우 중요하기에 지키고 싶어도 그 교리가 너무 무겁고, 육신이 약하여 지키지 못한다고 평계를 대면서 항상 그리스도의 제자가 되기를 원한다는 인상을 주기도 한다. 그렇지만 사실 이들은 주님의 말씀을 따라 살지 않는다. 그러나 그리스도에 대한 교리를 떠나는 것은 그리스도의 성령[98(c2)b]에게는 불가능하다. 성령은 그가 그의 제자들을 모든 진리 가운데로 인도할 때까지 포기하지 않으시는 신실한 교사 (eyn getrewer lerer)이시다.

그러므로 성령께서 또한 그의 교훈이 공적이고도 일반적인 설교들의 수단들을 통해 어떻게 받아들여지고 있는지, 그리고 그들이 그것들로부터 배운 것이 무엇인지를 보기 위해 집에서 집으로, 사람에게서 사람으로 살펴보시고, 그들이 이해했거나 이해하지 못한 것이 무엇인지 보기 위해 그의 제자들을 점검하신다. 그것이 바로 항상 그의 교회 안에 있는 그의 실천이었다. 그것을 좋아하지 않고, 또한 그것의 사용의 회복을 원하지 않는 사람은 성령께서[219] 그의 교회에게 올바르게 가르치시는 것을 원하지 않고, 주께서 그가 하실 것을 약속하신 것처럼, 성령께서 참된 보호자(후원자)와 교사(warer patron und lerer)가 되시는 것을 원하지 않는 것이다. 바울은 아버지처럼 그들 중의 각 사람에게 경고했다고 데살로니가 교인들에게 쓰고 있다. 우리는 주께 그와 같은 목회자들(solche diener)을 보내달라고 요청해야 하고, 우리가 어디서든지 그와 같은 목회사역을 재도입하고, 고취시켜야 한다. 그리고 만약 그렇지 않으면, 우리는 그리스도인들이고, 그의 성령에 의해서 인도함 받기 때문에, 우리는 모든 진실함을 가지고 이것도 해야 할 것이다.

그러므로 만약 우리가 그들을 올바르게 먹이고 보호하기를 원한다면, 이것은 그리스도의 양들을 위해 행해져야만 하는 그 무엇이다. 다시 말하면, 우리가 그들을 올바르게 인도하고, 격려함으로써, 그들은 자신들이 받았던 자신들의 소명과 은혜에 일치되게 살아갈 것이다. 우리는 일반적으로, 그리고 또한 특별하게 그들의 가정에서 각 사람들에게 가장 부지런함과 진지함으로 그들과 관계된 모든 일들을 위해 노력하고, 시작하고, 수행해야 한다. 그 결과 이런 방법으로 그들은 신앙과 그리스도에 대한 지식 안에서 성장하고, 발전하도록 독려(督勵) 받을 것이며, 모든 것에 의해 그들은 그들로부터 제거되어야할 유일한 방법을 따르는 것으로부터 멀어질 것이고, 보호될 것이다[99(c3)a].

• 거짓 염소들의 축출(배제)과 분리

이것에 대한 계속적인 결과는 다음과 같다. 기독교적 목장(Christlicher weyd) 안에 스스로가 갇혀 있기를 허락하는 그리스도의 건강한 양들은 그들 스스로 만들어낼 수 있는 방해들과 범죄들에 대해 보호하고, 그것들을 제거하는 일이 필요할 뿐만 아니라, 잠시 동안 양의 가죽을 쓰고 스스로를 위장(僞裝)하는 더러운 양들과 거짓 염소들에 의해 공격받는 양들을 보호하는 것도 필요하다.

• 악한 본보기들은 올바른 회중 속에서 용인되어서는 안 된다.

"적은 누룩이 온 덩이에 퍼지느니라"(갈 5:9). 한 마리의 더러운 양이 곧장 양우리 전체를 감염시킨다. 그런 이유 때문에 신 13(:2ff), 신 17(:2ff), 그리고 다른 곳에서 주께서도 악하고 사악한 사람들은 하나님의 백성으로부터 제거되고, 추방되어야 한다고 명령하셨다. 주께서 역시 이것을 모든 사람들에게 자연의 빛을 통해서(durch das liecht der natur) 가르치셨다. 왜냐하면 질서가 잡힌 도시들, 가족들, 그리고 다른 올바른 공동체들이 존재하고, 존재했던 곳에는 어디서든지, 올바르고, 부지런하고, 세련되고, 명예로운 삶을 살아감으로써 이 공동체들의 규칙들에 따라 행동하기를 원하지 않는 사람들은 용인되지 않았고, 추방당했다. 그러나 만약 어떤 개선의 희망이 있는 경우 잠시 동안만 추방당했고, 그러한 개선의 희망이 전혀 없거나 범죄가 너무나도 큰 나머지 그러한 엄격한 벌을 받아야할 경우, 영원히 추방당했다. 참으로 만약 그들의 사악함이 너무나도 클 경우, 그들은 인간 사회로부터 완전히 제거되고, 사형(死刑)을 받게 된다. 우리는 항상[220] 선한 것보다는 사악한 것을 추구하는 경향이 있다. 왜냐하면 우리 앞에 제시된 나쁜 범례들은 큰 어려움을 일으키지 않고는 사라지지 않을 것이기 때문이다. 그러나 경건한 목자들(frommen hirten)은 그리스도의 양들로부터 모든 범죄들을 파괴하고, 제거하기 위해 충성스럽게 그들의 능력 안에서 모든 것을 행해야 한다.

• 어떤 사람이 추방되어야 하는가?

이런 이유 때문에, 경건한 목자들이 공적으로, 그리고 개인적으로 수행해야 할, 경건한 삶을 인도하기 위해, 신실한 가르침, 권면, 확신과 마찬가지로 건강한 양들을 보호하고, 그들을 올바른 방법으로 먹이는 것과 마찬가지로, 영혼을 돌보는 자들(목회상담자들)이 회중의 선을 위한 가장 진지성을 행사하고, 교회의 말을 듣기를 거부하는 모든 사람들을 회중으로부터 배제하여 추방시키는 것이 필요하다. 그들은 회중의 이름으로 회개할 것과 그들의 길들을 고칠 것과 선한 것을 추구할 것에 대해 경고를 받았을 때, 그들은 그들의 소명에 따라 선한 일을 하기를 원하지 않고, 거룩한 복음에 대한 순종 속에서 행동하고 기독교적 삶으로 인도되기를 원하지도 않고, 도리어 심한 죄와 탐욕에 빠지며, 회개하기를 거부하거나 반란을 일으키고, 이단과 분파들 (rotten und secten)을 만들어 낸다.

하나님의 말씀이 마태복음 18장(:17절)에서 "그를 이방인과 세리와 같이 여기라"라고 분명하게 보여주시며, 고린도전서 5장(11절)은 그들과 함께 먹지도 마시지도 말라고 말씀하시고, 데살로니가후서 3장(14절)은 그들과 함께 교제를 하지 말라고 말씀하신다. 지금, 불가능하고, 도움이 되지 않고, 선하지 않고, 유익하지도 않는 어떤 것을 가르치고 명령하는 것은 하나님의 말씀과 교리에 비추어 볼 때 불가능하다.

• 배제되어야 할 사람들은 어떻게 간주되어야 하는가?

그와 같이 배제된 사람들은[100(c4)a] 강제하면서 취급되어야 한다. 만약 그들이 궁극적으로 회개할 수가 있고, 그들이 배제된 동안에도, 사람들은 그들에게 충고할 모든 기회를 얻는 것을 무시해서는 안된다. 목자가 더러운 양들에게 모든 약을 처방하는 데 노력할 때까지, 그가 더러운 양들을 즉시 거절하지 않는 것처럼 말이다. 그러나 목자는 특별한 장소에서 더러운 양들에게 약을 주곤 하지만 더러운 양들을 다른 건강한 양들 가운데 내버려 두지는 않는다.

죄를 지었지만, 자신들의 길을 고치기를 원하는 자들의 회개와 겸손을 위한 출교(abhalten)의 문제는 상처 입은 양들이 어떻게 치유되는가에 대한 장(章)에서 곧 세 번째 관점에서 취급되었다. 그러나 그들의 길을 고치도록 경고를 받았을 때, 그 어떤 경고도 받아들이기를 원하지 않는 사람들의 경우, 그들은 완전히 배제되어야 하며, 얼마동안이라도 성도의 교제 안에 두어서는 안 된다. 우리는 성령께서 인도하시는 것처럼 그들을 위해 기도해야 한다. 그리고 만약 우리가 그렇게해야 할 근거들이 있다고 느낄 경우, 그들에게 회개를 촉구하고, 그렇지 않을 경우, 우리는 그들과 조금도 상관해서는 안 된다. 우리가 그들의 불경건을 얼마나 저주하고 혐오하는지를 기독교적 엄격함으로 그들에게 보여주어야 한다.

[221] 그러나 우리는 우리의 하늘 아버지처럼 되어야 하기 때문에 우리의 적들을 포함하여 모든 사람들에게 선을 행한다. 참으로 악한 모든 것에 대해 원수(怨讐)가 되시는 의로운 하나님께서, 그럼에도 불구하고, 그의 태양과 그의 비를 사악한 자, 불의한 자, 배은망덕한 자 위에도(마 5:45) 내리시고, 이생을 위해서 필요한 육체적인 보전과 모든 것을 그들에게 공급하신다. 그의 자녀들인 우리들도, 이 세상에서 사악한 자들 가운데 사는 한, 그들의 복지를 위해[100(c4)b] 필요한 그 어떤 선한 행위도 멈추거나 거절해서는 안 된다. 그러나 우리는 우리 자신을 그들의 불경건한 행위들로부터는 거리를 두어야 한다. 그들과의 밀접한 교제를 피함으로써 우리는 그들의 불경건한 행위들이 큰 슬픔과 혐오스런 것이라는 사실을 보여주는 사람들임을 보여주고,

증명한다. 그러므로 더이상 그들과 교제하기를 원하지 않는 것은 그들이 참된 필요를 만나게 하기 위해서 요구되는 것이다. 왜냐하면 그들은 그리스도와의 교제를 거절했기 때문이다.

• 추방은 시민적이거나 자연적인 교제를 방해하지는 않는다.

거룩한 사도가 너희는 그들과 아무것도 함께 하지도 말고 또는 그들과 먹지도 말라(고전 5:11)고 편지를 쓰고 있을 때, 자발적인 식사모임의 친교와 다른 활동들만을 금지시키기를 원한 것이지, 자연, 시민이나 가족관계들의 일반적인 필요에 의해서 요구된 것까지 금지한 것은 아니었기 때문이다.

그러므로 명예스러운 모든 사람들은 그들의 방탕한 도덕에 의해 불명예스러운 오점들과의 관계성을 더럽히는 그들에게 속하는 자들과의 참된 우정을 추구하는 어떤 것도 꺼리고 피할 것이다. 그러나 그런 명예스런 사람들과 친척들은 시민 사회와 일반적인 인간의 필요들에 의해서 요구되는 그런 일들 속에서 그렇지 않으면 그들이 피하는 사람들과도 여전히 관계를 유지할 것이며, 권위에 의해서 일반적으로 그들에게 요구된 그런 일들을 하는 가운데 그들과 동참할 것이다. 비록 그것이 그들과 함께 하는 식사, 다른 일들을 취급하는 것, 물건을 만들고, 사고, 파는 것, 필요한 경우 그들을 도와주는 일들을 의미할지라도 말이다. 그러나 이와는 별도로 그들은 그들과 우정의 관계를 유지하지 않거나 그들과 어떤 관계도 갖지 않고, 그들과의 동행을 피하고, 모든 면에서 그들의 부도덕하고 불명예스러운 길들에 대해 불쾌감과 인정하지 않는 것을 보여주어야 할 것이다. 그리고 이것이 바로[101(d1)a]

그리스도인들 역시 하나님의 교회로부터 배제된 사람들에 대해 어떻게 행동해야 하는지를 보여준다. 그리고 만약 그들이 그러한 방법으로 이것을 행할 때, 그들은 배제된 사람들에게 시민사회와 인간 본성의 일반적 필요들에 의해서 요구된 모든 것을 제공하며, 그때 출교된 이 사람들은 그리스도인들이 자발적이며, 시민법들에 의해 어떤 사람들이 다른 사람에게 의무가 없는 다른 이런 일들 속에서는[222] 그들과 교제하지 않는다는 사실 때문에 그들을 책망할 이유를 가지지 않는다. 그러므로 이렇게 피하는 행위는 그러한 비기독교적인 사람들이 더욱 곧장 자신을 부끄러워하고, 회개해야만 한다는 사실 이외에 어떤 다른 목적을 갖지 않는다. 왜냐하면 다른 방법으로 그들은 그 한 가지 외에 신자들로부터 모든 공정함과 사랑과 선한 의지를 경험하기 때문이다. 그들은 그들의 불경건함 속에서 어떤 즐거움도 갖지 못하며, 슬픔과 혐오감으로 가득 채워질 것이다. 왜냐하면 주이신 그리스도께서 그들에게 모든 것이며, 모든 것을 의미하기 때문이다. 그러므로 그리스도인들은 공적으로 그리고 의식적으로 잘못을 행하는 데 계속 머무르기를 원하는 사람들 외에 그 어떤 사람도 배제하지 않는다. 그러한 배척과 피함은 그들 자신들에 의해서나 다른 사람들에 의해서 부적절한 경멸의 표현으로서 간주되어서는 안 된다. 그리고 참된 경건한 정책들은 황제의 법과 고대 기독교적 실천과의 일치 속에서 준수되었는 바, 교회로부터 출교당한 사람들 역시 그들도 시민적 영역에 해당되는 것으로 취급되어질 것이다. 또한 정당한 국가의 권위와 명령들이 시민사회로부터 배제되고, 물러나게 됨으로써, 그들은 그들의 길을 개선하도록 독촉을 받게 된다. 왜냐하면 그리스도인들 중에 있는 이방인들은 이방인들로 간주될 수 있기 때문이다.

• 그리스도인들은 그들의 비기독교적 친척들을 어떻게 간주해야 하는가?

[101(d1)b] 만약 어떤 사람이 그리스도의 교회로부터 배제된 사람과 함께 사는 친척을 가지게 될 경우, 그 결과 그는 비기독교 배우자, 부모들, 자녀 또는 어떤 다른 친척을 가지게 되어, 신자가 아닌 사람과 식사하는 것, 마시는 것, 또는 다른 외적 활동들에서 그와 같은 것을 피할 수가 없다. 차라리 믿는 배우자는 가장 친절한 방법으로 모든 인간적 활동들인 결혼의 전체 관계 속에서 불신자인 배우자를 향해 행동하고 보여주어야 한다. 그 결과 그는 믿지 않는 배우자를 주께 드릴 수 있을 수도 있다(고전 7:13f). 동일한 방법으로 모든 사람들은 모든 다양한 혈연과 가족관계 속에서 그의 관계들에 대해 행동해야만 한다. 이런 저런 부르심들 속에서 하나님께서 함께 모아놓으신 것을 사람들이 나누어서는 안 된다.

바울은 '여러분은 그들과 함께 아무것도 관계하지 마시오. 여러분은 그들과 함께 먹지 마시오'라는 식으로 그런 친척들에 관해서 말하지 않았다. 바울은 이런 방법으로 사람들의 정상적인 관계들을 파괴하기를 원하지 않는다. 왜냐하면 그리스도인들은 사악한 사람들에게도 마찬가지로 봉사하고, 선한 일을 해야하기 때문이다. 그러므로 만약 그들의 주인들이 불신자들일지라도, 노예들은 그들의 주인에게 충성되게 봉사해야 한다고 노예들에게 경고하고 있는 것처럼, 결혼한 사람들은 그들의 불신자인 배우자에게 결혼 안에서 신실하고 사랑하는 데 부지런해야 하며, 또한 바울은 혈연이나 결혼에 의해 맺어진 자녀들, 부모들, 그리고 다른 사람들에게 그들의 관계성에 일치하게 서로 서로 행동하기를 바라고 있다.

[223] 이것은 신자들의 특별한 관계들에 대한 하나님의 부르심에 해(害)를 끼치지 않고, 기독교적이고도 유익한 방법으로 불신자들[102(d2)a]의 부패에 관하여 자신들의 경건한 애통과 혐오와 관심을 증명할 수 있는 질서 속에 있는 모든 것이다. 첫째, 이런 방법으로 그러한 신자들은 불신자들의 죄와 연루되지 않을 것이며, 진심으로 그들에 대해 애통해 한다. 둘째, 그와 반대로 그들은 옳은 것을 계속적으로 행하고, 그들의 선한 생활을 통해 더욱더 열심을 내고 진지할 것이며, 그들은 그들의 친척들의 사악한 삶들을 정죄하고, 그들을 그들에 대해 불쾌하게 만들 것이다. 셋째, 그들이 기회를 가질 때마다, 눈물을 흘리면서까지 가장 큰 진지함으로 요구하고, 호소하면서 그들의 삶을 고치기 위해 그들의 친척들에게 요청하고, 권면할 것이다.

그의 아내에 대한 남편이, 그들의 자녀들에 대한 아버지나 어머니가, 그의 종들에 대한 주인이, 또는 보다 젊은 사람들에 비해 보다 연배가 높은 사람들의 경우처럼, 우위성의 위치에 있는 이 신자들은 덜 동의하고, 덜 융통성이 없음으로써, 특별한 우정과 즐거움을 벗어남으로써, 또는 모든 일에 더욱 엄격하고, 더 빨리, 그리고 더 엄격하게 처벌을 가함으로써, 이 불경건한 삶에 대한 그들의 싫어하는 것을 보여줄 것이다. 그러나 그들의 관계 속에서 하나님의 소명에 해를 끼치지 않고, 그런 방법 속에서 심지어 더욱 나쁜 것을 만들지 아니하고, 그들이 사람들을 회개케 하도록 할 수 있는 데 유익하고, 도움이 되는 그런 정도로 적용할 모든 일들이 이런 일이다.

그러나 아내들과 자녀들과 종들과 그리고 젊은 사람들의 경우처럼, 이런 부르심들 속에서 종속적인 위치에 있는 사람들에게 하나님과 비기독교적인 방식으로 살고 있는 친척들 앞에서 부르짖고, 간구하고, 기도하는 그들의 고통은 이 친척들 속에서 그들의 파멸적인 상태로부터 보다 더 나은 상태로 놀랄만한 변화가 가끔 일어날 것이다. 그러므로 그리스도인들은 항상 사악함이 허락되거나 사악함이 더 불쾌한 어떤 모범이나 어떤 것이 되어서는 안 된다는 사실에 주의를 기울이고, 사악함은 더욱더 혐오와 기피(忌避)와 증오의 대상이 되어야 한다. 그리고 하나님께서 지정하지 않는 그 어떤 관계도 그것의 의무 사항들로부터 없어져야 하면, 어떤 경우에도 폐기되어야 한다는 사실에 주의를 기울일 것이다. 이것은 그리스도 교회의 시의적절(時宜適切)한 출교(배제)의 수단을 통해 영혼을 돌보는 자들(목회상담자들)에 의해 신실하게 진척될 수 있어야 한다. 그 결과 그들은 악의 오염과 악의 합법성으로부터 건강한 양들을 보호하고, 그들을 모든 선한 일들에로 더욱 잘 인도할 수 있을 것이다. 그러므로 이것은 신실한 영혼을 돌보는 자들(목회상담자들)이 시작할 수 있고, 실천할 수 있어서 그들은 더욱 빨리, 그리고 더 많이 완전하게 기독교적 목양으로써 그들에게 주어진 목표를 성취할 수 있게 된다. 그들은 끊임없이 가장 큰 신실함과 진지성을 가지고 그리스도의 양들에게 그리스도의 구원을 상기시켜 줄 수 있고, 이 구원이 우리 안에 가져다주는 그 무엇 안에서 그들을 교훈할 수가 있다. 또한 일반적으로, 그리고 특별하게, 교회에서, 집에서, 그리고 사람들이 발견될 수 있는 곳은 어디서든지 가르치고, 충고하고, 증언함으로써 하나님의 결의(뜻)를[224] 선포할 수 있게 된다. 그리고 이런 방법으로 항상 그런 신앙과 삶의 개선을 추구하는 것이 항상 그들 가운에서 진척되고, 증가하고, 성장할 것이다. 그때 큰 진지성을 가지고 그들은 더러운 양들과 사악한 염소들을 참되고 건강한 양들로부터 쫓아내고, 배제할 수 있어야 한다. 또 그런 불쾌한 사람들은 다른 사람들을 타락시키지 않도록 해야 한다. 이것이 바로 영혼을 돌보는 자들(목회상담자들)이 어떻게 그들이 부여받은 목표를 성취할 수 있는가에 대해 우리가 인용했던 성경본문들로부터 배울 수 있는 두 번째 관점이다.

• 양들을 올바르게 목양하기 위해 어떤 기술과 지식이 목회상담자들(영혼을 돌보는 자들)에게 요구되는가?

• 그리스도와 양들에 대한 사랑

세 번째 관점은 이런 방법으로 그러한 임무를 수행하기 위해, 어떤 종류의 사람들이 영혼 돌보는 자들(목회상담자들)이 되어야 하며, 그들은 어떤 기술들을 가져야 하며, 그들은 어떤 지식과 어떤 수단들을 사용해야만 하는가이다. 우리가 인용했던 성경본문들 속에서 우리는 매우 분명하게, 그리고 충분히 가르침을 받았다. 첫째로, 첫 번째 성경본문이 가르치는 것처럼, 주께서 베드로에게 그의 양들을 먹이라고 명령하셨을 때, 주께서 베드로에게 요구하셨던 그 사랑으로 전신전력을 다해 그들은 그리스도이신 주님을 사랑해야 한다. 이 사랑의 직접적인 결과는 그리스도의 양 무리에 대한 참된 사랑이 될 것이다. 바울이 다섯 번째 성경본문에서 자기 자신에 대해 증언하듯이, 아버지와 어머님의 참된 마음처럼 그런 마음을 가져야 한다. 이것이 그들의 의향이고, 그들의 마음의 소원임을 행동으로 보여줌으로써, 그들은 양들의 구원 이외에 그 어떤 것도 목적으로 하거나 추구하지 않아야 한다.

그들은 복음뿐만 아니라 그들 자신의 영혼과 삶들까지도 하나님의 자녀들과 함께 동참하려는 준비와 염려가 되어 있다는 사실을 하나님의 자녀들이 볼 수 있는 그러한 방법으로 목회상담자들은 행동해야 한다. 그리고 바울에 의해서 다섯 번째 성경본문에서 모범으로 보여주었듯이, 양들은 영혼상담자들의 사랑이요, 그들의 마음의 기쁨이다. 베드로가 둘째 성경본문에서 장로들에게 그렇게 하도록 권고하듯이, 양 무리에 대한 사랑과 애정의 이런 느낌이 있는 곳에 목회상담자들은 강요 없이 자발적으로, 그리고 이익이나 명예가 없이 즐거움으로 그들 자신들의 것의 이 사역을 수행할 것을 확신한다. 다시 베드로는 세 번째와 다섯 번째 속에서 자신의 실례를 우리 앞에 제시하고 있다.

바울이 말했다시피, 기회와 능력이 주어져서, 교회에서 어떤 사람에게 짐을 지우게 되는 것보다는 차라리 낮과 밤으로 그들 자신의 손으로 일하는 것이 더욱더 행복한 것이 되면서, 이것이 그런 경우인 곳에서 그것은 그와 같은 목회상담자들로 분명하게 귀착될 것이다. 그러나 만약 그들이 영적인 씨를 뿌렸던 사람들 가운데로부터[225] 그들의 물질적인 필요들을 수확하기 위해서 그들이 거룩한 복음으로 수고했던 사람들로부터 그들의 먹을 것을 가져오면서 - 바울의 말씀 속에서, 교회들이 오랫동안 풍부함을 가졌던 것과 같이, 그들은 두 배나 존경받을 만한 가치가 있으며 - 그러한 기회와[103(d3)b] 능력을 갖지 못하고, 그리스도이신 우리 주(참으로 신자들에게 결코 짐이 될 수 없는)에 의해서 그들에게 주어진 권리의 장점을 가져야만 한다면, 그 결과 누군가 그곳에서도 말씀과 교리 속에서 수고하는 신실한 목회자들을 위해 준비할 것이기 때문에 적어도 짐을 지우지 않게 되는 것이다. 목회상담자들은 자신들이 검소하며, 만족하고 있으며, 궁핍 가운데 있는 사람들에 대해 친절하여, 모든 정직한 사람들이 목회상담자들의 사역 안에서 그들이 자기 자신들을 위해 이익을 추구하지 않고, 오직 영혼들의 구원만을 추구하고 있다는 사실을 보아야만 한다.

그리스도와 그의 양 무리에 대한 이 참된 사랑이 계속된 결과는 목회상담자들로 하여금 거만하거나 불친절하지 아니하고, 유모가 그녀의 작은 아이를 돌보는 것처럼, 전적으로 겸손하고도 어머니와 같이 되게 할 것이다. 그러므로 그들의 사역이 가끔은 너무나도 나쁘게 받아들여질지라도, 그들의 모든 사역 속에서 자신들이 즐겁고도 지칠 줄 모르는 것을 보여줌으로써, 목회상담자들은 사람들에 대해 올바르고도 친절한 방법으로 스스로 행동할 것이다. 이런 이유 때문에, 우리가 첫 번째(두 번째, 역자 주)와 다섯 번째 성경본문에 의해서 언급되었듯이, 그들은 그들의 삶이 모든 면에서 흠이 없고, 의로우며, 거룩하여 양 무리의 모범이 된다는 사실을 보여주는 데 또한 큰 주의를 기울여야 할 것이다.

• 영혼 돌봄의 사역보다 더 배은망덕하고 반란(反亂) 또는 배반에 빠지기 쉬운 사역은 없다.

우리가[104(d4)a] 그리스도이신 주와 바울과 베드로와 다른 그리스도의 양들의 참된 목자들의 모범들로부터 배우는 것처럼, 이 모든 이유 때문에, 그들도 역시 안으로부터든지 밖으로부터든지 강인함과 용감성을 가지고 모든 종류의 반대와 핍박으로 통해 고통을 당하고 인내할 것이다. 왜냐하면 영혼을 참되고도 신실하게 돌보는 일보다 더 필요하고 유익한 과제(일)는 없기 때문이다. 즉, 사탄이 그것을 파괴하기 위해 사탄의 소원 안에서 더욱 큰 풍압이 주어지도록 만드는 것에 저항하여 더욱더 높게 보호되어야 할 그 어떤 과제(일)도 없기 때문이다. 그리고 사탄은 그 자신의 지체들과 교회 안에 여전히 머물고 있는 신자들의 악명 높은 적들과 숨어 있는 배반자들을 통해서뿐만 아니라, 약하고도 부서지기 쉬운 형제들을 통해, 그럼에도 불구하고 부패의 자녀들 외에는 성공하지 못하면서도, 가장 열광주의적으로, 그리고 지속적으로 이 사역을 추구하는 것이 묵인되어 있다. 이것은 바로 이 목회자들이 특별히, 베드로가 자신에 관해서 기록하고 있듯이[226], 그리스도의 고난에 대한 증인들이 되야 하는 이유이다. 다른 사람들 이상으로 그들은, 바울이 세 번째와 다섯 번째 성경본문들 속에서 가르치고 있듯이, 그들 자신들이 십자가를 지고 큰 갈등으로 고통을 당하면서도 더 많은 오용들을 참고 고통을 당하면서도 십자가의 복음을 선포한다. 만약 영혼을 돌보는 자들(목회상담자들)이 그들의 사역을 수행하고, 올바르게 일을 하고, 이런 방법으로 그리스도의 양무리를 먹이는 그들의 목표를 올바르게 성취하기를 원한다면, 지금, 우리는 목회상담자들이 무엇과 같아야 하며, 어떤 지식과 수단을 사용해야 하는지를 보고 있다.

지금 목회상담자들이 필요로 하고, 그들이 이 전체의 일을 수용해야 하는 네 번째 일은 우리가 인용했던 성경본문들 속에서도 분명하게 제시되었다. 그러나 모든 경건한 목회상담자들 자신에게 충족해야만 하는 주된 일은 그리스도의 가장 진지한 명령이다. 베드로가 주을 사랑하는 지를 세 번이나 질문을 받았을 때, 그 자신은 세 번씩이나 주의 사랑에 반항하였다. 그때 주께서[104(d4)b] 비로소 그에게 나의 양을 먹이라고 말씀하신다. 그것은 그가 마치 다음과 같이 말하는 것과 같다. 만약 네가 나를 사랑하는 만큼 너의 행동들을 통해 이것을 보여주기를 원한다. 나의 양을 먹이라. 왜냐하면 네가 나를 더 좋아하고, 나를 더 기쁘게 할 수 있는 것 이외에 나를 위해 할 수 있는 것은 아무 것도 없기 때문이다.

만약 우리가 그리스도를 사랑한다면, 그는 우리에게 모든 것이다. 그러므로 만약 어떤 사람이 이 사역으로 부름 받았다면, 그는 그의 사역의 과정에서 그 어떤 불쾌함도, 고통들과 십자가들도 짊어질 수 있어야 한다. 그리고 주이신 그리스도께서 이것을 그가 하도록 명령하셨다는 사실과, 그것으로 우리가 그에게 보여드릴 수 있는 가장 높은 사역으로 명령되었다는 사실에 의해서 모든 불쾌함과 고통들과 십자가에 반대해서 견고히 서고, 강화될 것이다. 그때 각 사람은 바울이 고린도전서 9장(16절 이하)에서 "내가 복음을 전할지라도 자랑할 것이 없음은 내가 부득불 할 일임이라 만약 복음을 전하지 아니하면 내게 화를 있을 것이로다 내가 자의로 이것을 행하면 상을 얻으려니와 내가 자의로 아니한다 할지라도 나는 사명을 받았노라"라고 자신에 관하여 글을 쓸 때 했던 것처럼 느낄 것이다.

사랑하는 사도는 "나는 사명을 받았노라"라고 말한다. 만약 그가 이 사역으로 부름 받았고, 그것을 수용하고, 자신의 사역과정 속에서 만날 수 있는 모든 고통과 수고와 오해와 수치와 십자가에도 불구하고, 모든 진실함으로 저항과 고통을 수행한다면, 그것은 어떤 그리스도인에게도 충분한 것 이상이어야 한다. 왜냐하면 그들이 이 사역으로 부름 받았고, 어떤 방법으로 이 사역에 등한히 했을 때, 이 사역을 받아들이지 않으려 하는 사람들의 모든 손에 주께서 그의 양들의 피를 요구하실 것이기 때문이다. 이것이 바로 바울이 에베소교회 교인들에게 "그러므로 오늘 여러분에게 증언하거니와[105(c1)a] 모든 사람의 피에 대하여 내가 깨끗하니"(행 20:26, 역자 주)라고 말하는 이유이다.[227] 만약 바울이 어떤 식으로 무시를 당하고, 그들에게 무엇을 빼앗겼다면, 그는 그들의 피에 대해 자신을 죄인으로 만들어야 한다는 사실을 그는 이런 방식으로 인정하고 있다.

그러나 그리스도의 사랑하는 배우자(신부)이며 그의 몸으로서, 그의 보혈로 산 바 된 그의 사랑하는 교회 안에서 그를 섬김으로써, 우리가 이런 방식으로 우리 주이신 예수에 대한 가장 큰 사랑을 보여주고 있다는 사실 속에서, 우리를 위한 너무나 큰 감미로운 위로가 있다. 이것이 바로 네 번째 성경본문이 가르치는 본질이다.

그리스도의 양들이 그렇게 되어야만 하듯이, 그리스도의 양들이 잘 보호되고, 먹여지기 위해, 영혼 돌봄의 사역 속에 이미 있거나 아직도 그 사역으로 부름 받아야 할 사람들에 의해 이것이 잘 고려되어지고, 주를 충성스럽게 따라가는 일이 일어나는 것을 주께서 허락하시기를 기도한다. 이것이 바로 영혼 돌봄의 다섯 번째이며, 마지막의 과제(사역)에 대한 우리의 숙고에 대한 결론이다.

우리가 위에서 언급했던 대로, 그러한 장로들과 목회상담자들이 지금 여전히 잃어버린 주의 양들을 찾고, 방황했던 양들을 데려오고, 상처받은 양들을 치료하고, 병든 양들을 강하게 하고, 건강한 양들을 올바른 방법으로 보호하고, 먹이도록, 우리의 목자장이시고 감독 (Ertzhirt und Bischoff)이신 주 예수여 허락하소서! 모든 일들에서 그리스도께 순종하고, 그를 즐겁게 따르도록, 그러한 목회상담자들과 그리스도의 목회자들에 의해서 그리고 주의 말씀을 통해서, 양들이면서 염소가 아닌 자들은 그리스도의 교회와 양우리 안으로 들어와, 그 안에서 보전되고, 치료받고, 보호받고, 사육되어지는 것이 허락되어야 할 것이다. 하나님으로부터 태어난 모든 사람들은 그의 말씀을 듣고, 그리스도의 양들은[105(c1)b] 그의 말씀을 듣고, 그를 청종한다.

• 어떻게 사탄은 어떤 다른 사람들보다도 가장 신실한 영혼을 돌보는 자들(목회상담자들)을 양들에 의해 모욕을 받게 하고, 의심받게 하고, 무시당하게 하는가?

그러나 사탄은 이런 경청(敬聽)과 따름은 양들의 전체 구원을 위해 중요하다는 사실을 알고 있기 때문에, 사탄은 양들에게 그들의 목자의 음성과 가르침으로 인도함으로써 그들을 이끌고 먹이도록 되어 있는 사람들을 향해, 양들 안에 불쾌함과 불신과 무법을 불러일으키기 위해 그의 최선을 다 한다. 비록 그들은 하나님에 의해서 선택되고, 높은 재능을 가진 거룩한 백성이었을지라도, 주의 집 전체 속에서 모세보다 더 그의 백성을 섬기는 가운데서 충성되고, 더 부지런하고 더 재능이 있는 사람은 아무도 없었지만, 사탄은 어리석은 백성이 모세에게 불평하고, 반역하고, 고라의 무리들과 나단과 아비람이 모세를 반역하게 하고, 모세는 또한 그의 형 아론과 그의 누이 미리암에 의해서 반대에 부딪치도록 일을 꾸며 놓았다. 바울 이상으로 더 열심히 그리고 더 충성스럽게 일했던 사람이 기독교 안에서 없었을지라도[228], 사탄이 그렇게도 강력하게 공격하고, 사탄이 보통사람들의 눈에서 뿐만 아니라, 예루살렘에 있는 지도자들과 다른 사람들의 눈에서도 의심과 미움의 대상이 되도록 했던 다른 사도는 없었다. 바울을 천사처럼 또는 심지어 그리스도 자신처럼 환영했으면서도 그로부터 등을 돌렸던 사람들은 갈라디아교회 교인들뿐만 아니라, 아시아에 있는 모든 사람들이었고, 바울은 고린도교회 교인들을 돌보는 데 큰 곤경을 당했다.

• 참된 목회자들로부터 거룩한 복음의 멍에를 용납할 준비가 되어 있지 않은 사람들은 곧장 적그리스도들의 멍에에 종속된다.

그러므로 영혼을 돌보는 자들(목회상담자들)이 그들의 목회사역의 실천에서 더욱더 신실하면 신실할수록, 사탄은 염소들[106(e2)a] 속에서 뿐만 아니라, 미성숙한 양들 가운데서 그들에 반대하여 불순종을 불러일으켰다는 사실은 항상 자명하다. 또다른 한편 사탄은 그때 어리석은 양들에게 자신들을 완전히, 그리고 완벽하게 신실하지 않고 거짓된 목자들에게 위탁하라고 일을 꾸미고, 그들이 그들로부터 요구하는 것은 무엇이든지 그들로부터 고통을 당하고 허용하도록 일을 꾸민다. 이런 일은 더욱 영리하고 영적인 고린도교회 교인들에게서조차 일어났던 것이다. 그 결과 사랑하는 바울은 고린도후서 11장(20절)에서 "누가 너희를 종으로 삼거나 잡아먹거나 빼앗거나 스스로 높이거나 뺨을 칠지라도 너희가 용납하는도다"라고 고린도교회 교인들에게 쓰고 있다. 이 당시에 복음의 신실한 목회자들의 손에 주 안에 있는 어떤 처벌이나 치리(권징)를 받아들이지 않고, 주로부터 벗어나서 자신들을 이단의 지도자들(rottenmeistern)에게 쉽사리 굴복시켜버리고, 그들의 손 안에 있는 모든 폭력과 완전한 독재를 받아들이는 뛰어난 재능을 가진 사람들로 간주되어지기를 원하는 사람들이 얼마나 많이 있는가?

우리는 또한 다음과 같은 사람들을 주의해야 한다. 어떤 방법으로 하나님을 경외해왔으나, 교황적 지도자들(die pöpistliche fürsteher) (이런 사람들은 거의 눈먼 사람들 중에서도 가장 눈먼 사람들이고, 신중한 사기꾼들 중에도 사기꾼인 사람들이다.)을 높이 존경하고, 그들의 말들과 명령들에 높은 가치를 두지만, 지금은 이들 목회자들이 그리스도의 복된 멍에 이외에 그 어떤 것도 그들에게 부과하지 않음에도 불구하고, 거룩한 복음 안에서 그들의 목회자들의 의견을 높이 존중하지 아니하고, 그들을 잘 따르려고 하지도 않는 사람들이다.

목회자들이 이런 사람들에게 무엇을 충고하든지 또는 그들 앞에 무엇을 가져오든지, 비록 그것이 주의 말씀으로부터 온 것이 분명할지라도, 마치 그것이 기독교에 대한 부인에 해당되는 것처럼, 그들은 어떤 방식으로 주 안에서[106(e2)b] 그것을 따르고 순종하도록 자신을 맡기는 것을[229] 거절하고, 그들 자신들의 육욕적인 욕구에 따라 어떤 치리(권징, 훈련)나 처벌에 대해서도 자발적으로 처벌을 받으려고 하지 않는다.

• 어떻게 인간적 굴레로부터 벗어날 수 있는가?

지상에서 그리스도인들이 더욱더 부지런히 조심해야 할 것은 어떤 사람이 그리스도의 이름으로 그들에게 이상한 멍에를 씌우려고 하는 일이다. 우리는 그리스도이신 주에 의해서 산 바 되었다. 그러므로 고린도전서 7장(23절)의 말씀처럼 사람들의 종들이 되어서는 안 된다는 사실을 확신해야 한다. 주께서 우리를 이렇게 사셨으므로 우리는 그리스도의 양들이고, 우리는 그의 한 교회이고 한 회중(sein eyn kirche und gemeynde)이다. 따라서 우리 역시 큰 겸손과 순종과 굴복함으로 주의 이름으로 청종하고 따라가는 주의 교사들(lerer)이고, 목회자들(diener)이다. 우리가 이 소책자의 두 번째와 세 번째 장(章)들에서 설명했던 것처럼, 이것은 주의 지정된 사역을 통해 우리 가운데서 통치하시는 것이 주의 뜻이기 때문이다.

• 가르침에 대한 생각이 없으면서도 터무니없는 비판에 반대하여

이것이 바로 그리스도인들이 자신들이 그들의 부르심과 일치하게 생활하고, 충성스럽게 봉사하는 것을 보기 위해, 목회자들을 택하여 부지런히 지켜보도록, 주께서 그들에게 충성스러운 목회자들을 허락하셨다는 사실을 아주 진지하게 주께 가장 먼저 질문해야 하는 이유이다. 그리고 이 목회자들이 주의 이름으로 경고하고, 처벌하고, 가르칠 때, 슬프게도 오늘날 많은 사람들이 그렇게 하고 있는 것처럼, 그것을 생각 없이 무시하고, 이 사역을 멸시해서는 안 된다. 그들 속에서 말해진 내용이나 교회 안에서 행해졌던 어떤 다른 것을 가장 불친절하게 비판하고, 왜곡하고, 비난하도록 자신들이 마치 임명되었고, 그것이 설교를 듣는 것에 대한 유일한 이유라고 생각하는 그와 같은 사람들처럼, 그러한 사람들은 설교들과 그들의 목회자들의 모든 교회 활동들을 반대하고 비판하는 데 지나칠 정도로 친절하다.

그런 사람들 안에서 다음과 같은 방법으로 설교에 접근하려는 어떤 생각도 발견될 수 없다. 그들의 죄들을 알기 위해 그들 안에서 경청했던 어떤 내용에 의해 마음에 감동을 받았다든지 그리스도에게 그들 자신들을 진심으로 더욱더 위탁하고, 그들의 길을 개선하기 위해 진지하게 더욱더 추구하는 그런 방법으로 말이다.

그들이 하는 모든 일은 그들에게 적용하도록 말해진 어떤 것과 어떤 방법으로 그들이 그들의 육욕적인 뻔뻔함(그리고 기독교적 자유가 아님)에 적합하지 않다고 생각하는 어떤 것을 판단하고, 비판하는 것이다. 그리고 그들이 설교 속에서 어떤 것을 칭찬할 때, 그것은 일반적으로 그것이 그들이 비판되는 것을 좋아하는 다른 사람들에게 적용되기 때문이다. 그리고 그들은 그들 자신들이 경고를 받고, 자신들을 구축(構築)하기 위해서가 아니라, 그들이 좋아하지 않는 사람들을 비난하기 위한 구실을 찾기 위해서만 설교로부터 무엇을 받아들인다. 오직 선한 것이 수용되고, 보존되며, 사랑과 존경을 고려하지 않고 생각 없이, 그리고 뻔뻔스럽게 되지 않고, 하나님 경외와 진지한 기도와 참된 인간성 속에서 행해지기 위해 모든 것이 점검되어야 한다.

그때 모든 사람은 자기 자신의 약함과 무지를 고려할 것이며, 그의 목회자들을 통해서 주의[230] 명령과 은사들을 매우 높게 평가할 것이며, 목회자들의 사랑과 그들의 사역의 소중한 말씀에 따라 그들을 평가할 것이다. 만약 어떤 사람이 자신에게 유익하지 않는 것처럼 보이는 어떤 것을 들었거나 배웠다면, 그는 그가 그를 공격했던 것을 친절한 방법으로 지적하고, 계속되는 설명을 받음으로써, 목회자들과 그것에 대해 말할 정도의 사랑과 신뢰 안에서 나아갈 정도로 기뻐할 것이다. 그리고 그는 그가 완전하게 이해하지 못했던 그 어떤 것도 비기독교적인 것으로 정죄하지 않을 것이다. 또 주께서 그 어떤 사람도 우리를 양의 가죽과 거짓 모양을 통해서 거짓 교리나 인생의 위선으로 우리를 속이지 못하도록 해주실 것이다.

그리고 이런 방법으로 주의 사역 안에 있는 주에 대한 모든 무질서와 모든 교만한 비판과 불순종과 멸시가 제거될 것이다. 만약 교회들이 우리가 위에서 소책자 제5장에서 기술했던 사람들과 같이 명예롭고, 하나님을 경외하고, 잘 검증받고, 참으로 능력 있는 사람들로부터 뽑힌 장로들을 준비할 경우, 교리와 교정과 치리 속에 있는 그리스도의 사역을 성급하게 의심하고, 판단하거나 멸시하는 자들을 격리시키고 쫓아내는 것은, 그리스도의 영을 가진 모든 사람들에게는 매우 쉬운 일일 것이다. 목회자들에게가 아니라, 그의 목회자들 안에서, 그리고 자신들의 영원한 구원 안에 계시는 그리스도이신 우리 주께, 신자들이 가지고 보여야 할 진심어린 사랑과 신실함과 겸손과 순종이 무엇이며, 그리스도의 목회자들을 그렇게도 무시하고, 그들을 반대하며, 그들을 정죄하고, 그들을 그렇게도 생각 없이 멸시하는 것이 얼마나 크고도 무서운 악인지를, 신자들은 잘 고려하고, 마음으로 받아들이기 위해, 나는 몇 가지 성경본문들을 도입함으로써 이 소책자를 마치기를 원한다.

제 1 2 장

그리스도의 양들의
순종에 관하여

• 하나님의 말씀에 따르면, 질서와 순종이 없는 곳에서는 그 어떤 선도 나올 수 없다. 그러므로 이 질서와 순종을 파괴하는 사람은 누구든지 살아서는 안 된다.

i. 신 17[:10-13]

"여호와께서 택하신 곳에서 그들이 네게 보이는 판결의 뜻대로 네가 행하되 그들이 네게 가르치는 대로 삼가 행할 것이니 곧 그들이 네게 가르치는 율법의 뜻대로, 그들이 네게 보이는 판결을 어겨 좌로나 우로나 치우치지 말 것이니라 사람이 만일 무법하게 행하고 네 하나님 여호와 앞에 서서 섬기는 제사장이나 재판장에게 듣지 아니하거든 그 사람을 죽여 이스라엘 중에서 악을 제하여 버리라 그리하면 온 백성이 듣고 두려워하여 다시는 무법하게 행하지 아니하리라."

• 하나님의 말씀을 전달하는 사람인 제사장에 대해 거역하는 말을 할 경우, 모든 지혜와 선한 것이 없어질 것이며, 백성은 망하게 될 것이다.

ii. 호 4[:4-6]

"그러나 어떤 사람이든지 다투지도 말며 책망하지도 말라 네 백성들이 제사장과 다투는 자처럼 되었음이니라 너는 낮에 넘어지겠고 너와 함께 있는 선지자는 밤에 넘어지리라 내가 네 어머니를 멸하리라 내 백성이 지식이 없으므로 망하는도다 네가 지식을 버렸으니 나도 너를 버려 내 제사장이 되지 못하게 할 것이요 네가 네 하나님의 율법을 잊었으니 나도 네 자녀들을 잊어버리리라."

• 우리는 말씀을 전하는 사람이 아니라, 그의 말씀 자체이신 그분을 바라보아야 한다.

iii. 눅 10[:16]

"너희 말을 듣는 자는 곧 내 말을 듣는 것이요 너희를 버리는 자는 곧 나를 저버리는 것이요 나를 저버리는 자는 나 보내신 이를 저버리는 것이라 하시니라."

• 갈라디아교회 교인들은 약한 도구로써의 바울을 본 것이 아니라, 말씀 자체와 말씀 자체였던 주를 보았기 때문에, 이 말씀을 그들에게 전해주는 바울 이상으로 그들에게 더 사랑스럽고 소중한 사람은 없었다.

iv. 갈 4[:13-16]

"내가 처음에 육체의 약함으로 말미암아 너희에게 복음을 전한 것을 너희가 아는 바라 너희를 시험하는 것이 내 육체에 있으되 이것을 너희가 업신여기지도 아니하며 버리지도 아니하고 오직 나를 하나님의 천사와 같이 또는 그리스도 예수와 같이 영접하였도다 너희의 복이 지금 어디 있느냐 내가 너희에게 증언하노니 너희가 할 수만 있었더라면 너희의 눈이라도 빼어 나에게 주었으리라 그런즉 내가 너희에게 참된 말을 하므로 원수가 되었느냐?"

• 교정이나 가르침을 수용할 수 없는 육신은 영혼을 돌보는 자들(목회상담자들)을 미워한다. 그들의 사역 때문에 그들을 반대한다. 그러므로 성령은 그들에게 사랑과 평화를 보여주라고 촉구한다.

v. 살전 5[:12f]
"형제들아 우리가 너희에게 구하노니 너희 가운데서 수고하고 주 안에서 너희를 다스리며 권하는 자들을 너희가 알고 그들의 역사로 말미암아 사랑 안에서 가장 귀히 여기며 너희끼리 화목하라."

• 거룩한 복음에 대한 순종은 큰 진지함으로 유지되어야 한다. 왜냐하면 마귀와 교만한 육신이 그렇게도 격렬하게 반대하는 어떤 것도 없기 때문이다. 그리고 사람들은 항상 그들을 야단치지 않고, 그들이 좋아하는 것을 그들에게 말해주는 교사들과 예언자들을 가지기를 원한다.

vi. 딤후 4[:1-5]
"하나님 앞과 살아 있는 자와 죽은 자를 심판하실 그리스도 예수 앞에서 그가 나타나실 것과 그의 나라를 두고 엄히 명하노니 너는 말씀을 전파하라 때를 얻든지 못 얻든지 항상 힘쓰라 범사에 오래 참음과 가르침으로 경책하며 경계하며 권하라 때가 이르리니 사람이 바른 교훈을 받지 아니하며 귀가 가려워서 자기의 사욕을 따를 스승을 많이 두고 또 그 귀를 진리에서 돌이켜 허탄한 이야기를 따르리라 그러나 너는 모든 일에 신중하며 고난을 받으며 전도자의 일을 하며 네 직무를 다하라."

• 모든 엄중함으로, 다시 말하면 통치자들이 그들의 신하들에게 하는 것처럼 (μετὰ πάσης ἐπταγῆς)

vii. 딛 2[:15]

"너는 이것을 말하고 권면하며 모든 권위로 책망하여 누구에게든지 업신여김을 받지 말라."

자신들의 불순종으로 경건한 목회상담자들을 고통스럽게 하는 사람들은 무엇보다도 그들 자신들에게 해를 끼친다. 그러나 참으로 경건한 사람들은 그들의 구원이 찾아져야만 하며, 그것이 하나님의 명령인 것을 인식하고, 순종한다. 그리고 그렇게 하는 가운데서 그들은 스스로에게 유익하고, 그들의 목회상담자들을 즐겁게 만든다.

viii. 히 13[:17]

"너희를 인도하는 자들에게 순종하고 복종하라 그들은 너희 영혼을 위하여 경성하기를 자신들이 청산할 자인 것 같이 하느니라 그들로 하여금 즐거움으로 이것을 하게 하고 근심으로 하게 하지 말라 그렇지 않으면 너희에게 유익이 없느니라."

[232] 경건한 가르침을 담고 있는 이 성경본문들과 유사한 성경본문들로 접근하는 사람은 누구든지 그리스도의 교회 안에서 있는 완전한 순종이 얼마나 본질적인 것인지를 철저하게 이해하게 된다. 또한 전심으로 그것을 제공하기를 소망한다. 왜냐하면 이 성경본문들은 그들을 가르치고 그들에게 치리를 시행하는 사람들에 대해 회중의 한 부분으로서 순종과 존경이 교회 안에서 절대적으로 필요하다는 사실을, 매우 분명하면서도 엄숙하게 보여주기 때문이다. 그리고 여기서 가장 완전한 순종과 가장 위대한 존경이 명령되어 있다는 사실도 보여준다.

• 교회 안에서 순종은 필수적이다.

[109(f1)b] 지도자들에 대한 순종과 존경이 절대적으로 본질적이라는 것을 다음과 같이 소개하고자 한다. 모든 신자들에게 필요한 이상으로 중요하다. 첫 번째 성경본문이 보여주다시피, 제사장에게 순종하지 않는 사람은 누구든지 그의 백성 가운데 살도록 허락되지 않는다. 그리고 두 번째 성경본문은 주께서 그의 백성 이스라엘을 거절하셨고, 그들을 멸망시키셨다는 사실을 보여준다. 왜냐하면 그들은 제사장의 교정 지시를 멸시하고, 완고하게 제사장을 반대했기 때문이다. 그리고 세 번째 성경본문은 말씀을 전하는 목회자들을 멸시하는 사람은 그와 하나님 아버지를 멸시하는 자이기 때문이다.

참으로 신자들이 기독교적 목장을 돌보는 그리스도의 목회자들에게 순종하고, 이 목회자들이 그들에게 선포하는 주의 말씀에 전적으로 순복해야 한다는 사실이 절대적으로 본질적이라는 사실을 깨닫는 것이 모든 신자들에게 중요하다. 왜냐하면 이는 바로 하나님의 뜻과 명령에 대한 아주 분명한 지시이기 때문이다. 주께서는 우리의 구원을 위해 실제적으로 유용하고 필요한 것 이외에 그 어떤 것도 우리에게 결코 명령하시거나 요구하시지 않는다. 주께서 그의 말씀과 치리의 목회자들에게 제공되었던 순종을 그렇게도 엄숙하게 명령하시고 요구하신다는 사실로부터, 만약 어떤 사람이 그의 목회자들의 말을 듣지 않고, 이것을 자신을 경멸하는 것으로만 간주하고, 그의 양 무리 가운데 살고 있는 한 사람으로 살기를 원하지 않는다면, 그러한 불순종 때문에, 그는 그의 백성을 완전하게 거부할 것이며, 그들을 아무것도 아닌 것으로 만들 것이다. 모든 그리스도인은 모든 일에서 순종과 복종이 본질적인 것이며, 그것이 없이는 아무도 하나님의 백성에 속할 수가 없고, 하나님의 영원한 진노와 처벌을 피할 수가 없다는 사실을 쉽게 볼 수 있을 것이다.

• 모든 가르침, 특별히 생활과 관계된 가르침 속에서 배워야 하는 자는 그의 교사들을 높게 생각해야 하며, 그들에게 큰 신뢰를 가져야 한다.

[110(f2)a] 그리스도인이 비로소 이 참된 신앙의 기초와 주의 가장 진지한 명령과 규정을 자신의 마음속에 새길 때, 그리스도인은 주께서 이해와 선한 의지에 대한 그같이 얼마나 다양한 은사들을 우리에게 주셨으며, 누구든지 항상 모든 것들 안에서[233] 다른 사람을 가르치고, 구축(構築)하도록 서로 서로에 대한 지체들로서 우리를 얼마

나 사용하시기를 원하시는 지를 보게 되는 데까지 나아간다. 그리고 배워야 하는 사람들은 항상 그들의 교사들을 믿고 신뢰하고, 그들을 따라야 한다. 만약 하나님의 참된 나라가 유지되고 성장하려면, 그들의 장로들과 목회상담자들에 대해 회중 전체의 한 부분으로 교회 안에 있어야만 하는 이런 순종과 존경에 대한 큰 필요성을 그 역시 그때 이것으로부터 볼 것이다. 그들 자신들의 이해에 따라 얼마나 자신을 통제하고 다스려야 하는지를 알지 못하는, 너무나도 단순하고 무지한 많은 사람들이 있다. 왜냐하면 우리는 우리 자신들을 너무나도 사랑스럽게 보고, 우리 자신들의 행동들을 올바르게 인식하거나 판단할 수 없기 때문이다. 그러므로 만약 우리가 주께서 우리 위에 두셨고, 그를 위해 우리를 가르치고, 권면하고, 충고하고, 교정하는 사람들의 선하고도 높은 식견을 가지지 않고, 그들의 말과 가르침을 존경하는 마음으로 즉시 받아들이지도 않고, 주 자신의 말씀과 가르침으로 두려워하지도 않는다면, 그때 우리는 우리의 현재와 매일의 경험 속에서처럼 경건의 추구에서 어디에도 도달하지 못하고 발전하지 못할 것이다.

왜냐하면 목회자들에 대한 이런 관심과 존경이 없는 곳에 경건 속에서 성장하는 참된 교회도 없으며, 그렇게 되지 않을 수 없다는 사실을 우리 역시 보게 될 것이기 때문이다. 또한 우리가 세 번째 주된 장(章)에서[110(f2)b] 보았다시피, 그의 목회자들을 통해 그의 교회가 다스려지는 것이 주의 뜻이기 때문이다. 주의 목회자들을 경청하는 자들은 주를 경청하고, 주의 목회자들을 멸시하는 자들은 주와 하나님 아버지를 멸시하는 것이다. 그러므로 하나님과 그리스도이신 주를 멸시하는 자들은 우리를 만드셨고, 우리를 그의 피로 사셨던 그분에 반대하여 반란을 일으키는 것이다. 이것은 바로 마귀가 그의 독재권을 행사하고 있으며, 두 번째 성경본문과 바울이 여섯 번째 성경본문 속에서 예언하고 있는 대로 주께서 그의 백성에게 선포하시는 것과 똑같은 결과가 있을 수 있다.

이 결과는 모든 지식이 백성으로부터 떠나가고, 그 백성들은 진리를 참는 것을 원하지 아니하며, 거짓되고 재잘거리는 교리들을 가지고 그들의 귀에 재잘거리는 사람들을 초대할 것이다. 하나님의 법은 그들로부터 완전히 잊혀진 바되고, 그들은 하나님에 의해서 완전히 거부되고, 파멸될 것이다. 이같은 경우가 유대인들에게서 일어났고, 나중에 시리아, 이집트, 아시아, 그리스, 아프리카, 그리고 다른 나라들 속에 있는 너무나도 많은 사람들 가운데서 일어났다. 이곳에서 한때 영광스런 교회들이 있었지만, 지금은 마호메트들(der Machomet)의 치명적인 혐오감이 다른 불쌍하고도 해로운 다른 종파들과 이단들과 함께, 물리적인 압제와 비참한 노예의 모든 방법으로 통치하고 있다.

그들의 신하들에 대한 통치자들처럼(이것은 μετὰ πάσης ἐπταγῆς) 이 의미하는 뜻을 지닌다) 모든 진지성과 권위를 가지고 각 개인에게 최선인 것을 따라[111(f3)a] 조정하고, 명령하고, 수행하고, 책망하면서 자신들이 무시당하지 않으면서, 그들이 이 순종을 신실하게 주장해야 한다고 그의 젊은 제자들에게 쓴 서신들 어떤 곳과[234] 여섯 번째와 일곱 번째 성경본문들 속에서 바울은 너무나도 부지런하게 그리고 엄숙하게 디모데와 디도에게 명령하는 것은 바로 이런 순종이 그리스도인들에게 너무나도 필요하고 유익한 것이기 때문이다. 이 모든 것으로부터 우리는 이 순종에 대한 필요성을 아주 분명하게 인식(인정)한다.

• 교회 안에는 완전한 순종이 있어야 한다.

만약 기독교적 신앙이 올바르게 유지될 수 있고, 그리스도의 회중이 기독교적 방법으로 조직될 수 있으려면, 우리가 인용했던 모든 성경본문들은 이 순종이 완전한 것이며, 그리스도의 모든 목회자들에 대한 존경이 가장 높은 특징에 속한다는 사실을 가르친다. 더 높고 더 힘이 있는 교사들이나 보다 더 사랑스럽고 신실한 친구들의 이름으로, 그들을 위해 우리에게 더욱 유용하고, 유익한 이런 일들에 관해 우리가 가르침 받고, 충고 받고, 명령받고 있는 한, 우리를 가르치고, 충고하고, 명령하는 사람들에 대한 존경과 그들의 보다 높은 의견에 더욱 즐겁고도 완전하게 우리가 굴복하고, 순종하고, 따르는 그와 같은 방법으로 주께서 우리를 창조하셨다.

우리의 주이신 예수 그리스도의 참된 목회자들에 의해 우리에게 가르쳐지고, 명령된 것 이상으로 우리에게 주어지거나 명령된 더이상의 유익하고도 복된 것은 아무것도 없다. 우리 주인 예수 그리스도보다 더 높거나 더 강력하거나, 그리고 진실하게 우리를 사랑하는 자는 아무도 없다. 너희를 듣는 사람은 나를 듣는 사람이라는 주의 말씀의 올바른 관점을 가지며, 그를 그들의 구세주로 참으로 고백하는 모든 사람들에 의해 주의 목회자들 안에서 그리스도이신 주에게 보여져야만 하는 것 이상으로 더 높은 존경과 더 귀중한 가치가 보다 완전한 순종과 완전한 복종 외에 어디에 있겠는가? 이런 방법으로 영원한 죽음으로부터 영원한 생명으로(눅 10:16) 우리를 부르고, 인도하기를 소원하는 그분의 것 이상으로 우리가 더 고귀하게 생각하고 더 즐겁게 받아들이는 것이 그의 명령 외에는 있을 수 없기 때문이다.

[113(f3)b] 비록 육신에 따라 영혼 돌봄의 목회자들이 약하고, 중요하지 않다 할지라도, 그럼에도 불구하고, 바울은 갈라디아교인들에 의해서 천사들과 하나님의 사자들로서 받아들여진 것처럼, 영혼 돌봄의 목회자들도 그리스도이신 주 자신으로 받아들여져야 한다. 왜냐하면 그리스도 자신이 그들을 통해 말씀하시고, 행동하시며, 그들 안에서 인식되고, 인정되어지기를 원하시기 때문이다.

• 경건한 그리스도인들이 주안에서 그들의 신실한 목회자들에게 보여주기를 원하는 것은 봉사와 사랑(dienest und liebe)이다.

이것에 대한 계속적인 결과는 목회자들에 대한 그러한 사랑과 높은 존경인 바, 바울이 한 모범으로서 우리 앞에서 제시하는 갈라디아 교회 교인들처럼, 모든 면에서 목회자들을 섬기고, 명예를 돌리기를 원하는 것같이 느끼는 사람이 있다. 만약 그것이 가능하다면, 그들은 그들의 눈이라도 즐거이 뽑아서[235] 그에게 줄 것이다. 왜냐하면 비록 과제(사역)와 은사는 목회자들에게 속한 것이 아니고, 주에게 속한 것일지라도, 이 말과 이 은사 속에서 우리가 영생을 얻고, 우리가 지금까지 원하거나 소원한 것을 받고, 이 은사에 대한 우리의 경탄하는 것이 우리에게 귀하고 사랑스런 것으로서의 그같은 은사가 우리에게 전달하는 사람들에게로 인도하기 때문이다. 모든 도움과 은사들은 전적으로 하나님으로부터 온다. 그러나 세상조차도 그것들이 건강, 부, 명예, 위엄이든지, 세상의 눈에 귀중하고 높은 가치를 지닌 것은 무엇이든지 간에 세상이 좋은 것으로 가득 찬 것을 얻게 해주는 사람들에게 너무나도 높은 명예를 돌린다.

갈라디아교회 교인들이 그들의 목회상담자인 바울을 사랑으로 대했을 때, 그들에 대한 바울의 증언처럼, 이들이 복된 것을 알리면서 네 번 째(다섯 번째, 역자 주) 성경본문에 의해서 우리 앞에서 보았던 갈라디아교회 교인들의 이 모범을 우리 모두 잘 숙고할 수 있도록 주께서 허락해 주시기를 기도한다. 그러나 그들의 마음이 바울을 향해 차가워졌을 때[112(f4)a], 그들은 방황했고, 포로가 되었고, 비참해졌고, 바울에 대한 복된 순종 대신에 거짓 사도들의 잘못과 유해한 유혹에 자신들을 넘겨버렸다.

• 가장 힘있는 황제들은 교회 사역에 자신들을 어떻게 복종했는가?

비록 하나님을 경외하는 모든 사람들은 그들이 가졌던 세상적인 권위에서 높았던지 위대했던지 간에, 그들은 항상 이 순종을 준수하는 데 신실했다. 감독들이 그렇게 영광스럽고도 강력한 힘을 가진 황제 콘스탄티누스 앞에서 어리석고 소홀히 한 문제들에 관해서 부적당한 방법으로 서로 서로를 고소하고 책망하기를 원했을 때, 황제는 불평에 대한 그들의 편지들을 받고, 그들에게 평화와 일치를 촉구하면서 그 편지들을 불에 태워버리고 다음과 같이 말했다. "하나님께서 우리를 심판할 권위를 여러분들에게 주셨으므로, 우리에 의해서 여러분늘이 아니라, 우리가 당신들에 의해서 심판받아야만 합니다." 그리고 암브로시우스가 선택된 밀라노의 감독선거가 있었을 때, 황제 발렌티아누스 1세는 그가 선거를 소집하도록 명령했던 감독들에게 다음과 같이 말했다. "제국을 다스리는 우리가 선한 양심을 가지고 우리의 머리들을 숙일 수 있는 그런 사람을 선출하십시오. 우리가 죄인으로서 죄를 지을 때, 그의 처벌을 의사의 처방처럼 받아들일 수 있는 그런 사람을 선택하십시오." 아주 위대하고, 경건한 테오도시우스 황제가 암브로시우스의 참회 앞에 자신을 굴복시켰다는 사실을 위에 있는 제9장에서 우리는 언급하였다.[236] 그러므로 모든 참 신자들은 항상 주의 목회자들과 말씀에 자신들을 복종하고 굴복시켰다.

• 교황주의자들은 콘스탄티누스 황제가 말했던 내용을 반대로 뒤집었다.

모든 권위는 교황주의자들이 휘두르고 있는 영적인 칼[112(f4)b]에 복종해야만 하며, 그들은 그 어떤 사람에게도 복종하지 않아야만 한다고 주장하면서, 이 모든 것으로부터 그들은 잘못된 결론을 이끌어냈다. 비록 그들의 가르침과 그들의 삶이 아무리 불경건하고, 부끄러울지라도, 그들은 모든 사람을 심판해야 하며, 그들은 어떤 사람에 의해서도 심판받지 않아야 한다고 주장했다. 이것은 우리가 이 복된 말씀들과 경건한 황제들의 모범들의 가치를 평가절하 하는 것이 아니라, 우리는 우리 앞에 제시된 기독교적 말씀을 기독교적 모범들로서 간주해야 하고, 거짓되고 불경건한 방법으로 교황주의자들이 이 경건한 황제들의 말과 모범들에 대한 의미를 반대로 이해했다는 사실을 교황주의자들에게 알리고자 한다. 왜냐하면 사랑하는 콘스탄티누스 황제나 다른 경건한 왕자들의 의도는 그들이 불경건한 감독들을 판단하지 않거나, 그들이 감독들로 부름 받았기 때문에 모든 사람이 그들의 불경건한 해악들에게 자신을 복종시킨다는 의미가 아니었기 때문이다. 왜냐하면 이 황제들은 항상 사악한 감독들을 비참하게 만들고, 투옥이나 추방을 통해 그들을 처벌함으로써 그들의 눈에서 볼 때 가르침이나 삶이 불경건한 사악한 감독들을 항상 처분했기 때문이다. 이것이 바로 우리가 여전히 가지고 있는 이 황제들의 역사들과 법들을 통해서 확인할 수 있다.

경건한 콘스탄티누스 황제, 발렌틴아누스 황제, 그리고 다른 경건한 황제들은 감독들의 힘과 권위에 관한 그들의 진술을 이런 방법으로 이해했다. 감독들은 흠이 없이 살고, 그들 자신들의 결점을 고쳐야 한다. 그 결과 아무도 그를 처벌하거나 심판할 필요가 없게 된다. 왜냐하면 하나님의 말씀을 전달하고, 하나님의 말씀에 의해 모든 신자들을 판단하고, 그들의 삶의 개선(besserung)으로 인도하는 것이 감독들의 책임이기 때문이다. 그러므로 세상적인 칼과 모든 권위는 영적인 칼과 권위에 복종해야만 한다. 그러나 [113(g1)a] 이 영적인 칼은 하나님의 말씀이지, 소위 거짓된 감독들의 악의는 아니다. 그리고 만약 목회상담자들이 이 영적인 칼, 곧 올바르게 말해서 하나님의 말씀으로 다스리고, 사용한다면, 모든 만물이 하나님의 말씀에 의해서 창조되었기 때문에, 모든 백성은 그들에게, 오히려 그들이 가르치는 주의 말씀과 그들이 판단하는 것에 따라 가장 완전한 정도의 복종과 순종으로 자신들을 복종시켜야 한다. 인간적인 목회자들에게 자신을 드리는 것이 아니라, 하늘의 왕이신 그리스도께 그의 목회자들 안에서 그리고 그의 목회자들을 통해서 그리스도의 검을 통해 그들을 판단하고, 통치하게 해야 한다. 이것이 바로 주께서 이 모든 일들을 우리에게[237] 주지시켜 주시기를 신실하게 기도해야만 하는 이유이다. 곧 우리가 경청하는 우리의 유일한 구세주 그 자신이 그의 목회자들 안에 계신다. 그리고 만약 우리가 그들에게 순종하면, 우리는 영생을 위해 그에게 순종하고 그를 따르는 것이다. 그리고 만약 우리가 그들에게 순종하지 않고, 그들을 따르지 않으면, 우리는 그들을 멸시하는 것이다. 우리가 듣지 않고, 우리 자신의 영원한 파멸(ewigen verderben)을 무시하는 분은 바로 그 자신이시다.

• 일곱 번째와 여덟 번째 성경본문들의 중요성

신실한 목회자들이 주의 이름으로 우리와 함께 우리의 영원한 구원을 위해 행동한다면, 그들이 우리를 위해 수고하고, 고통을 짊어진다면, 그들이 우리의 영생을 위해 우리를 목양한다면, 그때 우리는, 우리가 일곱 번째 성경본문에서 충고 받았다시피, 이 복되고도 유익한 사역을 위해 더욱더 그들을 사랑해야 한다. 그리고 우리는 아마도 목회자들이 우리를 너무나도 거칠게 취급하고, 우리를 너무나도 가혹하게 다룬다고 생각할 때도, 우리는 주와 관련해서 여전히 그들과 평화를 모색하고, 그들이 하고 있는 유익한 일과 그들이 우리의 영혼을 보호하고 있다는 사실을 생각하고, 우리의 불순종을 통해 그들을 괴롭히지 말고, 그들의 사역과[113(g1)b] 일을 그들에게 더욱 비참하게 만들지 말고, 그들에게 순종해야 한다. 일곱 번째 성경본문이 우리에게 충고하고, 보여주듯이 말이다. 왜냐하면 이것을 행하는 것은 우리에게 가장 큰 손해만을 끼칠 수 있기 때문이다.

• 우리는 목회자들에 대한 순종이 아니라, 그리스도에 대한 순종을 추구해야 한다.

그러나 목회자들에 대한 이런 순종, 이런 존경, 높은 가치평가, 사랑, 그리고 명예는 그 사람들이나 사람들 자신들에게가 아니라, 그들이 주를 섬기는 정도만큼, 주 안에서 제공되어진 모든 것이다. 이 점에서 우리는 어떤 형태의 독재나 육신적인 교만에 이르는 문을 다시 열기를 원하지 않는다. 우리는 교회가 어떤 종류의 영혼 돌봄의 장로들과 목회자들을 가져야 하는지에 대해 이미 설명했다. 곧, 자신들을 위해서가 아니라, 어떤 다른 사람이나 피조물뿐만 아니라, 그리스도를 위해 교회 안에서 일들을 추구하고, 실행하고, 행정하는 그리스도의 신실한 목회자들이 곧 그들이다. 이들은 양들이 가장 큰 존경을 그들에게 표하며, 모든 사랑과 그리스도 안에 있는 봉사를 보여주면서 그들의 온 마음으로 그들을 그리스도의 목회자들로서 순종해야만 하는 사람들이다.

그들은 사려가 깊지 않거나, 자신의 악의 문제로 의심을 받아서는 안 된다. 그들은 주안에 있는 그들의 가르침과 사역을 무시당하도록 해서는 안 되며, 증거도 없이 즉시 그들의 모든 거짓말들과 비방들을 받아들여서는 안 된다.

사탄은 해악한 종파들과 이단들(secten und rotten)을 도입하고, 육욕적이고 미친 삶의 모든 방법으로 배교하게 하여 우리의 구원의 사역이 비참할 정도로 손해를 입히고, 많은 것들 중에 지독할 정도의 좌절을 가져오게 하기 위해 많은 사람들 속에서 요동하게 하고, 불러일으키는 것이 바로 슬프게도 사탄이 하는 일이다. 그들이 어떤 수단들을 통해서도 사람들의 노예들이 될 수 없다는 것을 그들에게 보여줌으로써, 거룩한 복음의 모든 열매들이 파괴되게 하는 사탄의 이런 속임과 공격에 대항하여 우리는 경건한 양심을 지키는 데 온 정신을 쏟아야 한다.

[238][114(g2)a] '회개하라! 하나님의 나라가 가까이 왔다'라는 말씀은 그가 무엇보다도 항상 그리스도의 목회자들로부터 들어야만 하는 내용이라는 사실을 모든 사람은 받아들여야 할 것이다. 그러나 회개가 있어야 할 곳에 그 대신에 실수들과 오류들이 있을 것이다. 이것은 그리스도의 참된 사랑에 따라, 누구든지 어느 누구에 대하여 하는 것처럼, 자기보다 위에 있는 사람들의 판단과 생각에 대해, 교정과 가르침을 즐겁게 수용하는 것이 모든 사람에게 필요한 이유이다. 목회자들이 마음으로 그 사람을 좋게 생각하며, 그 사람의 구원을 추구하고 있다는 것을 알고 그들에 대한 신뢰를 가져야 한다. 주께서 낯선 자의 음성이 아니라, 주의 음성을 듣는 것을 허락하시도록 모두가 기도하자! 그리스도이신 주만을 추구하고, 그리스도의 이름으로 그에게 말해진 그 무엇에 대해 생각하고, 참으로 진심으로 그가 말씀하시는 것을 듣고 모두가 숙고하자! 비록 영혼 돌봄의 사역 안에서 청종했던 모든 사람들이 실수할 수 있고, 신실하지 않을 수 있을지라도, 그가 그의 삶을 고치고, 영원한 구원에 도달하기 위해 주께서 모든 거짓 교리들로부터 그를 확실히 보호하시고, 무엇보다도 인간적인 권위에 대해 너무나도 많은 주의를 기울이지 않게 하시며, 그가 주의 말씀을 인식하고 지킬 수 있도록 해주실 것이다. 이런 방식으로 모든 그리스도인은 그의 목회자들 안에서 어떤 유해한 불순종과 그리스도에 대한 멸시로부터 그 자신을 보호하며, 그리스도의 멍에 아래에서, 그리고 그의 나라에서

모든 거짓된 인간적 독재로부터 보호받고, 보전될 것이다.

그리스도의 양들의 순종과 관련된 이 소책자의 끝에서 독자들에게 상기시키고, 촉구하기를 원했던 내용을 결론으로 마무리 짓고자 한다. 이것은 우리가 앞에서 지적했던 관점들 이상으로 오늘날 많은 경우에 배우고 고려해야 할 내용 이상으로 본질적인 것임에 틀림없다. 그들이 정말로 육신의 자유가 아니라, 마음의 단순함으로 그리스도의 나라를 참으로 사랑할 수 있도록 주께서 허락하소서! 그때, 그들을 증진시키기 위해 각 사람은 그에게 허락된 소명과 똑같이, 모든 기독교적 부지런함과 인내력을 가지고 무엇보다도 주께 기도하면서 그들 자신들 속에서 뿐만 아니라, 다른 사람들 속에서 이 책의 모든 항목들[114(g2)b]을 증진시키는 데 그들이 신실하게 도움을 줄 것이다.

제 1 3 장

이 소책자의 요약

첫째, 우리 모두는 그리스도 안에서 참으로 하나가 되어 연합되었다는 사실, 우리는 그리스도의 몸이다. 그러므로 그리스도 안에서 서로 서로의 지체들이 되었다는 사실, 신앙 안에서 우리의 동료들(동역자들)과 모든 사람들에게 그리스도의 말씀에 대한 참된 교제(친교)와 거룩한 성례전과 기독교적 치리(권징, 훈련)와 또한 육체적 일들과 영적 일들 속에서 모든 충고와 도움을 보여준 것, 이 모든 것이 이 소책자의 제1장(章)에 의해서 가르친바 된 내용이다.

이런 방법으로 그리스도의 나라는 참으로 우리와 함께 하실 것이다. 그리고 주님이신 그리스도 자신께서[239] 세상 끝까지 영생으로 우리를 인도하시고, 통치하신다. 이것은 제2장이 우리에게 교훈하는 내용이다.

그리고 주님께서 우리들에게 그의 참되고도 신실한 목회자들을 주실 것이다. 또 그들을 통해서 주님께서 우리 가운데서 능력 있게 일하실 것이며, 그 결과 그리스도의 나라가 항시적(恒時的)으로 성장하고, 우리 가운데서 더욱더 강성해지기 위해 우리는 다시 태어나고(거듭나고), 날마다 건축될 것이다. 제3장은 이상의 내용에 대해 이야기 하고 있다.

그리고 그리스도께서 가능한 한 평온하고도 순조롭게 그의 목회자들을 통해 우리의 구원의 사역을 수행하시기 위해, 그는 이 사역의 특별한 필요들과 다양한 필요들에 따라 가장 질서정연한 방법으로 그들을 우리의 구원에 대한 이 사역으로 지명하시고, 임명하실 것이다. 그 결과 회중은 목회자들을 통해 모든 영적이며, 육신적인(in geystlichem und leiplichem) 조언(助言)이 제공되고, 그 어떤 사람도 몸의 결핍이나 영혼의 결핍으로 인해 고통당하지 않게 된다. 영적인 것과 육신적인 것과 관련된 이 이중적인 사역이 가능한 효과적으로 수행되기 위해, 또한 그리스도께서 이 목회자 자신들이(Die Diener) 그들 가운데 알맞은 질서가 있다는 사실을 알고, 그런 일들을 배열할 수 있도록 허락하실 것이다. 그 결과 아무것도 어떤 방법 속에서도 부족하지 않고, 모든 것이 교회와 하나님의 집을 위한 최선의 방법 속에서 수행된다. 이상의 내용이 제4장 속에 제시되었다.

그때 우리는 또한 교회의 모든 종별과 다양한 목회자들에 대한 질서정연한 선택과 임명의 수단에 의해 주님을 충성스럽게 섬길 것이다. 그 결과 우리는 모든 사람들에 의해서 신뢰와 사랑을 받고, 또한 이 사역과 참된 목회상담을 수행하는 데 기술이 있고, 뛰어난 사람들을 받아들여 모시게 된다. 이상의 내용은 제5장이 우리에게 설명하고 있는 내용이다.

이런 방법으로 목회상담에 대한 다섯 가지 과제들이 올바르게 실천될 것이다. 다섯 가지 과제란 다음과 같다. 모든 잃어버린 양들을 찾아다니는 과제, 방황하는 양들을 돌아오게 하는 과제, 상처 입은 양들을 치유하는 과제, 병든 양들을 강하게 하는 과제, 그리고 건강한 양들을 보호하고, 그들을 올바른 방법으로 먹이는 과제이다. 그리스도의 양들의 이런 차이점들과 그들을 향한 목회상담 사역은 제6장에서 설명되었다.

또한 그리스도의 모든 교회들과, 원칙적으로 교회들 속에 있는 감독자들과, 가장 직접적이고도 실제적인 목회상담자들은 아직도 주님을 알지 못하고, 아직도 그리스도의 양우리 속에 있지 아니한 잃어버린 양들, 곧 그리스도에 의해서 선택된 자들이 그리스도의 양들에게로 모아지고, 그리스도와의 교제 안으로 들어와서, 복음에 대한 완전한 순종 안에서 살아가도록 모든 부지런함과 수고로 사역을 해야 한다. 이상의 내용이 제7장에 의해서 가르쳐진 내용이다.

제8장이 기술하고 있는 것처럼, 이것들 각각은 그리스도의 부르심에 따르는[115(g3)b] 것이며, 교회를 떠나 육욕적인 방탕이나 영적인 종파들과 이단들에게로 빠져버린 모든 사람들, 다시 말하면 방황하는 양들의 그리스도와의 참되고도 완전한 교제에로의 회복에 관심을 갖게 하고, 도움이 될 것이다.

그리고 목회자들은 다음과 같은 일을 돌보아야 할 것이다. 상처 입은 양들, 말하자면, 그들이 하나님의 교회 안에 있을지라도, 그리스도의 생명 안에 있는 그들의 영적인 수족(手足)을 깨뜨리고, 상(傷)하게 하여[240] 보다 더 심각한 죄에 빠져있는 자들이 육신의 죽음에 대한 처벌과 함께 그들의 죄에 대한 때맞은 교정(敎正)과 구원적인 치리와 회개에 의해서 싸매지고, 치유되어질 수 있다. 다시 말하면, 그들이 참된 믿는 회개와 삶의 놀랄만한 변화에 도달할 수 있게 될 것이다. 이상의 내용이 제9장에 의해서 가르쳐진다. 또한 이 제9장에서는 교회 안에 있는 치리와 회개의 참된 실천은, 이것이 사도들과 고대 거룩한 교부들에 의해 교회의 선(善)을 위해 주님에 의해서 명령되고, 유지된 바, 참된 개혁을 위해 우리들에 의해 다시 제도화되고, 사용되어야 하며, 어느 정도 광범위하게 설명되고, 증명되어야 한다. 그리고 치리와 회개 실천에 대해 반대하는 사람들에 의해서 제기된 모든 종류의 반대들이 논박되어야 한다.

마찬가지로 목회자들은 다음의 일을 돌보아야 한다. 교회 안에 머물러 있으면서도 보다 심각한 죄에는 빠지지 않고, 기독교적 전체의 삶, 즉 믿음과 사랑과 치리와 회개에서 어리석거나 미숙한 사람들, 즉 병들고 약한 양들은 참된 기독교적 삶 안에서 강화되고, 선한 모든 것을 추구하는 데 더욱더 열심을 내고, 진지하게 될 수 있을 것이다. 이상의 내용을 우리는 제10장에서 언급했다.

그때 교역자들은 다음의 일을 돌보아야 한다. 하나님의 교회 안에 머물러 있으면서, 선하고도 기독교적 방법으로[116(g4)a] 그 안에서 행동하고, 심각한 죄에 빠지지 않거나 어떤 다른 방법으로 기독교적 삶 속에서 게으르지 않고 부주의하지 않는 사람들, 즉 건강한 사람들은 모든 고통으로부터 보호되어야 하며, 선한 모든 것이 일어날 수 있는 그와 같은 참된 기독교적 방법 안에서 양육되어야 한다. 그리고 그들은 회중 안에서나 개인적으로나 기독교적 가르침과 권면에 부족하지 않다. 또한 양들의 유익을 위하여 그들의 무질서한 삶과 실례들에 의해 건강한 양들을 파괴하거나 괴롭히는 양들은 양들의 교제로부터 배제되어야 한다. 이상의 내용이 제11장에서 언급되었다.

제12장, 곧 마지막 장에서 우리는 또한 상담과 상담을 책임지는 사람들에게 그리스도의 양들에게 부과된 참된 순종에 관하여 기술하고, 이 순종이 얼마나 필요하며, 얼마나 완전해야 되는지를 논증하고, 어떤 사람이 그리스도의 멍에 대신에 위장(僞裝) 하에 이상한 멍에를 자신에게 지우지 않고, 주님 자신에게처럼 목회상담자들에게 완전히 자

신을 위탁하고 순종하는 가운데 있다는 사실을 우리는 어떻게 확신할 수 있는지를 기술한다.

그리스도의 양들이 너무나도 절망적으로 흩어져 있는 이때에, 이것을 모든 하나님의 자녀들에 대한 모든 권면에 위탁하면서, 어떤 것도 육신적 기준들에 의해 판단될 것이 아니라, 주님의 말씀에 따라 판단되어야 한다는 사실을 질문하면서, 우리가 하나님의 영광과 그의 교회의 개선을 위해서만 기술했던 이 소책자의 내용과 요약은 바로 위의 것이다. 주님이시여, 이 소책자가 그의 나라를 위해 큰 유익을 위해 사용되게 하소서! 왜냐하면 참으로 주님의 제정(ordnung des Herren)과 참된 상담의 구원하는 데 필수적인 사역은[241] 여전히 올바르게 거의 어떤 사람에게도 알려지지 않기 때문입니다. 주님이시여, 이것이 우리 모든 사람들에게 올바르게 알려지게 하시고, 이것을 사랑하게 하옵소서! 아멘.(Der Herre mach sie uns allen rechr erkannt und lieb. Amen.)

스트라스부르에 있는 교회 안에서 주님의 말씀 안에 있는 동역자들의 위탁으로, 마르틴 부처에 의하여(Durch M. Bucer, auß befelch seiner mitarbeiter am wort des Herren in der Kirchen zů Straßburg).

부록

마르틴 부처의 저작 목록

- N° 39. Proposita neccessaria de veteri et novo instrumento, in:
  Archives du Chapitre de Saint-Thomas de Strasbourg.

- MARTINI BUCERI OPERA OMNIA: SERIES Ⅰ. MARTIN BUCERS
  DEUSCHE SCHRIFTEN, HRSG. R. STUPPERICH, GÜTERSLOH
  1960FF.

- BDS Ⅰ. Frühschriften 1520-1524, Gütersloh/Paris 1960.
- BDS Ⅱ. Schriften der Jahre 1524-1528, Gütersloh/Paris 1962.
- BDS Ⅲ. Confessio Tetrapolitana und die Schriften des Jahres
  1531, Gütersloh/Paris 1969.
- BDS Ⅳ. Zur auswärtigen Wirksamkeit 1528-1533, Gütersloh/
  Paris 1975.
- BDS Ⅴ. Straßburg und Münster in Kampf um den rechten
  Glauben 1532-1534, Gütersloh 1978.
- BDS Ⅵ/1. Wittenberger Konkordie (1536); Schriften zur

Wittenberger Konkordie (1534-1537), Gütersloh 1988.

- BDS Ⅵ/2. Zum Ius Reformationis: Obrigkeitsschrtften aus dem Jahre 1535; Dokumente zur 2. Straßburger Synode von 1539, Gütersloh 1984.
- BDS Ⅵ/3. Martin Bucers Katechismen aus den Jahren 1534, 1537, 1543, Gütersloh 1987.
- BDS Ⅶ. Schriften der Jahre 1538-1539, Gütersloh 1964.
- BDS Ⅸ/1. Religionsgespräche (1539-1541), Gütersloh 1995.
- BDS ⅩⅦ. Die letzten Straßburger Jahre 1546-1549; Schriften zur Gemeindereformation und zum Augsburger Interim, Gütersloh 1981.

● MARTINI BUCERI OPERA LATINA:

- Vol. Ⅰ. De Caena Dominica; Epistola Apologetica; Refutatio Locorum Edkii, publiê par C. Augustijn, P. Fraenkel et M. Lienhard, Leiden 1982.
- Vol. Ⅱ. Enarratio in Evangelion Iohannis (1528, 1530, 1536), publiê par Irena Backus, Leiden 1988.
- Vol. Ⅲ. Martin Bucer et Matthew Parker: Florilegium Patristicum, publié par P. Fraenkel, Leiden 1988.
- Vol. Ⅳ. Consilium theologicum Privatim Conscriptum, publiê par P. Fraenkel, Leiden 1988.
- Vol. ⅩⅤ. De Regno Christi Libri Duo 1550, edidit F. Wendel, Paris/Gütersloh 1955.
- Vol. ⅩⅤ. bis. Du royaume de Jesus-Christ, êdition critique de la traduction française de 1559, texte etabli par F. Wendel, Paris/Gütersloh 1954.

- CORRESPONDANCE DE MARTIN BUCER:

- Martin Bucer: etudes sur la correspondance avec de nombreux textes inedits Ⅰ. Ⅱ, publie par J.V. Pollet, Paris 1958/1962.
- Martin Bucer: etudes sur les relations de Bucer avec les Pay-Bas, l'electorat de Cologne et l'Allemagne du nord avec de nombreux textes inedits Tome I (etudes). Tome Ⅱ (documents), publie ar J.V. Pollet, Leiden 1985.
- Tome Ⅰ. Jusqu'en 1524, publie par J. Rott, Leiden 1979.
- Tome Ⅱ. 1524-1526, publie par J. Rott, Leiden 1989.
- Tome Ⅲ. 1527-1529, publie par J. Rott e. a., Leiden/New Work/Köln 1995.

- GEDRUKTE WERKEN VAN MARTIN BUCER VOORZOVER NOG NIET VERSCHENEN IN DE UITGAVE VAN DE VERZAMELDE WERKEN:

- Ev. Ⅰ. Ⅱ (1527): Enarrationum in evangelia Mattaei, Marci, & Lucae, livri duo (Bibl. No. 14).
- Eph. (1527): Epistola D. Pauli ad Ephesios (Bibl. No. 17).
- Joh. (1528): Enarration in evangelion Iohannis (Bibl. No. 20), in: I. Backus (red.), Joh. (1528, 1530, 1536).
- Ps. (1529; ed. 1554): S. Psalmorum libri quinque (Bibl. No. 28).
- Ev. (1530): Enarrationes perpetuae in sacra quatuor evangelia (Bibl. No. 28).
- Ev. (1536): In sacra quatuor ev., Ennarrationes perpetuae (Bibl. No. 28a).
- Rom. (1536): Metaphrasis et enarratio in epist. D. Pauli apostoli

ad Romanos (Bibl. No. 55a).

- DRC (1550): De Regno Christi (Bibl. No. 103), in: TA(=Tomus Anglicanus), 1-170 (=nieuwe editie van F. Wendel, 1955 als Vol. X V van Martini Buceri Opera Opera Latina).

- Eph. (1551; ed. 1562): Praelectiones dictiss. in Epostolam D. Pauli ad Ephesios (Bibl. No. 112).

종교개혁500주년기념사업회 후원자 명단

(2016. 11. 현재)

강기용, 강신기, 강창희, 고석규, 권혁달, 권혁우, 김광욱, 김광태
김다니엘, 김민태, 김범수, 김성준, 김숙영, 김시환, 김예환, 김인숙,
김재진, 김정순, 김종자, 김준목, 김철수, 김형상, 김혜란, 김혜식
김홍두, 김화옥, 김희준, 나경자, 나명석, 나현주, 라미용, 라상민
라정찬, 문국현, 박규직, 박병욱, 박분옥, 박수애, 박이선, 박정성
박정순, 박정임, 박종숙, 박진희, 박한옥, 손명근, 송동선, 송문호
송인수, 서명철, 신용식, 안경옥, 안광웅, 안명준, 안성희, 안조현
안홍희, 양득춘, 오덕교, 오병호, 오정수, 원용규, 원종범, 유관모
유승순, 유지현, 유태서, 윤종덕, 이강인, 이강진, 이경실, 이계자
이복규, 이영기, 이영숙, 이영자, 이영조, 이영주, 이영희, 이종윤
이준수, 이준호, 이흥순, 임상헌, 임선영, 임희국, 장석찬, 전광영
정미연, 정수길, 장호림, 정승균, 정을순, 정현구, 조규원, 조상계
지성철, 최광성, 최금숙, 최낙준, 최미아, 최양진, 최용걸, 최원자
최종희, 최필중, 한인진, 한효숙, 허 숙, 현승희, 홍광숙, 홍순복
홍혜란

기관

미래한국, ㈜신강사, 한국기독교학술원

교회

서울교회, 서울교회권사회, 서울교회피택권사회(2013년도)
서울교회피택집사회(2013년도), 서울교회헴시바중창단
섬김의교회, 여의도순복음교회, 온누리교회